말씀으로 생각을 태우라

말씀으로 생각을 태우라

지용훈 지음

규장

2015년 7월, 북경한인교회에 방문했을 때 박태윤 담임목사님으로부터 유대인의 3,500년 동안의 생존 비밀이 바로 성경암송이라는 주제의《테필린》이라는 제목의 책을 선물받았다. 박 목사님은 내게 책을 주시면서 놀라운 말씀을 하셨다.

"이 책의 저자인 김형종 박사의 스승인 게리 코헨이 아론의 147대 직계 후손인데 그가 전하는 아론의 집안 대대로 내려오는 성경암송 방법이 지 목사님이 우리에게 말씀해주신 성경암송하며 묵상하신 방법과 동일한 원리였어요."

나는《테필린》이라는 책과 박 목사님의 이야기를 듣고 정말 기뻤다. 왜냐하면 내가 1997년부터 주와 함께 연합된 온전한 복음 안에서 성경암송을 통해 하늘 보좌의 예배를 드리는 삶을 살아온 것이 헛되지 않았음을 확인할 수 있었기 때문이다. 특히 2009년과 2010

년에 각각 두 명의 히브리어 교수를 통하여 성경암송으로 '하가'(시편 1편 2절의 '묵상'의 어원, '소리를 내다'라는 뜻)하는 것이 진정한 묵상임을 알게 하셨는데, 직접적으로 아론의 147대 직계 후손을 통하여 한 번 더 확실하게 확증해주셨기 때문이다.

"너는 마음을 다하고 뜻을 다하고 힘을 다하여 네 하나님 여호와를 사랑하라 오늘 내가 네게 명하는 이 말씀을 너는 마음에 새기고"(신 6:5,6).

하나님은 모세에게 하나님을 사랑하며 예배하는 원리가 말씀을 마음에 새기는 것이라고 하셨다. 모세는 하나님의 말씀을 이스라엘 백성에게 그대로 전했다. 모세의 형, 대제사장인 아론은 모세를 통해 들은 말씀을 후손들에게 그대로 전했고 아론의 모든 후손들은 3,500년 동안 그것을 전하며 보존해온 것이다. 나는 성령님을 사랑하고 예배하기 위한 목적으로 십수 년 동안 성경을 계속 단순하게 반복하여 암송함으로 말씀을 머리에 새기며 자아의 생각을 태워왔다. 그런데 바로 그것이 하나님께서 모세에게 말씀하신 것을 이루는 모습이었던 것이다.

몸을 움직이는 예배의 모습 중 작지만 가장 강력한 것은 입술과 혀를 움직여 말씀을 선포하며 예배하는 것이다. 작은 입술과 혀로 하나님의 말씀을 선포하면서 생각을 태우는 것이 실천의 가장 큰 핵심이다. 갓 태어난 아이는 숨을 터트리며 성대를 힘차게 비비면서 울음으로 삶을 시작한다. 임종을 앞둔 사람도 한 톨의 남은 숨으로 입술, 혀 그리고 성대를 간신히 움직여 유언을 남기며 생을 마감한다. 탄생과 죽음의 순간을 보면 혀와 입술의 기능이 얼마나 중요한지 쉽게 알 수 있다.

순종의 삶(말과 행동)의 원리를 보라. 생각이 몸을 불순종하게 했다. 때문에 순종을 위해서는 불순종의 원인인 생각을 태우기 위해 몸(혀와 입술)을 움직여서 말씀을 선포해야 한다. 즉, 말씀이 생각을 태울 수 있도록 혀와 입술이 헌신하는 것이다. 이것이 그리스도인의 순종의 비밀이다. 날마다 하루 일과를 시작할 때 하나님 앞에서 입술과 혀부터 말씀을 선포하는 것에 익숙해지는 만큼 삶 속에서 순종의 삶을 살게 된다.

나는 이 책을 통하여 나의 작은 삶 속에서 말씀을 소리 내어 입술로 선포하며 생각을 태워 순종했던 간증을 나누고 싶다. 나의 삶 속에서 하나님나라를 향한 비전이 어떻게 이뤄지고 있는지를 구체적으로 나누고자 한다. 그래서 최종적으로 순종의 원리인 하늘 보좌의 위치에서 성경암송으로 예배하는 것을 말하고자 한다. 이를 통해 독자들이 매일 매 순간 입술의 말씀 선포로 생각을 태워 나아가면서 하나님께서 준비하신 비전의 땅에 이르도록 돕는 작은 안내자가 되려 한다.

부족한 사람이 네 번째 책을 내게 된 것은 전적인 하나님의 은총이다. 작가이자 연출자이신 하나님께서 제시하시는 대본과 연출에 따라 나는 그저 움직일 뿐이다. 이 책을 우주의 지휘자이시고 인류 역사의 작가이시며 연출자이신 하나님께 올려드린다.

부족한 내가 있기까지 가장 든든한 버팀목이 되어준 가족들 그리고 이 책을 쓸 수 있도록 직간접적으로 영향을 주신 수많은 멘토와 동역자들에게 감사를 드린다.

내가 그리스도와 함께 십자가에 못 박혔나니
그런즉 이제는 내가 사는 것이 아니요
오직 내 안에 그리스도께서 사시는 것이라

갈라디아서 2장 20절

자아를 태우며
비전을 향해 가다

PART 01

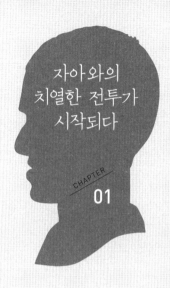

자아와의
치열한 전투가
시작되다

CHAPTER
01

희한한 꿈

2014년 5월 25일부터 3일간 나는 창원 열방교회 부흥집회를 인도하게 되었는데 첫날 집회가 끝나고 희한한 꿈을 꾸었다. 꿈에서 소변을 보는데 소변 색깔이 완전히 빨간색이었다. 몸에서 피가 빠져나가고 있었던 것이다. 몸에 무슨 큰 이상이 생긴 것이라 생각하는 순간 잠에서 깨어나 꿈이었음을 알았다. 한나절이 지나고 둘째 날 저녁 설교를 하러 강단에 올라가기 직전에 갑자기 성령님의 조명하시는 음성이 있었다.

'어제 그 꿈은 네가 한 달 전에 새로 알게 된 콩팥과 관련이 있고 암송기도와 연관이 있느니라.'

그 순간 나는 강한 전율을 느꼈다. 오랜 세월 동안 말씀암송기도를 세밀하게 인도하신 성령님을 찬미하지 않을 수 없었다. 한 달 전이었던 2014년 4월, 나는 한 동역자로부터 선물로 받은 USB 속에 있는 전통 유대인 크리스천 드보라 보코비치의 강의를 들었다. 드보라는 이렇게 말했다.

"구약성경에서 '생각과 마음'이라는 표현이 한꺼번에 등장할 때 '마음'의 실제 히브리어는 '콩팥'이라는 단어입니다."

나는 그 내용이 매우 흥미로워서 성경에서 콩팥이라는 히브리어가 사용된 부분을 직접 찾아보았다.

"또 그 속죄제물이 된 수송아지의 모든 기름을 떼어낼지니 곧 내장에 덮인 기름과 내장에 붙은 모든 기름과 두 콩팥과 그 위의 기름 곧 허리쪽에 있는 것과 간에 덮인 꺼풀을 콩팥과 함께 떼어내되 화목제 제물의 소에게서 떼어냄같이 할 것이요 제사장은 그것을 번제단 위에서 불사를 것이며 그 수송아지의 가죽과 그 모든 고기와 그것의 머리와 정강이와 내장과 똥 곧 그 송아지의 전체를 진영 바깥 재 버리는 곳인 정결한 곳으로 가져다가 불로 나무 위에서 사르되 곧 재 버리는 곳에서 불사를지니라"(레 4:8-12).

이 말씀에서 보듯이 하나님은 제사장이 속죄제를 드릴 때 내장에 덮인 모든 기름과 간 위에 있는 꺼풀과 두 콩팥과 그 위의 기름을 취하여 단 위에 불사르라고 말씀하셨다. 그런데 나중에 모든 고기와 내장을 다 태우라는 명령을 다시 내리신다. 결국 모두 다 태워버리릴 텐데 굳이 간과 콩팥을 따로 취하여 먼저 태우라고 하신 이유가 뭘까.

성경에서 콩팥이 나오는 몇 군데를 더 살펴보자. 시편 7편 9절에서 "하나님이 사람의 마음과 양심을 감찰하시나이다"라고 했다. 여기서 '마음과 양심'에 해당하는 히브리어가 바로 '콩팥'을 뜻하는 '킬야'이다. 시편 26편 2절의 '양심'도, 예레미야서 11장 20절과 12장 2절의 '마음'도 '킬야'이다. 그리고 예레미야서 20장 12절의 "폐부와 심장을 보시는 만군의 여호와여"라는 표현 속에서 '심장'은 히브리어로 '레브'인데 원래 뜻은 '생각'이다. 그리고 '폐부'가 바로 '킬야'(콩팥)다.

결론적으로 시편과 예레미야서의 구절들을 직역하면 "하나님이 콩팥을 감찰하시나이다, 콩팥과 생각을 보시는 만군의 여호와여"가 된다. 이를 통하여 나는 '생각'과 '콩팥'이 연관성이 깊다는 것을 알게 되었다. 즉, 간과 콩팥을 태워 번제를 드리라는 것은 몸의 행위의 근원이 되는 생각을 태우며 예배하라는 의미가 숨어 있는 것이다.

간과 콩팥의 중요한 공통점은 '걸러내는 기능'(필터링)이다. 마찬가지로 우리의 생각도 모든 상황에 대하여 항상 분석하여 걸러내려는 본능을 가지고 있다. 그러나 예레미야서 17장 9절에서 말씀하시듯이 "만물보다 거짓되고 심히 부패한 것은 마음"이다. 여기서 말하는 '마음'도 히브리어로 '레브'인데, '생각'이라는 뜻이다. 죄로 말미암아 인간의 생각은 분석하고 걸러내는 기능이 완전히 고장났다. 그래서 삶 속에서 어떠한 상황에 대하여 하나님의 뜻대로 판단하는 기능을 상실하고 말았다. 더 심각한 것은 말씀을 먹으려 해도 부패한 생각 때문에 생명인 말씀을 제대로 섭취하지 못하는 것이다. 콩팥의 걸러내는 기능이 고장나면 생명을 상징하는 피가 몸 밖으로 버려지는 것과 같은 이치이다. 이를 통하여 우리는 부패한 생각과 말씀을 영으로 섭취하는 것의 상관관계를 알 수 있다.

만물보다 심히 부패한 것이 우리의 생각이며, 새로운 하루가 시작될 때 어제의 귀한 체험과 지식도 옛 부대가 된다. 그래서 매일 새날을 맞이하여 새 피조물로 태어나서 말씀을 대할 때 우리의 생각으로 먼저 분석하려는 태도를 겸손히 내려놓아야 한다. 오히려 말씀으로 부패한 생각과 옛 부대를 태워야 한다. 만약 고장난 생각으로 말씀을 먼저 분석하려 한다면 생명의 말씀이 영의 양식으로 섭취되지 못하고 버려질 수 있다. 고장난 콩팥으로 인해 생명의 상징인 피가 쏟아지는 것처럼 말이다.

예수님은 새 포도주를 낡은 가죽부대에 넣으려 한다면 포도주와 부대도 버리게 된다고 말씀하셨다(막 2:22). 베드로도 우리가 순전하고 신령한 젖인 하나님의 말씀을 먹을 때에(갓난아이가 엄마 젖을 분석하고 먹지 않듯이) 구원에 이르는 성장이 있다고 말했다(벧전 2:2).

말씀을 분석하지 않고 영으로 섭취하는 비결이 바로 소리 내어 암송하며 먹는 것이다. 말씀을 소리 내어 암송하며 먹으려 할 때 그 말씀을 자꾸 먼저 분석하고 이해하고 싶어하는 생각의 흐름을 발견할 수 있다. 그럴 때마다 말씀암송 소리로 그 생각을 계속해서 태워버리라. 그것이 새 부대로 나아가는 간단한 방법이다. 땅의 장막에서 콩팥을 태워드리는 제사처럼, 하늘 장막에서 콩팥과 관련이 있는 생각(자아)을 부인하는 보좌의 예배를 드리는 것이다.

새 부대로 나아가는 것은, 땅의 장막 제사에서 걸러내는 기능을 가진 콩팥을 태워 정결예식을 행하듯이, 하늘 장막(보좌)에서 말씀을 암송하면서 필터링 기능이 고장난 내 생각을 태워버리며 정결한 마음으로 예배를 드리는 것이다. 물론 말씀을 이해하고 싶고 분석하는 자체가 나쁜 것이 아니다. 다만 우선순위의 문제다. 공부를 통한 이해가 아니라 이해를 초월한 믿음의 예배가 먼저다. 왜냐하면 하나님은 이해의 대상이기 이전에 믿음의 대상이시기 때문이다.

우리는 말씀을 분명하게 이해해야 한다. 그러나 죄로 말미암아 우리의 생각은 부패했다. 그래서 아무리 영적인 것을 체험했다고 해도 우리는 언제나 자신이 경험하고 알게 된 고정관념에 머물고 싶어하는 연약함이 있다. 새날을 맞이했을 때에 그 고정관념을 가지고 말씀을 분석하여 먹으려 하는 태도가 광대하신 하나님을 새롭게 만나는 데 결정적인 방해꾼이 될 수 있다. 자신 안에 이미 형성된 고정관념 안에서만 말씀을 이해하여 먹으려고 하기 때문에 하나님을 새롭게 만나기가 쉽지 않다. 그래서 예배와 기도를 위해 말씀을 대할 때는 먼저 분석하기보다 그저 믿음을 가지고 말씀을 소리 내어 선포하는 것이 우선되어야 한다.

이해가 아닌 믿음으로 말씀을 암송함으로 부패한 생각과 옛 필터인 고정관념을 태워버릴 때 그 말씀이 생각 속에 저장된다. 새로운 하나님의 생각인 말씀이 새 필터로서 우리 마음에 장착되면 그 말씀에 대한 믿음이 생긴다. 말씀에는 하나님의 마음과 생각이 표현되어 있다. 그러므로 저장되는 말씀만으로도 하나님의 마음과 생각이 새 필터로 채워지는 것이다.

로마서 12장 2절에서 말하는 '이 세대를 본받지 말고 마음으로 변화를 받아야 된다'는 것은 단순히 우리의 결단을 뜻하는 것이 아니다. 걸러내는 기능을 상실한 생각과 약한 의지를 태우는 목적으로 말씀을 암송하면 하나님의 마음이 말씀으로 내 마음에 채워져서 변화가 일어나는 것이다. 말씀을 잘 이해해야 마음이 변화되는 것이 아니다. 말씀을 다 이해하지 못해도 암송으로 내 생각을 태울 때 그 말씀이 내 마음에 장착되어 변화되는 것이다. 새 필터(하나님의 마음과 생각)를 통하여 말씀에 대한 이해 수준을 넘어 초월적인 믿음이 생기는 것이다. 그리고 그 믿음에 의한 통찰이 새로운 필터가 되어 삶에서 만나는 여러 상황들 속에서 내 생각의 이해를 넘어 하나님의 뜻대로 분별하여 살도록 하는 것이다.

나는 18년이 넘는 세월 동안 성령님의 강권적인 역사하심으로 아침마다 새 부대로 나아가기 위해 하나님 보좌 앞에서 말씀암송기도를 해왔다. 그런데 하나님께서는 그것이 바로 땅의 장막에서 제사장이 콩팥을 태워 정결의식을 행하듯이, 하늘 장막에서 생각을 태우는 몸의 산 제사라는 것을 피소변 꿈으로 확인시켜주셨다.

콩팥을 태우라

꿈을 통해 콩팥을 태우듯이 생각을 태우는 말씀암송기도를 깨달은 4개월 뒤인 2014년 8월 말에 로스앤젤레스 영락교회 한국어 대학부 여름수련회를 섬기러 캘리포니아에 방문했다. 공항에 마중 나온 대학부 담당이신 장 목사님과 차를 타고 가며 대화를 나누던 중 내가 강사로 섭외된 이유가 《말씀으로 기도하라》라는 저서 때문임을 알게 되었다. 장 목사님은 그 책을 읽으시고 복음에 대한 관점이 자신과 상당히 일치되는 것을 보시고 나를 강사로 섭외한 것이다.

수련회에서 나는 3일 동안 다섯 번의 설교를 마치고 난 직후 장 목사님이 기도회를 인도하는 내용을 들으면서 동일한 복음의 길을 걷고 있는 것을 알게 되었다.

수련회를 마치고 나서 장 목사님이 이런 말씀을 하셨다.

"지 목사님, 좀 아쉬움이 남는 것이 있는데요, 자아와 싸우며 십자가의 도를 적용한 실제 체험담을 많이 말씀해주셨더라면 청년들이 십자가의 도에 대해 더 쉽게 이해했을 것 같습니다."

이 제안을 듣자마자 과거에 십자가의 도(道)로 자아를 처리했던 체험들이 전광석화(電光石火)처럼 떠올랐다.

"그렇죠. 저도 시간적인 한계로 인해 실질적인 체험담을 많이 못 나눈 것이 좀 아쉬웠습니다. 다음에 기회가 된다면 그것을 나누겠습니다. 장 목사님의 제안을 듣고 나니 지난 한국 방문 때 규장 대표님과 대화했던 것이 생각나네요. 《말씀으로 기도하라》 후속편 컨셉에 대한 내용이었는데요, 이미 세 번째 책을 집필했으니, 네 번째 책은 장 목사님의 권면을 참고하면 좋겠다는 생각이 듭니다. 내 삶 속에서 십자가의 도를 깨닫고 나서 자아와 실제로 뒹굴었던 체험담과 말씀으로 기도하며 자아의 생각을 태우는 내용 위주로 책을 구성하는 것이 좋겠다는 아이디어가 생깁니다. 감사합니다."

장 목사님과 아쉬운 이별을 하고 나서 나는 숙소인 부커 목사님 댁으로 향했다. 홈리스 사역을 하시는 부커 목사님 댁은 팔로스 벌데스에 위치한, 태평양 해안이 보이는 경치가 좋은 언덕 위에 있다. 부커 목사님 댁에 도착하여 깊은 잠을 자고 나서 아침에 찬란한 태양 빛을 받으며 깨어났다. 일어나자마자 태평양의 수평선과 해안선의 조화로움을 감상하면서 믿음으로 하늘 보좌로 올라가서 갈라디아서 말씀을 암송하며 생각을 태우는 기도를 하고 있었다. 갈라디아서 1장을 지나서 2장으로 진행하여 내 삶의 가장 중요한 모토가된 20절 "내가 그리스도와 함께 십자가에 못 박혔나니…"를 암송하는 순간 무심코 몸을 일으켰다. 그리고 무언가에 이끌리듯이 내 몸이 거실 한 모퉁이에 있는 작은 테이블로 향하게 되었다. 그 테이블위에는 작은 의학 잡지들이 몇 권 놓여 있었는데 맨 위에 놓인 책 표지에 'Kidney'(콩팥)라는 제목 글씨가 눈에 띄었다.

내 삶을 송두리째 바꾸어놓은 갈라디아서 2장 20절을 암송하며, 콩팥을 태우듯이 생각을 태우는 기도를 하는 중에 '콩팥'이라는 글씨를 보자마자 나는 전율하기 시작했다. 그리고 그 책을 살짝 넘겨보았는데 그 바로 밑의 책에는 'Liver'(간)라는 글씨가 있었다. 그 순간 간과 콩팥을 태우라는 레위기 4장 9,10절의 말씀, 콩팥과 생각의 상관관계 그리고 말씀암송기도로 생각을 태우는 것에 대해 가르쳐주신 주님에 대한 감사와 찬양의 고백이 흘러나왔다.

나는 1997년 1월 1일, "갈라디아서 2장 20절 한 구절 속에 인생의 모든 문제의 해결책이 들어 있습니다"라는 문장을 품기 시작하여 십수 년을 갈라디아서 2장 20절 한 절에 집중하며 말씀암송으로 생각을 태우는 기도를 했다. 그리고 온전한 복음에 대한 믿음을 통하여 생각을 태우는 기도로써 모든 것으로부터의 자유를 누려왔다.

삶의 여정 속에서 중요한 부르심이 있을 때마다 결정적인 역할을 했던 갈라디아서 2장 20절을 암송하는 순간 간과 콩팥이라는 단어를 보게 하심으로 나의 가는 길을 세밀히 인도하고 계시는 주님께 무릎을 꿇고 엎드려 경배를 드릴 수밖에 없었다.

그러면서 내가 어머니 배 속에서 생겨나기 시작하여 어떻게 하나님의 돌보심 가운데 있다가 세상 밖으로 나오면서 자아가 형성되었는지 깨달아지기 시작했다. 그러자 나의 모든 성장 과정 가운데 자아의 모습들이 어떻게 드러나게 되었는지 정리가 되었다. 하나님의 놀라운 은총 아래 자아의 옛 습관을 십자가의 도로 처리하고, 말씀으로 생각을 태우면서 비전의 땅으로 나아간 지난 과정들이 회상되었다.

갓난아이에서부터 형성되는 자아

"여호와의 말씀이 내게 임하니라 이르시되 내가 너를 모태에 짓기 전에 너를 알았고 네가 배에서 나오기 전에 너를 성별하였고 너를 여러 나라의 선지자로 세웠노라 하시기로"(렘 1:4,5).

창세전에 미리 아신 바 되고 그리스도 안에 들어가 보좌에 앉혀진 우리의 영(靈)은 외부의 자극이 아니라 진리에 반응한다. 그래서 그 진리로 인하여 외부의 어떠한 자극에도 흔들리지 않고 자유하며 평강을 누리고 기뻐한다. 진리가 우리 영 안에 있고 우리 영이 진리이신 그분 안에 있음으로 기쁘고 평안하여 그 어디나 다 하늘나라이다.

나는 어머니 배 속에 있었을 때 어머니와 완전히 하나가 되어 온전한 하늘의 평강 가운데 있었다. 내 어머니께서는 자신의 의지적인 노력과 상관없이 배 속에 있는 나를 어머니 신체의 자율신경계에 의하여 완전하게 돌보며 아홉 달을 키워주셨다. 심장, 허파, 식도, 위, 장, 콩팥 등 모든 귀중한 장기들이 자율신경계통으로 움직여지는 것은 바로 하나님이 직접 돌보신다는 귀한 은혜와 사랑을 깨닫게 한다.

물론 태아였던 나는 어머니 배 속에서도 외부의 자극에 대하여 최소한의 반응을 했을 것이다. 하지만 나는 하나님의 돌보심과 어머니와 하나 됨 안에서 절대로 울지 않았다. 울지 않은 것은 물론 허파 호흡을 하지 않았기 때문이지만, 그보다는 어머니 배 속에서 어머니와 완전히 하나라는 믿음과 하나님의 전적인 은혜와 사랑의 돌보심으로 밖의 환경이 어떠할지라도 평안을 유지할 수 있었던 것이다.

하지만 나는 1963년 9월 29일에 세상 밖으로 나오면서 자연스럽게 어머니와 분리되기 시작했다. 어머니와 나를 하나되게 했던 자궁에서 나오고 탯줄이 끊기며 나는 폐로 호흡을 시작하면서 어머니로부터 독립적인 존재가 되기 시작했고 그 분리에 대한 고통을 본능적으로 감지하기 시작했다.

어머니께서는 배 속에 나를 데리고 있을 때에는 하나님께서 작정하신 자율신경 시스템으로 인해 완전하게 돌보셨지만, 아무리 지식과 경험이 많고 선하고 인내심이 많아 육아교육을 철저히 받으셨다

하더라도 갑작스러운 어머니와 분리의 아픔을 느끼는 나를 완벽하게 돌보실 수가 없으셨다. 어머니는 신앙이 있었지만 본질적으로 불완전한 죄성을 가진 보통 사람이었기 때문이다.

내가 혼자 누워서 어머니와 분리된 두려움을 느끼며 어머니의 품을 그리워하여 울거나 배고프다는 신호 혹은 배설물로 인해 울 때 어머니께서는 육체의 한계로 인해 우는 나를 방치해두실 수밖에 없을 때도 있었을 것이다. 때로는 내가 알 수 없는 아픔으로 인해 울고 있을 때 어머니께서는 그 이유를 모르시기에 발을 동동 구르실 수밖에 없는 한계 상황을 많이 경험했을 것이다.

이렇듯 어머니께서 나를 완전하게 돌보지 못하는 공백 시간이나 불가피한 상황을 만나면 나도 스스로의 생각과 감정을 가지고 의지적인 행동, 즉 울음으로 나의 자아를 드러내기 시작했다. 어머니 배 속에 있었을 때에는 나의 자아와 어머니의 자아는 충돌하지 않았다. 하나님의 완전한 보호 시스템 때문에 서로가 그것을 누렸다. 그러나 세상 밖으로 나온 나와 어머니는 서로가 본의 아니게 자아의 연약함을 주고받게 된 것이다. 갓난 나의 자아는 어머니의 영향을 받아 나도 모르게 어머니의 성품을 닮으며 내 자아를 발달시키게 되었다.

그러나 나는 여러 가지 환경의 변화로 인해 두려움과 아픔과 불편함을 느끼며 자아를 드러내다가도 어머니의 정성 어린 사랑의 품에 안겼을 때 즉시 생각이 태워지며 평강을 되찾았다. 어머니의 품에 안길 때 나는 어머니의 배 속에서 느꼈던 평안을 되찾을 수 있었다. 어머니의 자궁 속에서 아홉 달 동안 느꼈던 어머니의 심장 뛰는 소리, 허파 호흡 소리 그리고 위와 장의 움직임의 미세한 소리 등 전적인 하나님의 돌보심의 소리를 어머니의 품에서 다시 들으며 평안을 느낄 수 있었다.

그러나 어른들은 우리 안에 하나님이 계시고 우리가 하나님 안에 있다는 진리를 믿으면서도 갑자기 불어닥친 악과 고난 속에서 즉시 평강을 누리지 못하는 것 같다. 어른들은 그런 환경 앞에서 자신의 지식과 경험으로 판단하고 두려워하고 불안해하며 자아를 드러낸다.

갓난아이도 자아가 있다. 그래서 어른들처럼 불편한 환경에 대하여 순수하고 솔직하게 바로 반응을 보이기도 한다. 그러나 아이는 문제가 해결되는 것과는 상관없이 어머니 품에 안기기만 하면 즉시로 생각을 태우고 평안을 누린다. 어린아이에게는 이런 단순성과 수용성이 있다. 그것이 주님 보시기에 아름답다.

특히 나는 어머니의 젖을 입에 물 때 더욱더 어머니와 하나가 되는 것을 체험했다. 어머니 배 밖으로 나와서 탯줄이 끊기는 분리의 아픔을 겪은 나는 어머니의 젖을 물면서 다시 탯줄로 연결된 것 같은 하나 됨을 체험하며 평안을 되찾았다. 어머니와 젖에 대한 지식은 제로이지만 본능적으로 젖을 믿음으로 빨아들였다. 그러면서 나도 모르는 사이에 성장했다. 그러한 무의식적 성장은 '하나님의 나라를 어린아이들처럼 받아들여야 한다'(막 10:13-16)고 하신 예수님의 말씀과 베드로가 "갓난아기들같이 순전하고 신령한 젖을 사모하라 이는 그로 말미암아 너희로 구원에 이르도록 자라게 하려 함이라"(벧전 2:2)라고 말한 의미를 쉽게 깨닫게 한다. 즉, 날마다 하나님 앞에 새 부대로 나아가기 위해서는 먼저 갓난아이가 어미젖을 빨듯이 하나님의 말씀을 먹는 것이 하나님나라를 누리는 태도라는 것이다. 그러나 한편에서는 어머니와 아버지의 의도와는 상관없이 돌봄의 결핍 또는 하나님의 방법이 아닌 인간적인 돌봄의 상황들이 거듭되었고, 영아기 때 부모의 품에 안기는 즉시 평안을 되찾았던 겸손은 점점 사라졌다. 그리고 부모님으로부터 오는 평강이 아닌 내가 스스로 만들어내는 평강에 물들기 시작했다. 그것은 영아기를 벗어나 유아기, 아동기, 청소년기 및 청년기를 지나는 동안 더욱 강해질 수밖에 없었다.

점진적으로 자아가 드러나다

내가 아동기를 보낼 때에는 텔레비전이 있는 집이 거의 없었다. 그래서 집마다 라디오 방송을 듣는 것이 큰 낙이었다. 나는 라디오에서 흘러나오는 노랫소리만 듣고도 가수의 이름을 알아맞혔고, 그때

마다 어머니께 많은 칭찬을 받았다. 그렇게 부모님의 칭찬에 길들여
지기 시작하면서 칭찬을 받고 싶어 하는 자아가 점점 발달되었다.

내가 초등학교에 들어가기 전에는 동네에서 또래들 중 달리기를
제일 잘했던 것으로 기억한다. 이렇게 화려란 전적을 갖고 있었기에
나는 초등학교 1학년 운동회에서 분명히 1등을 할 줄 알았다. 결승
점을 통과하면서 나는 분명히 1등을 했다고 생각했는데 이상하게도
1등 상을 못 받았다. 나는 어머니께 달려가서 울었고 어머니께서는
본부석에 가서서 1등상 공책 6권을 타 오셨다. 진짜 1등을 했는데
주최 측의 실수로 내게 1등상을 주지 않았는지, 아니면 동네에서 늘
1등을 했다는 지나친 자만심 때문에 내가 1등을 했다고 우긴 것인
지 아직도 잘 모르겠다. 아무튼 내가 떼를 써서 결국 어머니께서 본
부석에 사정하여 공책을 타오셨다. 칭찬받기 좋아했던 나는 언제부
터인지 칭찬을 받지 못하면 그렇게 울며 떼를 썼다.

초등학교 4학년 담임선생님은 노래를 잘 부르시고, 풍금도 잘 연
주하셨다. 그 분이 나의 생활통지표에 "노래를 매우 잘함"이라고 써
주셨는데 아직도 그 내용이 생생하게 기억난다. 그때 받은 칭찬은
지금 생각해봐도 춤추고 싶을 정도로 감사한 표현이다. 그런데 5학
년에 올라가자 우리 반에 나보다 노래를 훨씬 더 잘하는 친구가 있
었다. 그 아이가 나보다 노래를 더 잘하는 것으로 인정을 받는 것을
보고 나서 나는 늘 위축되었고 노래를 부를 때면 그 친구보다 더 잘

해야겠다는 생각에 지나치게 긴장하는 습관이 생겼다. 누구보다 더 인정받는 것을 원하는 자아의 결과였다.

한편 잘못을 지적받을 때에는 강하게 반항하는 자아가 보이기 시작했다. 어릴 때 부주의하여 갑자기 실수로 컵을 건드려 물을 엎지르고 접시를 떨어뜨려 깨뜨렸을 때 곧바로 어머니의 꾸지람을 들었다. 아들 삼형제를 돌보시고 아버지를 섬겨야 했던 어머니는 4부자가 어지럽게 흩어놓는 살림살이를 부지런히 정리하셔야 했기에 부드럽게 책망하시기가 힘드셨을 것이다. 나는 실수에 대해 어머니께 크게 지적받을 때 무척 힘들어했다. 그러면서 어느 날은 '엄마도 컵을 엎지를 때가 있을 거야. 그때를 기다리자'라고 생각했고 어머니께서 실수로 뭔가를 엎지르시게 되면 "거봐! 엄마도 실수하잖아!"라고 대들기 시작했다. 언젠가 어머니께서 과거를 회상하시며 나를 향해 하셨던 말씀이 기억난다.

"에휴, 용훈이는 늘 따지기를 좋아했어. 사사건건 얼마나 많이 따지던지…."

그렇게 나의 자아는 남이 실수하면 꼬투리를 잡아내고 따지기를 좋아하는 방향으로 발달했다.

하나님 품에 안긴 지 꽤 오래된 외삼촌은 경희대 체육대학 출신이셨는데 위트가 넘치는 분이셨다. 외삼촌은 조카인 나를 잘 데리고 다니셨다. 그런 외삼촌의 영향을 받아 어느덧 나도 유머를 즐기는 사람이 되었다. 고등학교 때 수학선생님은 모든 선생님 중에 단연 최고로 재미있는 분이셨다. 내 짝과 나와 수학선생님의 조크 배틀은 상상을 초월할 정도였다. 수학시간은 어떻게 하면 더 웃긴 이야기로 반 아이들의 시선을 한 몸에 받을까를 연구했던 시간이었다. 그렇게 내 자아는 다른 사람의 시선이 집중되어 인정받는 기술을 탐하기 시작했다.

고등학교를 졸업한 후 아버지의 권유로 토목공학과에 입학했다. 그러나 좋아서 선택한 전공이 아니라 적성에 맞지 않았다. 나는 대학 입시지옥에서 벗어난 자유를 만끽하며 세상과 벗하는 삶에 급속도로 빠졌다. 세상을 사랑하는 자아의 본성이 자연스럽게 튀어나온 것이다. 고등학교 때까지는 주일예배, 분반공부, 성가대, 수련회, 성경암송대회 등 모든 신앙적인 활동에 참여했으나 예수님을 인격적으로 만나지 못한 채 그저 어머니 손을 붙잡고 교회만 왔다갔다 했던 문화적 기독교인이었다.

초중고 시절에 세상과 벗하는 삶이 드러나지 않았던 것은 단지 법의 테두리를 벗어나는 것이 두려워서 얽매여 있었던 것이다. 그래서 세상의 맛을 보기 쉬운 대학생활을 시작하면서부터 삶의 주인이 나 자신이었다는 것이 정확하게 드러나게 되었다. 세상의 향락을 즐기기 위해서 육체와 마음을 좇아 공중의 권세 잡은 자를 따르면서도 어김없이 주일이 되면 교회에 출석했다. 그것은 진심 어린 회개 없이 종교적 생활을 하며, 습관적이고 문화적인 교인으로서 율법적으로 움직이는 자아의 모습이었다.

너무 세상을 즐기다 보니 급기야 2학년 2학기에 낙제점수를 받으면서 학사경고를 받자 군대로 도망을 갔다. 새파란 청춘에 더 강하고 엄격한 통제와 규율이 있는 군대로 끌려왔다는 부정적인 생각에 휩싸였다. 내 자아는 역설적이게도 법의 테두리를 벗어나는 것을 두려워하면서도 그 법을 벗어나 자유를 누리고 싶어 했다. 군대 시스템을 견디기가 너무 힘겨워 생전 하지 않던 거친 욕을 하며 육적 자아를 더 심하게 드러내기 시작했다. 사실 상황이 나를 욕하게 만든 것이 아니라 이미 내 자아는 욕 덩어리였다.

우리가 성장하면서 접하게 되는 여러 가지 상황들이 우리의 자아를 그렇게 만드는 것이 아니다. 물론 우리가 세상의 영향을 받아서 그렇게 행동하는 것처럼 보인다. 그러나 예수님께서는 원래 사람을 더럽게 하는 것은 밖에 있는 것이 아니라 사람의 마음속에서 흘러나온다고 말씀하신다.

"또 이르시되 사람에게서 나오는 그것이 사람을 더럽게 하느니라 속에서 곧 사람의 마음에서 나오는 것은 악한 생각 곧 음란과 도둑질과 살인과 간음과 탐욕과 악독과 속임과 음탕과 질투와 비방과 교만과 우매함이니 이 모든 악한 것이 다 속에서 나와서 사람을 더럽게 하느니라"(막 7:20-23).

사도 요한도 "이는 세상에 있는 모든 것이 육신의 정욕과 안목의 정욕과 이생의 자랑이니 다 아버지께로부터 온 것이 아니요 세상으로부터 온 것이라"(요일 2:16)라고 말했다. 이 구절에서도 우리에게 영향을 주는 것 같은 세상에 있는 모든 것들도 사실은 다 사람의 마음에서 나온 것이라고 한다. 그런데 그것이 아버지께로부터 온 것이 아니고 세상으로부터 온 것이라고 했는데 바로 그 세상의 뿌리는 마귀이다. 즉, 아담과 하와가 사탄의 거짓말을 자신의 생각에 심으면서 선악과를 쳐다보니 먹음직했고(육신의 정욕), 보암직했고(안목의 정욕), 지혜롭게 할 만큼(이생의 자랑) 탐스러워 보여 자신들의 정욕과 생각대로 선악과를 먹어버림으로써 죄악된 세상을 만든 것이다.

결국 사람이 세상을 이렇게 만들어놓았고 엄마 배 속에서 태어나서 성장하는 가운데 점점 더 이 세상에 물들어 자아의 본성을 드러내게 된다. 그래서 우리의 자아는 스스로 이 세상의 늪, 자아의 늪에서 빠져나올 수가 없다. 우리의 자아는 자기가 토해낸 것을 도로 먹는 절망적인 존재이다.

축복과 무관한 자아

나는 군에 입대한 뒤에 회식 때마다 노래를 불렀는데 부대 내에서 노래로 꽤 인정을 받았다. 군대 내에서 즐기던 노래 실력 덕분에 나는 인생의 전환기를 맞이하게 되었다. 내가 상병 때 동기 송 상병이 한국가곡집을 선물로 주면서 이렇게 말했다.

"지 상병, 성악공부를 해봐. 넌 성악가가 어울릴 것 같아."

그 말은 나로 하여금 난생 처음 미래를 향한 꿈을 갖게 했다. 동기의 권면이 소망의 씨앗으로 가슴에 심겨졌던 것이다. 죄 사함의 은총도 체험하지 않은 교인이었지만 말년 휴가 때 금요철야 예배로 발걸음이 향했다. 새로운 분야에 도전해야 하는 중대한 결정을 할 때에 기도를 해야 한다는 의식을 가진 것은 기독교 배경에서 자란 덕택이었다. 그러나 그것은 주님께서 기뻐하시는 결정인지를 여쭙는 차원이 아니었다. 오히려 내 소원을 이루기 위해 예수님의 힘을 이용하고 싶은 마음이었다. 내 자아는 나의 욕심을 채우기 위해 예수님을 이용했던 것이다.

그러나 주님은 나를 위한 깜짝쇼를 준비하고 계셨다. 난생 처음 절박한 필요에 의해서 갔던 금요철야에서 최고로 우수한 성악 전공자들인 대우 프로합창단의 16세기 바로크 음악을 듣게 된 것이다. 금요철야 예배의 분위기와는 전혀 어울리지 않는 환상적인 목소리들과 화음들은 음악에 전 인생을 걸어야겠다는 마음을 갖게 해주기에 충분할 정도로 감동적이었다. 그것은 내가 음악 공부를 결심하도록 이끄는 주님의 계획이었다. 그 결심이 결국 오늘의 사역으로 부르심을 받는 중요한 계기가 되었기 때문이다.

부모님의 허락을 어렵게 받고 시작한 성악 입시 준비는 인생에서 처음 맛보는 즐거움이었다. 하고 싶은 공부를 하게 되었기 때문이다. 그러나 딱 한 번만 기회를 주시겠다는 부모님의 요구는 무늬만 크리스천인 내가 절실히 하나님께 매달리게 만들었다.

"주님의 영광을 위하여 쓰임받겠사오니 서울대 음대를 붙여주시옵소서!"

이 기도는 진정으로 주님의 영광을 생각해서라기보다 스물다섯 살 늦은 입시생으로서 지푸라기라도 잡는 심정으로 내 욕심을 채우기 위해 하나님과 거래하는 차원에서 하나님을 이용하는 기도였다.

그럼에도 불구하고 나는 하나님의 인도하심으로 입시 때 몇 가지 놀라운 기적을 체험하면서 서울대 음대에 합격했다. 합격자 발표를 하는 날 나는 합격자 명단에 내 이름이 있는 것을 보고 턱관절이 통제가 안 될 정도로 눈물을 흘리며 하나님께 감사의 고백을 했다. 그러나 합격의 축복과 그에 대한 감사는 하나님께 더 가까이 다가가는 데 도움이 되지 못했다. 십자가를 체험하지 못한 상태에서의 감사였기에 내 자아는 축복에만 눈이 어두워 이방인도 할 수 있는 감사 수준에 머물렀고, 축복의 근원인 하나님에 대해서는 관심이 없었다.

좋은 학교에 입학하여 원하는 공부를 하게 된 나는 놀라운 축복을 주신 하나님의 존재는 금방 잊어버리고 다시 세상과 벗하는 삶으로 급속도로 빠져들었다. 1학년 가을이 되어 방배동에서 3차까지 술을 마시다가 사람들과 싸움이 붙어 안경이 깨져 얼굴에 상처가 나고 발목을 삐게 되었다. 술집에서 일하는 사람들이 나를 오해해서 벌어진 일이었다. 내 자아는 오해를 받으면 가장 크게 분노하며 절대로 참지 못했다.

술집 종업원들과 싸우고 난 다음 날 오페라 리허설에 참석하려고 서울대 문화관 대강당에 절뚝거리며 들어섰다. 얼굴에 난 상처와 제대로 걷지 못하는 나를 보신 연출자 선생님은 나를 객석에 앉아 쉬게 하셨다.

그때 내 동기들은 무대 위에서 소품 세팅을 하고 있었는데 갑자기 천정에 매달린 몇 톤짜리 음향판이 떨어졌다. 나는 사고 현장을 객석에 앉아서 바로 눈앞에서 목격하게 되었다. 그 사고로 동기 한 명이 그 자리에서 뇌사 상태에 빠지고 다른 한 명은 허리를 다치게 되었다. 나는 술로 싸우게 된 일 때문에 오히려 죽음을 모면하게 되었다. 육체의 죽음만 면했겠는가? 구원의 은총도 맛보지 못하고 죽을 뻔했다. 술집에서 싸움하여 다친 것이 내게는 육체뿐 아니라 영혼까지 소생할 수 있는 기회를 부여받는 계기가 되었다. 그것은 아마도 천만 번 죽어도 할 말 없는 죄인을 살리셔서 오늘의 사역을 감당케 하실 하나님의 경륜이었을 것이다.

불의의 사고로 죽지 않은 축복은 분명히 큰 감사의 조건이기는 했으나 십자가의 체험이 없는 상태였기에 그 죽음을 면한 축복도 죄와 자아의 문제와는 별개였다. 그것도 하나님께로 돌아가는 계기가 되지 못한 것이다. 나는 위경(危徑)에서 건짐받은 감사도 금방 잊은 채 여전히 대학생활 4년 내내 내가 주인 된 삶을 살았다.

군대에서 동기로부터 성악공부 제안을 받게 된 것, 금요철야 예배 때 음악 공부에 대한 결심을 굳게 할 만한 환상적인 합창 소리를 듣게 된 것, 몇 가지 기적을 체험함으로써 서울대 음대에 입학한 것 그리고 불의의 사고를 신기하게 피하게 된 것 등은 분명 주님께서 인도하신 놀라운 축복이었다. 서울음대에 합격했을 때 눈물이 멈추지 않을 정도로 하나님께 감사를 드렸고, 문화관 대강당 음향판이 떨어지는 불의의 사고가 나를 비껴갔을 때에도 안도의 한숨을 내쉬며 하나님께 감사했다. 그러나 그러한 축복을 받은 뒤에도 여전히 삶의 주인은 나 자신이었다.

우리가 하나님께로부터 받는 보이는 축복들이 죄와 자아의 문제를 해결할 수 있는 것은 아니다. 교회를 다니는 많은 사람들이 물질의 축복, 질병의 치유, 불의의 사고를 피함, 자녀들의 명문대 입학과 성공 등 많은 축복을 계수하며 하나님을 찬양한다. 그러한 축복도 하나님의 은혜임이 분명하다. 그러나 이 땅에서의 물질적 축복은 영원하지 않다. 바울은 세상의 통치자들의 지혜도 없어질 것이라고 말한다(고전 2:6). 가장 높은 자리에 있는 통치자들이 누릴 권력, 부, 명예 그리고 목숨까지도 썩어질 것이다. 치유된 육체도 결국은 썩어 죽음을 맞이하며, 불의의 사고는 피해도 육체의 죽음은 결코 피할 수 없으며, 자녀의 명문대 입학과 성공도 영원한 것이 아니다.

하나님을 섬긴다고 하면서도 유한한 축복을 누리는 삶에 머물러 있는 사람들이 많다. 그들은 삶의 주권을 하나님께 드리지 않고 자신이 주인 된 삶을 살며 죄와 자아의 문제를 해결하지 못하면서도 눈에 보이는 축복을 받은 것으로써 하나님을 만났고 하나님과 친하다고 착각한다. 베드로는 '모든 육체는 풀과 같고 그 모든 영광은 풀의 꽃과 같으니 풀은 마르고 꽃은 떨어지지만, 거듭난 것은 썩어질 씨로 되는 것이 아니고 썩지 아니할 씨로 되는 것인데, 오직 세세토록 살아 있고 항상 있는 하나님의 말씀으로 되었다'고 한다(벧전 1:23-25 참조). 눈에 보이는 축복들과 죄와 자아의 문제는 별개이다. 오직 말씀으로 거듭나지 않으면 축복과 상관없이 하나님과 친밀함 가운데 있을 수 없다.

하나님과의 진정한 친밀도는 오직 십자가에서 죄와 자아의 죽음을 체험하고 삶의 주권을 온전히 주님께 내어드리는 태도와 관련이 있다. 자아의 죽음과 삶의 주권을 온전히 주님께 내어맡기는 자는 주님께서 언제 어디에서나 어떤 모습으로 쓰시든지 그대로 순종하는 자세를 갖고 있다.

죄 사함의 은총

1992년에 졸업을 하면서 나는 이태리로 유학을 가기 위해 돈을 벌어야 했다. 직장을 찾던 중 여의도순복음교회 교회음악연구소에 입사하게 되었다. 교회 일을 하고 싶어서도 아니고 하나님께 영광을 돌리고 싶은 거룩한 목적 때문도 아니었다. 오직 돈을 벌기 위해서였다. 그런데 교회 기관이었기 때문에 나는 아침마다 의무적으로 예배를 드려야 했고 교회음악연구를 위해 억지로라도 성경을 읽고 연구해야 했다.

입사한 지 몇 개월이 지났을 무렵, 아침 일과 전에 드리는 10분 남짓 되는 형식적인 예배에서 전혀 뜻밖의 축복을 체험하게 되었다. 그 짧은 예배에서 갑자기 회개가 터져나오면서 나의 과거, 현재 그리고 미래의 죄가 십자가로 다 용서되어졌다는 것이 믿어짐으로 감사와 감격의 눈물이 멈추지 않는 죄 사함의 은총을 체험하게 되었다. 교회음악연구소에 입사한 것은 나의 선택이었지만 하나님께서는 나의 선택을 사용하셔서 죄 사함의 은총을 초자연적으로 경험하는 은혜를 베풀어주셨다.

당시 나는 서른 살이었는데 세 살 때부터 거의 결석 없이 교회에 다니며 귀가 닳도록 들었던 '우리 죄를 위하여 죽으시고 부활하신 예수 그리스도'가 그날, '나의 죄를 위하여 죽으시고 부활하신 그리스도'로 믿어지게 된 것이다. 나는 그때 '회개와 믿음도 주님께서 주시는 선물이구나'라는 것을 피부로 깨달았다. 왜냐하면 십자가에 대한 믿음, 죄 사함에 대한 은총을 깨닫기 원한다는 영적 갈망이 전혀 없는 상태에서 억지로 마지못해서 드리던 예배에서 그 회개와 믿음을 선물로 받았기 때문이다.

초자연적인 인도하심으로 죄 사함의 은총을 체험하자마자 나는 성경 읽기를 통해 예수님과 더 깊은 사귐을 갖게 되며 세상과 벗했던 외적인 죄들이 끊어지는 놀라운 체험을 계속했다. 은혜의 풍성함으로 말미암아 저절로 외적인 죄들이 멀어지게 된 것이다. 하지만 이러한 신기한 기적을 체험하며 주님과 인격적으로 깊게 사귀어가면서도 나는 5년 뒤인 1997년에 갈라디아서 2장 20절을 만나기 전까지는 '옛 자아의 죽음'이라는 개념에 대해서 깊이 인식하지 못하고 있었다.

예수 그리스도의 죽으심은 죄뿐 아니라 율법에 대한 죽으심이고 그의 죽으심을 믿은 나의 자아도 죄 사함을 받고 율법에 대해 죽은 존재라고 성경이 말하고 있다(롬 7:4). 그러나 그것을 모른 채 여전히 내 자아로 율법의 요구를 이루려는 과거의 율법적 관성에 묶여 있었다. 죄 사함을 체험하기 전에는 옛 자아로 나의 만족을 위해 세상과 벗하며 죄를 향해 살았다. 죄 사함의 체험 후에는 세상에서 돌이켜 하나님을 향하여 살기 시작했으나 여전히 옛 자아와 율법으로 하나님께 나아가려는 종교적 관성에 묶여 있었던 것이다. 그러한 현상은 삶 가운데 여실히 드러났다.

어느 날 교회에서 어떤 사건으로 인해 내가 오해를 받는 일이 있었다. 나는 그것을 참을 수가 없었고 나를 모함하는 사람을 찾아가 때려주며 나는 그런 일을 하지 않았다고 말해주고 싶었다. 죄 사함의 체험과는 별개로 인정받지 못하는 것을 참지 못하는 자아가 여전히 강하게 꿈틀거리고 있었다. 즉, 하나님을 향하여 살기는 시작했으나 여전히 자아가 주인 되었던 삶의 습관이 배어 있는 상태였으므로 자아가 건드려지는 일로 분노했던 것이다.

그때 나는 나와 함께 동일한 모함을 받는 사무실 동료 한 사람으로 인해서 죄 사함을 넘어 자아가 다뤄져야 하는 단계가 또 있다는 것을 어렴풋이 알기 시작했다. 그때 그는 이렇게 말했다.

"주님께 그 문제로 아파하며 기도했는데 시편 37편을 주시면서 그들을 축복하라고 하셨습니다. 원수 갚는 것은 하나님께 있으니 악을 악으로 갚지 않고 그들을 축복하는 것이 마땅합니다."

그의 표정은 너무도 차분했고 평안이 가득해 보였다. 그는 나보다 더 심하게 모함을 받고 있었는데도 불구하고 오히려 주님이 주시는 말씀으로 마음을 평안히 지키고 순종의 길을 걸었다. 그는 자아의 죽음을 누리고 있었던 것이다. 나는 그의 권면대로 원수를 갚으러 가거나 해명하러 가지 않기로 하고 그들을 축복하려고 했지만 여전히 마음이 편치 않았다. 입술로는 축복하지만 마음은 '그래도 난 억울해'라고 말하고 있었다. 마음으로 받아들이는 게 쉽지 않았고 내 모습이 가식인 것 같았다. 죄 사함의 은총을 체험한 것과는 별도로 여전히 옛 자아를 사랑하는 모습이 너무 강했다. 그것은 성령을 좇아 말씀에 순종하려는 것이 아니라 내 자아의 의지대로 행하려는 모습이었다. 내 안에 진정한 자유가 없었다. 죄 사함으로부터 얻은 자유에만 머물러서, 율법과 자아로부터의 자유까지 나아가지 못했던 시기였다.

십자가에 죽었다는 것을 몰랐던 자아는 여전히 누군가로부터 오해받거나 부당한 대우를 받으면 분노했다. 그런 행동을 하고 나서 다시 주님 앞에 무릎을 꿇고 회개를 했지만 좀처럼 그 자아의 성향은 바뀌지 않았다. 특히 더욱 심했던 자아의 흉측함은 진리로 내 자신을 성찰하기보다 남을 비판하는 칼로 더 많이 사용했던 모습이었다. 교회 안에 있는 다른 사람들의 모습들을 보며 '왜 성도가, 교회가 저 모양이지'라는 정죄의 도구로 진리의 말씀을 사용했다.

1996년 말에 경험한 한 사건은 자아를 십자가의 도로 처리하는 단계로 인도함을 받는 중요한 체험이었다. 내 어린 시절부터의 모습을 너무나 잘 아는 성가대 어른들은 차기 총무(성가대의 행정업무를 담당하는 직분)감으로 나를 지목하고 있었다. 그것을 알게 된 나는 투표하는 날 성가대에 가지 않았다. 그것은 내 자아가 아주 크게 드러난 모습이었다. 나는 음악 전공자가 되고 죄 사함의 은혜를 체험하면서 성가대 봉사가 너무 감사하고 좋았다.

'아, 이 귀한 성가대에 뼈를 묻어야겠구나. 그리고 무슨 일이 있어도 성가대 연습시간에 결석하지 말자.'

이런 결심을 했음에도 총무로 뽑히기가 두렵다는 이유로 성가대 연습에 결석한 것이다. 그 모습을 통하여, 성가대에 뼈를 묻고 성가대 연습을 절대 빠지지 말아야겠다는 결심도 다 나 자신의 의로 세운 결정이었다는 것이 드러났다. 그런데 일은 나의 계획과는 정반대로 내가 오히려 성가대 연습과 총회에 참석하지 않아서 총무로 뽑히고 말았다. 나는 다시 굳게 다짐했다.

'아니, 당사자의 의사도 전혀 묻지 않은 상태에서 총무를 뽑다니, 다음 주일예배를 끝으로 이런 비인격적인 처사를 일삼는 성가대는 그만둬야지.'

달면 삼키고 쓰면 뱉듯이 '무슨 일이 있어도 성가대 봉사에 뼈를 묻어야겠다'는 결심도 불이익 앞에서는 헌신짝처럼 버림으로써 그것이 내 의로 작정한 일이었음을 정확히 드러냈다. 그것은 하나님께서 주신 사명을 확신하고 따른다기보다는 자신의 의를 만족시키는 봉사였을 뿐이다.

죄 사함의 체험에 머물러 다음 단계인 자아의 죽음을 직접 체험하지 못한 사람은 나와 같이 오해를 받거나 부당한 일을 겪을 때 억울함을 푸는 것만이 상책이라고 생각한다. 그래서 부당한 권위로부터 벗어나는 것이 해결책이라고 생각하고 그에 따른 결정을 내린다. 그리고 그 결정에 대하여 '명백하게 저 사람들이 틀렸어. 내가 옳게 행동하는 거야'라고 생각하며 스스로 자부심을 갖는다.

그러나 우리 삶에서 옳고 그름의 문제보다 더 중요한 것이 있다. 하나님께서는 우리를 하나님의 뜻에 합당하게 쓰시기 위해서 결코 옳지 않다고 여겨지는 사망의 골짜기 같은 상황들을 걷게 하신다. 이를 통하여 우리의 자아의 권리가 십자가에 직접 죽는 체험을 하기를 원하신다. 그 과정을 통과함으로써 결국 삶의 주권이 온전히 주님께 드려지고 우리를 통하여 하나님의 뜻이 이루어지기를 원하시는 것이다.

요셉의 삶이 그 좋은 예이다. 하나님께서는 요셉을 하나님의 뜻을 이룰 사람으로 선택하셨다. 요셉을 향한 하나님의 뜻은 단지 요셉 개인의 꿈의 성취를 훨씬 뛰어넘는 것이었다. 요셉의 꿈이 이루어짐으로써 흉년을 준비하게 하는 것과 함께 결국 야곱의 집안 70명이 고센 땅으로 이주하게 되고 400여 년이라는 세월이 흐르면서 거대한 이스라엘 민족이 애굽에 의해 배태되게 하신다. 그리고 이스라엘 백성들을 애굽에서 건져내시는 역사를 거울로 삼아, 창조된 모든 하나님의 형상인 인간들을 그 아들의 십자가를 통하여 죄에서 구원해 내신다는 것을 온 인류에게 말씀하시고자 했던 것이다.

하나님께서 이런 원대한 꿈을 이루시기 위해서 요셉 한 사람을 선택하셨다. 요셉은 하나님께서 쓰실 만한 그릇으로 준비되어져야 했다. 형들의 시기를 받고 버림받고 노예로 팔려가고 보디발의 아내로부터 거짓 고소를 받아 감옥에 갇히고 꿈을 해석하여 도움을 준 술 장관이 기억해주지도 않는 모든 상황 속에서 요셉의 자아는 깊이 다뤄졌다. 요셉은 사망의 음침한 골짜기와 같은 상황 속에서 부당한 대우에 대해 따지고, 복수하고 싶은 자아를 보았을 것이다. 악을 악으로 갚지 않고, 주님 뜻에 순종하면 할수록 오히려 더 큰 낭떠러지로 떨어지는 것 같은 삶 속에서 요셉은 정말 고통스러웠을 것이다.

그러나 요셉은 억울한 상황이라는 깊은 사망의 계곡을 자신의 노력과 지식으로 나오고 싶은 자아를 지속적으로 태우며 하나님만 바라봄으로써 형통한 삶을 살았다. 그 형통은 요셉이 원하는 바가 이루어지는 게 아니라 하나님이 원하시는 바가 이루어지는 삶이었을 것이다. 결국 하나님의 뜻 가운데 요셉은 사실상 애굽의 모든 권력을 한 손에 쥐게 되는 위치에 오르게 되어 중동 땅을 살리고 이스라엘 민족을 탄생시키는 하나님의 귀한 도구가 되었다.

말씀으로 자아를 태운 첫 사건

당사자인 내가 없는 상황에서 총무로 뽑은 부당한 처사에 항거하여 나는 당장 성가대를 그만두기로 결심했다.

다음 날이 되어 주일예배에 들어가기 직전 성가대장 장로님이 나에게 다가오시더니 말씀하셨다.

"함께 잘해봅시다."

"저는 오늘 예배를 끝으로 성가대를 그만둘 것입니다."

나는 차갑게 대답하고서는 예배실로 들어갔다. 그런데 예배시간에 조용하고 부드러운 주님의 목소리가 들리는 것 같았다.

'내가 도와줄게. 할 수 있겠니?'

주님이 짧은 음성을 마음 깊은 곳에 들려주시는 것 같았다. 교회음악연구소에 입사하여 죄 사함의 은혜를 체험하기 전에는 교회음악에 대해 아무리 연구를 해도 지식은 쌓여갔으나 예배에서는 구원의 감격과 감사가 없었다. 그러다가 죄 사함의 은혜를 체험하고 나서는 감격적인 예배를 드리게 되면서 진정한 예배를 체험하며 배우기 시작했다. 예배할 때 주님께서 말씀하시는 것에는 무조건 순종해야 한다는 가르침을 받고 있을 때였기에, '내가 돕고 인도하리라'는 주님의 말씀 앞에 내 생각을 태우고 자아를 포기할 수밖에 없었다. 전지전능하신 주님께서 도우신다고 하시니 선택의 여지가 없었다. 나는 주님께 대답했다.

'당신을 신뢰함으로 맡기겠나이다. 저를 이끄소서.'

싫어하는 일은 죽어도 하지 않는 고집불통의 내가 그렇게 순순히 "예"라고 대답한 것 자체가 기적이었다. 하나님의 성품을 신뢰하는 자는 말씀의 임재 앞에서 순종할 수밖에 없다. 이것은 생각을 태우고 자아를 포기했던 첫 번째 확실한 경험이었다.

예배 후 다시 다가와 권면하시는 장로님께 성가대를 잘 섬기겠다고 대답했다. 하나님을 신뢰함으로 부당함을 참지 못하는 자아를 포기하고 총무 제의를 받아들이자 하나님께서 내게 큰 선물을 준비하셨다. 성가대 총무가 된 후 첫 번째 행사인 1997년 1월 겨울수련회를 전 총무가 영성훈련이라는 프로그램으로 다 준비해두었던 것이다. 총무로서 손 하나 까딱하지 않고 첫 행사인 겨울수련회를 진행하게 된 것이다.

그러나 이보다 더 큰 선물은 겨울수련회 안에 따로 있었다. 죄 사함이라는 인생의 전환점과 같은 또 다른 인생의 전환점이 준비되고 있었던 것이다.

영성훈련 오리엔테이션 시간이었다. 리더인 임창표 목사님께서 앞으로 나가시더니 처음으로 이렇게 말씀하셨다.

"갈라디아서 2장 20절 속에 인생의 모든 문제의 해결책이 다 들어있습니다."

그 말 한 마디에 나는 굉장히 큰 충격을 받았다.

"내가 그리스도와 함께 십자가에 못 박혔나니 그런즉 이제는 내가 사는 것이 아니요 오직 내 안에 그리스도께서 사시는 것이라 이제 내가 육체 가운데 사는 것은 나를 사랑하사 나를 위하여 자기 자신을 버리신 하나님의 아들을 믿는 믿음 안에서 사는 것이라."

'어찌 한 구절 속에 인생의 모든 문제의 해결책이 다 있을까? 그게 말이 되는가?'

나는 의아했다. 그러나 그 순간 성령의 밝은 조명이 비춰졌다.

'아, 주님만 죽으신 것이 아니라 내가 주와 함께 죽었구나. 죄만 씻어진 게 아니라 죄의 뿌리인 자아가 주와 함께 죽었다는 것이구나!'

이것이 순간적으로 깨달아지자마자 율법적으로 애쓰고 난 후 느껴지는 차원이 아닌 영혼의 자유가 깊은 곳에서 샘솟기 시작했다. 죄 사함의 은혜를 체험했지만 여전히 해결할 수 없었던 자아, 부당한 것을 못 참고 오해받는 것을 못 참았던 자아가 예수님과 함께 죽었다는 것을 몰랐다는 사실이 한순간에 깨달아졌다. 그야말로 그리스도께서 자유케 하려고 주신 자유가 무엇인지 진정으로 알기 시작했다.

"그리스도께서 우리를 자유롭게 하려고 자유를 주셨으니 그러므로 굳건하게 서서 다시는 종의 멍에를 메지 말라"(갈 5:1).

새롭게 맡게 된 성가대 총무의 길은 쉽지 않았다. 그런데 총무의 직분은 자아의 죽음을 경험케 하시기 위해서 하나님께서 준비하신 것이었다. 하나님의 사명을 받기 위해서는 사망의 음침한 골짜기를 자아가 직접 통과해야만 했다. 총무의 직분을 맡지 않고 솔로이스트로만 있었다면 절대로 겪지 않아도 될 어려움을 많이 겪으면서 나의 자아가 점점 더 깊이 다루어졌다. 나의 의견이 반영되지 않을 때,

나의 결정에 반대하는 사람들을 용납해야 했고, 관계의 어려움들이나 억울하게 오해받는 일을 참아야 했다. 나는 찾아가서 해명하고 싶었으나 주님은 침묵하게 하셨고 오히려 오해를 만들어내는 자들을 축복하게 하셨다. 신기한 것은 죄 사함만 체험하고 그리스도와 함께 죽은 나를 깨닫지 못했을 때 억지로 했던 축복이 이제 완전히 바뀌어 성령님의 도우심을 받아 평강 가운데 오해를 만들어내는 자들을 축복할 수 있었다는 것이다. 왜냐하면 오해받는 것 때문에 힘들어하는 자아가 그리스도와 함께 이미 죽었다는 것을 진정으로 믿었기 때문이다.

갈라디아서 2장 20절을 누리기 시작하면서부터 죄 사함만 체험했을 때와는 달라진 것이 있었다. 자신을 주장하고 싶고 부당한 대우에 대하여 못 참는 자아가 여전히 느껴지지만, 나는 그 생각을 즉시 태워버리고 입술로 "이 자아는 예수님과 함께 죽었습니다"라고 십자가의 도를 외치기 시작했다. 더욱 감사한 것은 자아가 죽었다는 십자가의 도를 외치면서부터 더러운 옷과 같은 나의 자아의 실체가 더 잘 보이기 시작한 것이었다.

"무릇 우리는 다 부정한 자 같아서 우리의 의는 다 더러운 옷 같으며…"(사 64:6).

나의 자아의 실체를 더 낱낱이 볼 수 있는 장소는 소그룹이었다. 나는 겨울수련회 영성훈련 이후에 소그룹을 결성하여 계속 복음을 나누고 서로 기도하게 되었는데 그 안에서 자아의 실체를 더 자세히 볼 수 있었다. 나는 소그룹 멤버들이 말하는 모습을 볼 때 그 사람의 얼굴 생김새부터 교육 정도와 태도 등 모든 것에 대하여 하나하나 내 속에 있는 판단의 잣대로 평가하고 있었다. 그리고 내가 말할 순서가 점점 다가오기 시작하면 다른 사람의 이야기를 듣기보다는 내가 말할 것을 구상하며 타인의 이야기에 귀를 기울이지 않는 모습을 보게 되었다. 내가 왜 그런 행동을 하는지 가만히 내 속을 들여다보았다. 그러자 좋은 발표, 멋진 나눔, 거침없는 솔직함 등의 모습을 보임으로써 영적으로 조금 더 깨닫고 성숙한 사람으로 보이고 싶은 내면이 보였던 것이다. 그것은 다른 사람들에게 인정받고 싶은 자아였다. 소그룹에서 나는 다른 지체들을 거울로 사용하시는 하나님의 손길을 많이 체험하게 되었다.

특히 나는 삶의 창피한 부분도 잘 오픈하는 편이었다. 나는 어느 날 보통 사람이라면 쉽게 이야기할 수 없는 부분까지 오픈을 하면서 속으로 이런 생각을 하게 되었다.

'야, 내가 참 괜찮은 사람이기는 하네. 이런 것까지 솔직하게 다 나누다니….'

그 순간 나의 숨은 의를 깨닫고 깜짝 놀랐다. 선한 자아의 모습 뒤에 숨어 있는 흉측한 나의 의가 발견되었다. 그 숨은 의가 발견되자마자 하나님께 들킨 것 같아 쥐구멍에 들어가고 싶은 마음이 나타났다. 그런데 다시 더 깊은 내면 속에 있는 교만을 발견했다. 쥐 구멍에라도 들어가고 싶은 그 모습을 대견해하는 내 의가 또 보였으며, 또 더 깊은 곳에 숨겨진 내 의까지 볼 수 있는 통찰력을 자랑스러워 하는 자아가 보였던 것이다. 나는 자아의 깊이가 사망의 음침한 골짜기처럼 느껴졌다. 마치 블랙홀 같은 자아의 깊은 늪에서 스스로의 힘으로 빠져나올 수 없었다. 그때 그리스도 예수의 죽음에 내가 함께 죽었다는 것이 진정 복음의 핵심이라는 것을 더욱 확신하게 되었다.

전도로 태워지는 자아

1997년 1월에 갈라디아서 2장 20절을 통하여 자아가 십자가에 못 박혀 죽었다는 것을 알고 나서부터 또 한 가지 놀라운 삶의 변화가 시작되었다. 하나님을 무시하고 자신이 주인이 되어 살다가 영원한 심판에 처할지도 모를 사람들에 대한 아버지의 마음이 부어졌다. 그래서 거리로 나가서 세상 사람들에게 복음을 전하기 시작했던 것이다.

거리에서 전도를 할 때 예수님을 영접하는 사람들도 있었고 회심의 체험을 하는 사람들도 생기는 등 귀한 일들이 많았다. 그러나 무엇보다도 귀한 것은 거리에서 전도하면서 내 자아가 다뤄지는 체험을 많이 했던 점이다. 관계전도 차원에서 아는 사람들에게 복음을 전할 때는 자아가 다루어질 기회가 별로 없었다. 하지만 거리에서 알지 못하는 사람들에게 복음을 선포하기 위해 다가가는 것 자체가 자아 포기를 요구한다. 우리는 굳이 모르는 사람에게 다가갈 이유가 없다.

우리의 자아는 자신의 유익을 위해서 끝없이 편안함을 추구한다. 그래서 하나님 아버지의 마음 때문에 복음을 들고 모르는 사람들에게 다가갈 때마다 편안하게 지내고자 하는 자아가 죽는 체험을 했다. 게다가 예수 이름을 외치며 전도지를 받으라고 제시할 때 전도지를 거절하며 무반응으로 지나가며 무시할 때에는 그들의 부정적인 반응에 의하여 자아가 죽는 체험을 했다. 더욱이 영광스러운 복음을 전하는 내게 욕을 하거나 인상을 쓰고 지나가면 십자가의 죽음에 더 깊이 연합되는 체험을 했다.

예수님께서 말씀하시고 직접 보여주신 복음의 절정은 십자가이다. 십자가는 예수님의 자아 부인의 절정이었다. 빌라도와 헤롯이라는 세상 권력자들, 대제사장과 서기관들과 장로들이라는 종교인들 그리고 백성들이 예수님을 십자가에 못 박았다. 모든 인간들 앞에서 예수님은 벌거벗겨진 채 나무에 달려 있으셔야 했다. 제자들도 그 십자가를 외면하고 배신하여 떠났다. 우리가 십자가를 세상에 전할 때 여전히 세상으로부터 무시당하고 창피를 당하며 욕을 먹을 수 있다. 그럴 때마다 우리의 자아는 십자가에 계속 못 박히는 체험을 하는 것이다.

순종으로 자아를 계속 다뤄가다

성가대 총무를 맡은 지 일 년이 지나고 여름수련회를 준비해야 하는 시기가 다가왔다. 나는 일 년 전 1997년 1월에 영성훈련을 통하여 갈라디아서 2장 20절을 만난 뒤로 복음 안에서 놀라운 자유를 체험하게 된 것을 상기했다. 그리고 성가대원들이 그 은혜를 다시 한 번 제대로 깊게 체험하기를 원했다. 그래서 임원회의를 거쳐 수련회 장소로 순천순복음교회를 선정하게 되었다. 왜냐하면 영성훈련을 담당해주셨던 임창표 목사님이 전라남도 순천으로 가서 교회를 개척했기 때문이다.

그런데 1998년 8월 첫 주일 출발 예정이었던 여름수련회가 다가올 즈음에 예년보다 더 심한 장맛비로 인해 전국적으로 많은 홍수 피해가 있었다. 성가대 수련회로 예정된 순천 지역 근처 계곡의 다리들이 파괴되고 물놀이하던 피서객들이 여러 명 물에 떠내려가서 숨지는 사건이 있었다. 반대 의견도 있는 터라 수련회 출발 전날에 임원회의를 했는데 그 결과는 수련회 준비를 하고 교회로 오되 출발 시점의 날씨와 일기예보를 보고 최종 결정을 하자는 것이었다.

나는 주님의 보호하심을 간구하며 영적 부흥을 위해서는 위험을 감수해서라도 순천행을 진행하고 싶었다. 그러나 괜히 고집을 부렸다가 만에 하나 작은 사고라도 나면 그 책임을 져야 했기에 지나친 집착을 버리기로 마음먹고 잠자리에 들었다. 그런데 새벽 세 시가 되어 갑자기 눈이 떠졌다. 그 뒤로 다시 잠을 청해도 도저히 잠이 오지 않자 주님께서 수련회를 위해 기도를 하라고 깨우셨다는 확신이 들었다. 그래서 기도하며 여쭈었다.

'주님, 주님께서 가지 말라고 하시면 가지 않겠습니다. 수련회를 가지 않는 것이 좋을까요?'

기도하는 중에 주님의 음성이 들리는 듯했다.

'매일같이 꾸준히 내게 나아왔던 말씀 묵상의 패턴 속으로 오라!'

어떤 중대한 결정을 앞두고 있을 때, 마음속에 떠오르는 생각으로 응답을 주시기도 하지만 가장 정확하고 안전한 응답은 주님과 규칙적인 교제를 하는 말씀 묵상 시간에 성경을 통하여 주신다. 이번에도 그럴 것이라는 확신이 생겼다. 나는 그 음성이 주님의 음성이라고 확신하며 즉시로 성경을 펼쳤다. 1992년에 죄 사함을 체험한 이후부터 꾸준한 말씀 묵상의 패턴 속에 있었는데 당시에 나는 사복음서를 주제별로 한 문단씩 묵상을 해왔다. 그날 묵상할 순서는 마가복음 6장 7-13절이었다.

"열두제자를 부르사 둘씩 둘씩 보내시며 더러운 귀신을 제어하는 권능을 주시고 명하시되 여행을 위하여 지팡이 외에는 양식이나 배낭이나 전대의 돈이나 아무것도 가지지 말며 신만 신고 두 벌 옷도 입지 말라 하시고 또 이르시되 어디서든지 누구의 집에 들어가거든 그곳을 떠나기까지 거기 유하라 어느 곳에서든지 너희를 영접하지 아니하고 너희 말을 듣지도 아니하거든 거기서 나갈 때에 발아래 먼지를 떨어버려 그들에게 증거를 삼으라 하시니 제자들이 나가서 회개하라 전파하고 많은 귀신을 쫓아내며 많은 병자에게 기름을 발라 고치더라.”

이 본문을 읽는 순간 나는 전율했다. “제자를 부르사 둘씩 둘씩 보내시며 … 여행을 위하여”라는 표현이 마음에 강하게 와 닿았는데 특히 ‘여행’이라는 단어가 성경에서 많이 다뤄지는 단어는 아닌데, 바로 그날의 묵상 순서 본문 속에 그 단어가 있었다는 것이 너무나 놀라웠다. 묵상 본문을 몇 번 읽으며 주님의 뜻을 구하는 가운데 수련회를 보내신다는 확신이 들었다.

그런데 성가대 수련회 주제나 프로그램 속에 전도할 계획은 없었으므로 본문에서 주님께서 제자들을 여행보내시는 것이 영혼구원을 위해 전도자로 파송하시는 장면임을 크게 염두에 두지는 않았다. 하지만 문득 몇 주 전에 있었던 한 가지 일이 떠올랐다. 나의 전도 스승이신 박충남 목사님이 성가대와 함께 전남 순천으로 영성훈련을 받으러 가겠다고 하시면서 갈 때 전도지 1,000장 정도를 가지고 가자던 말씀이 생각났다. 박 목사님이 전도지를 가져가자는 제안을 하셨을 때 나는 성가대 총무로서 4박 5일의 수련회 프로그램 속에 전도할 시간이 따로 없을 것을 알고 있었기에 박 목사님의 제안에 반대를 하려 했지만 주님께서 주시는 마음으로 그렇게 하겠다고 대답했다.

날이 밝아 교회에 모여 일기예보를 확인한 결과 수련회를 가도 좋다는 최종 결정을 했고 예배를 마치고 나서 모두 관광버스에 몸을 실었다. 나는 박충남 목사님과 함께 맨 뒷좌석에 앉아서 새벽에 주님께서 깨우셔서 마가복음 6장 7-13절을 주시면서 수련회를 가는 것으로 응답의 말씀을 주셨다고 말씀을 드리면서 본문을 펼쳐서 보여드렸다. 그랬더니 목사님께서는 "정말로 둘씩 둘씩 보내시는군요!"라고 말씀하시면서 버스의 왼쪽과 오른쪽 두 좌석들에 앉은 성가대원들의 모습을 가리키셨다.

여름 휴가철과 동시에 장마철이라서 고속도로 사정은 좋지 않았다. 8시간 넘게 걸려서 순천순복음교회에 도착할 때쯤엔 거의 모든 성가대원들이 잠들어 있었다. 성가대원들이 버스에서 다 내리고 맨 끝으로 나와 박충남 목사님이 내리게 되었는데 박충남 목사님은 나에게 먼저 내리라고 하시면서 버스 기사에게 다가가셨다. 기사에게 복음을 전하려는 것임을 알아챈 나는 박충남 목사님께 개회 예배 설교를 부탁드린 것을 다시 확인시켜 드리고 모든 대원들과 함께 짐을 내리고 순천순복음교회 성전에 들어가서 수련회 개회 예배를 시작했다. 조금 늦게 성전에 도착하신 목사님이 설교를 하러 강단으로 올라가셔서 말씀을 증거하기 시작하셨다.

"방금 전에 주님께서 잃어버린 한 영혼을 찾으셨습니다. 우리가 탄 버스는 서울을 출발하여 빗길을 어렵게 달려왔는데 순천에 거의 다 도착할 무렵에 큰 사고가 날 뻔했습니다. 그때 여러분들은 다 자고 있었지요. 저는 서울을 출발하면서부터 빗길에 사고가 나지 않도록 계속 기도하며 도로 상황을 지켜보고 있었습니다. 그런데 순천에 거의 다 도착할 무렵 우리가 탄 버스 앞에 어떤 차가 급정거를 했고 깜짝 놀란 우리 버스 기사는 급브레이크를 밟았습니다. 그런데 제동이 걸리지 않아서 충돌을 면하기 위해 핸들을 왼쪽으로 꺾었고 반대편 차선으로 넘어갔는데, 다행히 반대편 차선에서 차가 한 대도 오지 않고 있어서 사고를 면할 수 있었습니다.

교회에 도착하여 여러분들이 다 내린 뒤에 저는 버스 기사에게 복음을 전하러 갔지요. 그런 위기의 상황은 복음을 전할 절호의 기회거든요. 그때까지도 그 젊은 버스 기사는 잔뜩 겁에 질린 표정이었습니다. 저는 그에게 복음을 전하기 시작했습니다. 그런데 이 분이 이렇게 말했습니다.

'원래 이 버스 기사는 따로 있는데 그 분이 사정이 생겨서 제가 대신 오게 되었어요. 고속도로 빗길에 대형버스 운전을 해보는 것이 처

음이었습니다. 아까 너무나 위험했던 상황을 겪은 터라 아직도 가슴이 두근두근합니다.'

저는 주께서 지켜주신 것이라고 말하면서 죽음은 예고 없이 닥칠 수 있으며 천국과 지옥이 실제로 있음을 그에게 경고했습니다. 그리고 만약에 사고가 나서 죽었다면 어떻게 되었을까 생각해보라고 하면서 예수 그리스도의 십자가의 죽음과 부활을 전하자 그가 진지하게 예수님을 영접했습니다. 하나님께서는 사고가 날 뻔한 일을 통해 한 영혼을 구원하시는 선을 베풀어주셨습니다."

나는 그 간증을 듣는 순간 새벽에 하나님께서 주신 말씀인 영혼구원을 위해 전도자로 제자들을 여행 보내시는 내용이 생각났다. 그런데 순천에 도착하자마자 그 말씀대로 영혼구원의 역사를 이루신 것이다. 수련회의 주제 및 프로그램에는 전도에 관련된 것이 전혀 없었지만 주님께서는 우리의 계획과 시간이라는 크로노스 속에서 그분의 카이로스를 진행하셨다.

하룻밤을 보낸 뒤 아침이 되었는데 순천 지역 일대에 장대비가 쏟아지고 있었다. 여름수련회 일정표에는 아침과 낮에 계곡이나 바닷가에서 물놀이를 하고 저녁 때에 영성훈련을 진행하도록 되어 있었다. 그런데 아침부터 폭우가 쏟아지는 바람에 우리는 꼼짝없이 교회 성전에 갇힌 신세가 되었다. 정해놓은 일정표가 완전히 무색해져버렸다. 나는 임원들과 함께 어떻게 시간을 보내야 하는지 회의를 하고 있었다. 아까운 시간이 계속 흐르고 있을 때 지휘자 선생님께서 말씀하셨다.

"시간이 아까운데 전도자 박충남 목사님의 전도 강의를 듣는 것이 어떨까요?"

좋은 아이디어라고 생각하고 박충남 목사님께 말씀을 드렸고, 강의가 시작되었다. 전도 강의를 들으면서 내 뇌리 속에는 전날 아침에 주신 마가복음 6장 7-13절의 '전도여행을 위하여 제자들을 파송하시는 장면'이 계속 맴돌았다. 비 때문에 일정표는 수포로 돌아가고 있었지만 주님께서는 도착할 때부터 버스 기사의 영혼을 건지시고 나서 첫날 일정부터 하나님께서 주신 말씀대로 전도 주제로 이끄시는 것이었다. 우리의 계획과 상관없이 하나님의 카이로스 일정표가 진행되고 있었다.

오전 시간 내내 전도 강의를 들은 뒤 점심을 먹고 나자 언제 소낙비가 왔냐는 듯이 비가 뚝 그치고 해가 얼굴을 내밀었다. 임원들은 여기저기 수소문하여 개장한 수영장을 찾아냈다. 수영장으로 막 출발하려는데 갑자기 지휘자님이 의견을 냈다.

"우리가 박충남 목사님께 전도 강의도 들었으니, 순천 시내에 가서 찬양하고 전도한 후에 수영장으로 가는 것이 좋을 것 같아요. 외워서 찬양할 수 있는 곡들을 빨리 연습합시다."

그때 나는 박충남 목사님께서 "전도지 1,000장을 가져갑시다"라고 말씀하셨던 것이 떠올랐다. 프로그램에 전도 계획이나 빈 시간도 없는데 왜 전도지를 챙겨가라고 하시는지 당시에는 이해할 수 없었지만 내 자아를 포기하고 순종하여 전도지를 챙겨왔던 것이다. 그런데 갑자기 하나님의 시간표에 따라서 순천 시내에서 그 전도지가 사용된다고 생각했을 때 성경말씀이 떠올랐다.

"이는 내 생각이 너희의 생각과 다르며 내 길은 너희의 길과 다름이니라 여호와의 말씀이니라 이는 하늘이 땅보다 높음같이 내 길은 너희의 길보다 높으며 내 생각은 너희의 생각보다 높음이니라"(사 55:8,9).

교회 건물 안에서 예배드릴 때만 찬양하던 성가대원들이 순천 시내 한복판에서 찬양을 하고 나서 거리의 행인들과 상점마다 전도지를 나누는 모습은 상상도 못했던 일이었다. 새벽에 전도를 위하여 제자들을 파송한다는 말씀을 주시고 그 말씀대로 이루어나가시는 하나님을 찬양하고 싶어서 하늘을 쳐다보았다. 온 하늘에 구름이 잔뜩 끼어 있었는데 희한하게도 우리가 전도하는 장소 바로 위쪽의 하늘만 뻥 뚫려 있어 그 사이로 강렬한 햇빛이 비추고 있었다. 그렇게 쏟아지는 햇빛과 함께 하나님의 음성이 들리는 듯했다.

'내 말대로 내가 계속 행하리라!'

시내 즉흥 전도사역과 수영장 물놀이 그리고 저녁 영성훈련으로 하루를 보내고 이튿날 아침엔 화창한 날씨를 맞이하여 일정표에 계획된 대로 해변 해수욕장으로 갔다. 그런데 박충남 목사님께서는 해수욕장에도 전도지를 가져가자고 하셨다. 성가대원들이 해수욕장에서까지 전도 사역을 하는 것에 대해 반대를 할까봐 썩 내키지는 않았다. 그러나 다시 자아를 태우며 목사님의 말씀대로 순종하여 전도지를 챙겨갔다. 해수욕장에 이르자 장맛비로 인해 육지에서 바다로 떠내려간 쓰레기더미들이 해안가에 많아서 물놀이를 할 수가 없었다. 여기저기 불평하는 소리들이 터져나왔다. 그래도 아랑곳하지 않고 바다로 뛰어드는 대원들도 있었으나 박충남 목사님과 내가 리더로 있는 소그룹 멤버들은 전도하라는 하나님의 뜻으로 받아들였다. 그래서 전도지를 나눠 가지고 해수욕장 사람들에게 복음을 전하기 시작했다. 결국 목사님께서 3명, 내가 2명 다른 소그룹 멤버한 사람이 1명, 모두 합하여 6명을 결신시키는 결과가 있었다.

모든 수련회 일정을 마치고 박충남 목사님이 폐회 예배 설교를 하는 도중 맨 앞에 앉아 있었던 한 중년 여성이 목사님께 질문을 했다. 며칠 간의 영성훈련에 참석하는 것을 봐서 순천순복음교회 성도인 줄 알았으나 알고 보니 그녀는 부산에서 온 가톨릭 신자로서 임창표 목사님의 영성훈련에 대해 지인으로부터 소개를 받고 참석한 것이었다. 박충남 목사님은 그 여성이 가톨릭 신자인 것을 아시자마자 오직 십자가의 죽음과 부활에 나타난 하나님의 은혜 앞에 회개하여 복음을 믿음으로 얻는 구원에 대해 선포하신 뒤 그 여인을 결신시키며 그 여인을 주님의 손에 올려드렸다.

결과적으로 성가대 수련회를 통하여 버스 기사가 예수님을 영접하고, 전도 강의를 듣고 순천 시내에서 찬양과 전도사역을 하자 해수욕장에서 6명의 영혼을 결신시킨 뒤 마지막 폐회 예배를 통하여 또 한 명의 영혼에게 구원의 복음을 전함으로 말미암아 총 8명의 영혼을 주님께 올려드리는 역사가 일어났다. 그런데 그 모든 역사는 이미 수련회를 떠나는 날 새벽에 '영혼구원을 위한 전도사역을 위하여 성가대의 여행을 허락하신다'는 마가복음 6장 7-13절의 약속의 말씀을 그대로 이루시는 주님의 열심이셨던 것이다. 이 일을 통하여 나는 자아를 포기하고 말씀을 따라 움직이는 삶 속에서 말씀대로 그 뜻을 이루시는 신실하신 하나님의 성품을 체험했다.

어떤 중대한 결정에 대한 하나님의 응답을 구할 때 말씀 기도의 삶이 일정한 패턴 가운데 있지 않으면 사실상 정확하고 안전한 응답을 받기가 쉽지 않다. 규칙적으로 말씀으로 기도하는 삶도 없으면서 자신은 하나님과 대화하듯이 기도한다고 생각하는 성도들이 많다. 그들이 하나님과 대화하는 신앙 자체를 비판해서는 안 되지만 지속적으로 말씀으로 하나님과 교제하지 않는 기도는 자신의 공상에 가까울 확률이 크다. 그러한 사람들은 그저 자기 심상에 떠오르는 생각을 주님의 응답으로 어렴풋이 믿고 움직이게 된다. 그러다가 결과가 좋지 않으면 괜히 하나님을 원망하기도 한다. 사실은 자신의 생각을 주님의 생각으로 착각했으면서도 말이다. 기도와 말씀은 완전히 하나이다. 정확한 응답을 말씀으로 받는 삶을 살기 위해서는 꾸준한 말씀 기도의 삶이 있어야 한다.

아침마다 일정한 말씀 기도의 패턴 속에서 하나님의 지시사항을 정확히 받고 내 자아를 포기하고 그것에 순종할 때 우리는 하나님을 직접 경험한다. 그 말씀대로 뜻을 이루시는 하나님을 체험하게 되어 자아가 점점 힘을 잃게 된다. 그리고 하나님에 대한 신뢰가 점점 더 쌓이게 되어 더 큰 순종의 삶으로 나아가게 된다. 나는 1992년에 죄 사함을 체험하고 나서 바로 말씀을 읽고 기도하는 삶을 시작했고 1997년에 내 자아가 십자가에 못 박혀 죽었다는 것을 믿고 나서 주님을 더 신뢰하게 되었다. 장마로 인해 순천의 지리산 자락이 사망의 음침한 골짜기 같았지만, 그 골짜기로 나아가라는 말씀에 의지하여 발을 내딛게 하심으로 말씀대로 이루시는 하나님을 체험하도록 성가대 총무로 부르셨던 것은 주의 종으로 부르시는 하나님의 계획 가운데 하나였던 것이다.

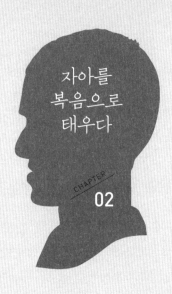

자아를
복음으로
태우다

CHAPTER
02

죽은 자아를 계속 선포하다

말씀으로 기도하는 삶을 통하여 기적을 체험하는 것과는 별개로 우리의 자아는 위경 속에서 여실히 꿈틀거리며 드러나게 된다. 성령께서는 1997년부터 '그리스도와 함께 죽은 나'라는 말씀을 통해서 실제 삶 속에서 자아를 복음적으로 처리하는 단계적인 훈련을 시키셨다.

어느 날 자동차 면허증 관련 업무를 처리하기 위해 상암동 운전면허 시험장으로 운전하여 가고 있었다. 나는 1차선으로 달리고 있었는데 반대편 차선에서 시내버스가 1차선으로 달려오다가 중앙선을 넘어서 내 차 쪽으로 달려들 것 같다가 다시 자기 차선으로 돌아가는 것이었다. 생명의 큰 위협을 느낀 나는 갑자기 분노가 치밀어 올라왔다.

'아니, 저렇게 남의 생명을 위협하는 난폭한 운전을 하다니, 저런 사람에게는 본때를 보여줘야 해.'

이런 생각이 들자 나는 "끼…익" 소리를 내며 급브레이크를 밟고 뒤로 돌아 버스가 달려가는 방향으로 전속력을 다해 달려가서 버스 바로 앞으로 급정거하는 보복운전을 했다. 갑자기 뛰어든 내 차량에 놀란 버스도 "끼…익" 소리를 내며 급정거를 했다. 마치 액션 영화의 한 장면 같았다. 생명의 위협을 느꼈던 것 때문에 분노한 것인데 그 분노를 풀 목적으로 나도 달리는 버스에 뛰어들며 내 생명도 불사하는 무모한 짓을 했다. 자아가 분노할 때 자신의 생명이 위험한 것도 아랑곳없이 몸을 던져 자신의 분노를 풀게 되는 것 같다. 분노하는 자아는 이토록 무섭게 폭발하는 악한 능력이 있어서 살인적 행위도 불사한다.

나는 차 문을 열고 나가 버스 운전석 옆쪽으로 다가가서 삿대질을 하며 말했다.

"야, 운전 똑바로 못해? 나를 죽일 뻔했잖아!"

그때 내 얼굴이 얼마나 흉측한 마귀의 얼굴을 하고 있었을지 상상이 될 것이다. 나의 흉측한 얼굴과 차를 들이대는 돌발행동에 놀란 버스 운전기사는 겁에 잔뜩 질린 얼굴이었다. 분노하는 자아는 완전히 이성을 잃고 제정신이 아닌 사람이 되게 만든다. 내가 원하는 만큼 분을 다 쏟아냈다고 느끼자마자 내 자아는 속이 시원하다고 느끼며 내 차로 돌아왔다.

그런데 이상하게도 시원하기만 할 것 같았던 내 영혼에 갑자기 곤고함이 찾아왔다. 그리고 어디선가 이런 음성이 들리는 것 같았다.

'너는 내 아들과 함께 죽었는데….'

그때 나는 스스로에게 물었다.

'분명히 내 옛 자아는 그리스도와 함께 죽었고 내 안에 그리스도께서 사신다고 하셨는데…. 믿음으로 내가 그리스도 안에 있으므로 나는 새 피조물이고 이전 것은 지나갔다고 하셨는데 왜 옛 자아가 이렇게 살인자 같은 난폭한 모습으로 불쑥 튀어나온 것일까?'

그 곤고함 가운데 영혼 깊은 곳에서 분명한 하나님의 음성이 들려왔다.

'아들아, 그게 네 자아란다. 네 자아는 그보다 더 흉측한 일도 할 수 있다. 그런데 옛 자아가 드러난 바로 지금 이 순간, 튀어나온 너의 옛 자아가 죽은 것이라고 믿을 수 있겠니? 네가 느껴지는 것이 실상이 아니고 옛 자아가 죽었다는 갈라디아서 2장 20절 말씀이 실상이라고 믿고 선포할 수 있겠니?'

주님의 음성이 너무나 강력했기에 나는 거부할 수가 없었다. 나는 옛 자아의 모습이 드러난 것 때문에 곤고했다. 그러나 분명히 그리스도와 함께 나의 옛 생명이 죽은 것을 믿는 것으로부터 죄 사함의 은총을 받아 구원받은 자녀가 되었다는 것이 진리였다. 그래서 옛 자아가 드러난 지금 바로 이 순간에도 내가 그리스도와 함께 죽었다고 고백하는 것이 진리를 믿는 사람의 태도라는 믿음이 생겼다. 머리로는 이해가 되지 않았다. 그러나 진리의 말씀이 믿음으로 다가와서 단순함과 수용성으로 무장하여 나는 그 자리에서 고백했다.

"지금 드러난 저의 옛 자아는 이미 죽은 것임을 믿습니다. 그렇습니다. 주님, 저는 그리스도와 함께 죽은 자입니다."

나는 옛 자아가 나타난 것으로 인해 상한 심령으로 회개하며 주님의 임재 안에서 머물러 있어야 했다. 그리고 이미 나는 주님과 함께 죽었고 살았으며 보좌에 앉혀진 존재이므로 그것을 알게 하시는 성령님께서 내 안에 임재하고 계심을 믿었다(엡 2:5,6, 요 14:20). 그래서 상한 심령이었지만 주님의 임재 안에 그리고 주님이 내 안에 임재하시는 상태를 믿고 그렇게 머물러 있어야 할 필요를 느꼈다.

분을 쏟아내고 속 시원해했던 옛 자아, 그러나 분노한 것 때문에 즉시 상한 심령이 된 나는 옛 자아가 죽었음을 선포하며 주님의 임재 안에 있음을 믿었다. 그리고 '봐, 자아가 튀어나왔잖아. 죽은 것 같지 않은데?'라는 나의 혼적 생각을 태우며 입술로 "나는 그리스도와 함께 십자가에 못 박혔다"라고 외쳤다.

분을 다 쏟을 때 속 시원해하는 자아는 분명 옛 자아이다. 그리고 그때 곤고해하는 것은 새 자아이다. 분을 쏟고 나서 탄식하는 것이 바로 성령의 탄식이다. 불순종할 때 성령님은 우리 안에서 탄식하신다. 그 성령의 탄식은 상한 심령으로 느껴진다. 그러나 우리의 새 자아는 상한 마음 상태로 머물러 있지 말아야 한다. 그 새 자아로 기록된 말씀이 실상임을 믿고 선포해야 한다. 비록 금방 드러난 옛 자아로 인해 마음이 상해 있을지라도 새 자아로서 이루어진 말씀을 믿음으로 선포해야 한다.

옛 자아가 드러나서 곤고할 때 내 목소리를 높이며 부르짖는 행동으로 내가 주님의 임재를 회복하려는 것은 율법적 행동일 수 있다. 바울은 '너희가 성령을 받은 것은 (성령의 임재 안에 들어온 것은) 율법의 행위로냐 듣고 믿음으로냐'라고 말한다(갈 3:1-5). 하나님의 좋은 역사가 나타날 때에 주님과 함께 죽음과 부활로 보좌에 연합되었음을 선포하는 것은 누구나 할 수 있다. 그러나 부족하고 흉측한 자아가 드러났을 때에도 진리를 선포할 수 있는 어린아이와 같은 신앙을 하나님께서 찾으신다. 왜냐하면 우리가 하나님의 자녀가 된 것은 바로 주와 함께 죽었고 부활했으며 보좌에 앉혀져서 성령님을 모시고 사는 존재가 되었다는 것이기 때문이다.

나는 상암동 면허 시험장으로 가는 길에서 겪은 일 속에서 드러난 자아를 십자가에 죽었다고 선포할 수 있었다. 그러나 버스 기사에게 다시 가서 사과할 수 있을 정도의 신앙은 아니었다. 그런데 좋으신 하나님께서는 상대방에게 다시 찾아가서 용서를 빌 수 있는 신앙으로 이끄셨다.

조금씩 힘을 잃어가는 자아

자아가 드러나며 싸우게 되는 상황은 세상에서뿐 아니라 교회 안에서도 마찬가지였다. 내가 근무했던 교회음악연구소 건물에서 있었던 일이다. 경비집사님들이 사무실 키를 내어주실 때 쉽게 내어주시지 않을 때가 있었다.

'내가 근무하는 사무실의 열쇠를 받는 것이 이렇게 힘들어서야 되겠는가' 싶은 생각이 들어 경비집사님께 심하게 따졌다. 그랬더니 그분도 자신의 생각을 강력하게 주장하셨다. 나는 들으면 들을수록 부당하다는 생각이 들어서 계속 따졌다. 결국 서로의 언성이 높아졌고 나는 열쇠를 받아들자마자 내가 하고 싶은 말을 툭 던지고는 잽싸게 경비실을 빠져나와 엘리베이터를 탔다. 그런데 엘리베이터 안에서 층수 표시등 숫자가 올라가고 있을 때 갑자기 주님의 음성이 들리는 것 같았다.

'용훈아, 너 나와 함께 죽었잖아! 그것을 믿는다면 옳고 그름을 떠나서 네가 지금 바로 가서 경비집사에게 사과할 수 있겠니?'

'네가 나와 함께 죽은 것을 믿는다면…'이라는 주님의 전제가 다른 선택을 할 수 없게 만들었다. 왜냐하면 나는 그리스도와 함께 죽은 것을 믿었기 때문이다. 나는 주님께 대답했다.

"예, 주님! 주님께서 원하시는 것을 하겠습니다!"

바로 엘리베이터에서 내렸다. 그리고 비상구 계단으로 내려가기 시작했다. 다른 엘리베이터를 타고 내려가면 경비실 정면으로 향하게 되어 있어서 경비집사님을 정면으로 바로 대하기가 좀 창피하다는 생각이 들었기 때문이다. 계단으로 내려가면 경비실 옆쪽으로 향하게 되어 경비실 옆문을 열고 들어가서 갑작스레 사과하고 도망가기가 좀 수월할 것 같았다.

계획대로 경비실 옆문을 열고 들어갔는데 경비집사님이 내 얼굴을 보자마자 손가락을 올리며 다시 언성을 높이려고 했다. 나는 그 찰나에 "집사님, 제가 잘못했습니다" 하고 허리를 90도로 숙이고 몸을 일으켰다. 그때 화를 내려던 경비집사님 얼굴이 이상하게 일그러지며 말문이 막힌 채 당황해서 어쩔 줄 몰라 하셨다.

비록 자아가 드러난 후 뒷수습한 행동이지만 그렇게 자아를 포기하는 삶을 통하여 말씀이 실상이 되는 것을 체험하면서 내 영은 날로 새로워져갔다. 그러면서 드디어 자아가 드러나기 직전에 멈추게 되는 신기한 현상도 일어나게 되었다.

어느 날 차를 운전하여 마포구청에 볼일을 보러 갔다. 큰 직사각형으로 된 주차장에 들어섰는데 차량이 주차장에 가득했다. 주차장의 맨 안쪽으로 들어가서 주차 구획 사이사이 공간을 '리을'(ㄹ)자를 그리며 찾았는데 좀처럼 빈자리가 보이지 않았다. 그런데 들어오던 주차장 입구 쪽 마지막 주차 구획 공간에 한 자리가 있었던 것을 놓친 채 내 차가 그 공간을 지나쳐버리고 말았다. 공간을 찾은 게 다행이다 싶어서 후진기어를 넣고 뒤로 진행하려는데 뒤에서 차 경적 소리가 났다. 차 한 대가 내 뒤를 졸졸졸 따라오고 있었는데, 내가 빈자리를 지나치자 뒤따라오던 그 차 운전자는 자기가 빈자리에 더 가까이 있다고 생각하며 자신이 먼저 세울 권한이 있다고 주장하는 것 같았다. 경적 소리를 내는 그 차 실내를 쳐다보니 20대 중반으로 나보다 10살은 더 어려보이는데 나를 향하여 주먹을 불끈 쥐며 인상을 쓰면서 비키라는 손가락질을 하는 것이 보였다. 나는 순간적으로 분노가 치밀어 올랐다. 내가 주차장에 먼저 들어섰고 그 차가 나를 뒤따라왔다면 분명히 그 빈 공간은 먼저 들어온 내가 세울 권한이 있다고 생각한 것이다. 그런데도 그 운전자는 자신이 자리를 차지하려고 하면서 연장자인 나에게 심한 모욕감을 주었고 나는 도저히 화를 참을 수가 없었다. 나는 '저런 어린 놈에게 본때를 보여줘야 해!'라고 다짐하고 차에서 내리자마자 다가가서 최대한 신속하게 오른손 펀치를 날리리라고 마음먹었다. 그 어린 운전자는 벌써 차 밖으로 나와서 나와 한판 붙을 기세였다.

그런데 차에서 내려서 그에게 다가서서 주먹을 날리려고 하는 바로 그 순간 주님의 음성이 들렸다.

'용훈아, 너 나와 함께 죽은 것을 믿니?'

주님의 음성이 들리자마자 나의 영은 순간적으로 어린아이와 같이 "예"라고 반응했다. 그러자 날리려던 주먹이 자연스레 통제되었다. 나는 갑자기 머리를 숙이며 말했다.

"죄송합니다. 당신이 세우십시오."

그 어린 운전자는 싸울 기세로 다가오던 내가 돌발 행동을 하자 화를 쏟아내려던 표정이 갑자기 이상하게 찌그러지면서 당황해하는 모습으로 말했다.

"아닙니다. 아저씨가 세우세요!"

그러더니 무슨 범죄를 저지르고 도망하는 사람처럼 줄행랑을 치듯이 차를 타고 휙 가버렸다.

그것은 분명히 내 노력으로 이를 악물며 억지로 '참아야지…' 하는 차원에서 자아가 통제된 것이 아니다. 그리스도와 함께 죽은 나를 인정한 믿음이 육체의 행동을 자연스럽게 억제시켰던 것이다. '복음이 능력이라'(롬 1:16)는 말씀이 실상이 되는 순간이었다. 많은 사람들이 자아의 죽음을 억지로 참아내는 것으로 오해하고 있다. 물론 그 태도도 칭찬받을 만하다. 그런데 복음은 그렇게 말하지 않는다. 우리의 노력이 아닌 복음을 믿고 자아가 죽었음을 선포할 때 그 자아가 힘을 발휘하지 못하는 놀라운 은혜를 체험할 수 있다.

부르심 속에 자아를 포기하다

인간관계 속에서 자아의 죽음을 믿고 "죄송합니다" 하고 반응하게 하시는 것은, 결국 주님께 "잘못했습니다"라고 고백하며 삶의 모든 주권을 주님께 드리며 나 자신을 포기하게 하시는 훈련 과정이었다. 동시에 창세전에 예비하신 하나님의 부르심을 위한 중요한 훈련 과정이었다. 나는 교회음악연구소에서 성경을 연구하다가 의문점이 생길 때마다 주변의 여러 교역자(전도사 또는 목사)들을 찾아가 질문하여 해결하곤 했다. 가장 큰 도움을 주신 정 전도사님이라는 분이 계셨다. 정 전도사님은 항상 의문점을 해결해주신 뒤에는 "지 선생, 빨리 신학공부해서 목사님 되세요"라고 했다. 나는 그럴 때마다 "아휴, 나는 감당할 그릇이 못 됩니다. 그 길은 내 비전과는 아무 상관이 없습니다"라고 대답했다.

교회음악연구원으로서 주어진 업무 중에는 400여 교역자들에게 찬송가와 복음성가를 가르치고 지휘법과 발성 등의 음악을 가르치는 것이었다. 업무 성격상 얼굴이 많이 알려지게 될 수밖에 없었는데 오가며 마주치는 목회자들로부터 자주 듣던 말이 있다.

"지 선생, 빨리 신학공부해서 우리 교회 음악목사 되세요. 한번 기도해보세요."

나는 그런 말을 들을 때마다 깊이 생각하지 않고 한 귀로 듣고 한 귀로 흘러버리며 무시했다.

'주의 종의 길은 죽어도 하기 싫은 일 중 하나인데, 왜 남의 인생에 콩 놔라 팥 놔라 하는 것일까?'

1998년 3월 18일 수요일이었다. 그날도 요한복음 15장의 포도나무와 가지의 관계를 읽다가 의문점이 생겨서 정 전도사님을 찾아갔다. 정 전도사님은 신속하고 정확하게 설명을 해주시고 나서 나에게 앉으라고 하더니 심각하게 말을 꺼냈다.

"지 선생님, 주님께서 주의 종으로 쓰실 것 같은데 빨리 신학교 가십시오. 기도해보세요."

나는 여러 교역자들과 정 전도사님으로부터 너무 많이 들은 이야기라서 거의 무감각해져 있었지만 그날은 갑자기 마음이 불편했다. 그래서 처음으로 정색을 하며 차갑게 대꾸했다.

"정 전도사님, 왜 자꾸 그러십니까? 제발 그만 좀 하시면 좋겠습니다. 주님께서 부르셔야 가죠."

그런데 정 전도사님은 물러서지 않고 말했다.

"우선 신학교에 들어가세요. 신학교를 다니는 중에 부르심을 받는 경우도 많습니다."

그때 나는 정직하게 말씀드리고 일어났다.

"정 전도사님, 신학교를 가는 것은 중요한 일인데 어찌 제 맘대로 가겠습니까? 신학교로 걸어들어가는 것도 말씀하셔야 가죠! 이제 더는 제게 그런 말씀을 하지 말아주셨으면 합니다."

마음에 조그마한 소원이라도 생겨야 그 길을 놓고 기도를 할 텐데 나는 주의 종의 길에 대하여 눈곱만큼도 관심이 없었다. 그래서 기도할 필요도 느끼지 못했다.

이튿날 본 성전과 제1교육관 사이에 광고 게시판에 있는 포스터 하나가 눈에 띄었다. 그것은 그날 목요찬양예배에 어느 복음성가 가수가 와서 간증 콘서트를 한다는 포스터였다. 교회음악연구 업무 중 하나는 기독교 예배와 문화를 성경적으로 연구하여 칼럼을 쓰거나 강의를 하는 것이었기에 간증 콘서트 같은 형태의 프로그램 속에 좋은 칼럼 소재가 있을까 하여 나는 목요찬양예배에 참석했다.

게스트로 온 찬양 사역자는 완전히 무너졌던 자신의 삶을 새롭게 일으켜주신 간증을 털어놓았는데 그의 간증은 내 삶을 돌아볼 수 있도록 해주었다. 함께 합심으로 기도하는 시간이 되었는데 갑자기 내가 수개월 동안 죽음의 두려움에 휩싸였던 것이 떠올랐다. 단란한 가정이 생긴 뒤로 '혹시 내가 죽으면 아내와 딸은 누가 돌보지?'라는 생각이 어느 날 갑자기 엄습했고 그 생각이 몇 개월 동안 하루도 빠짐없이 떠올랐다. 그런 생각이 들 때마다 "난 죽으면 안 돼!"라고 소리치곤 했다. 기도하려고 고개를 숙이자마자 다시 죽음의 두려움이 엄습했고, 다시 "나는 죽으면 안 돼!"라고 고개를 좌우로 흔들려고 하는 바로 그때 주님의 음성이 들렸다.

'사랑하는 아들아, 어느덧 네가 내 자리에 앉아 있구나. 너는 죽어도 네 아내와 딸은 내가 돌볼 것이다. 지금까지도 내가 돌보았느니라. 내가 너에게 많은 축복을 주었는데 어느덧 내가 아닌 그 축복들이 너의 안정감이 되어 있구나. 나 외에 어떤 것도 너에게 진정한 안정감이 되지 못한다. 모든 것들을 나보다 더 사랑하고 누릴 권리를 내려놓고 나만 의지하기를 바란다.'

뜻밖의 시간에 찾아오신 주님의 음성은 너무나 부드러우면서도 위엄이 있었다. 나는 주님께서 원하시는 것이 무엇인지 알아차렸고 주님께 고백하기 시작했다.

"주님, 잘못했습니다. 제가 주님의 자리에 앉아 있었습니다. 이제 그 자리를 주님께 내어드립니다. 가족들과 재능과 일과 돈에 대한 사랑과 권리를 다 포기합니다. 제 생명에 대한 권리도 주님께 드립니다."

그렇게 고백하는데 눈물이 하염없이 쏟아졌고 그때서야 그러한 고백이 삶을 온전히 내어드리는 헌신의 고백임을 알게 되었다. 1992년에 죄의 짐을 내려놓는 체험을 했지만, 이번에는 삶의 모든 무거운 짐을 다 내어맡기는 체험을 한 것이다. 간증 콘서트가 끝나고 집으로 돌아가는데, 내 마음 속에서 죽음에 대한 두려움이 온데간데없이 사라져 당장 죽어도 감사할 수 있을 것 같았다. 그때 나의 발걸음은 마치 구름을 타고 가는 것처럼 가벼웠다.

바로 다음 날 모처럼 몇 달 동안 있었던 죽음의 두려움이 사라진 상쾌한 아침을 맞이하여 주님과 교제하기 위하여 묵상의 시간을 가지기 시작했다. 나는 원래 아침에 복음서를 사건별로 한 문단씩 묵상하며 기도하고 있었는데 예수전도단에서 출판된 재정훈련에 관한 책인《벼랑 끝에 서는 용기》라는 책을 접하면서부터는 그 책을 매일 한 단원씩 읽으며 묵상하고 있었다. 그날은 13단원을 묵상할 차례였는데 책 내용 중에서 '돈을 사랑하지 않는 사람이 영적지도자로 뽑혀야 한다'(딤전 3:3)라는 문장에 시선이 고정되었다.

나는 그 문장에서 다음 문장으로 넘어갈 수가 없었는데 그 이유는 바로 전날 밤에 간증 콘서트에서 태어나서 처음으로 삶의 모든 권리를 포기하는 기도와 함께 돈에 대한 권리를 포기하는 기도를 했던 게 생각났기 때문이다.

'혹시 나를 영적지도자로 뽑으시기 위해서 어제 돈에 대한 권리를 포기하는 기도를 하게 하신 것인가?'

이런 생각에 이르자 그 문장의 참고 구절인 디모데전서 3장 3절의 전체 맥락을 찾아보고 싶었다.

"미쁘다 이 말이여, 곧 사람이 감독의 직분을 얻으려 함은 선한 일을 사모하는 것이라 함이로다 그러므로 감독은 책망할 것이 없으며 한 아내의 남편이 되며 절제하며 신중하며 단정하며 나그네를 대접하며 가르치기를 잘하며 술을 즐기지 아니하며 구타하지 아니하며 오직 관용하며 다투지 아니하며 돈을 사랑하지 아니하며"(딤전 3:1-3).

그 구절들은 바울이 디모데에게 권면하는 내용으로써 감독직(주의 종)으로 사명을 감당하기 위해 있어야 할 덕목을 말하는 것이었다. 그런데 그 모든 내용이 하나도 빠짐없이 교회음악연구원으로 들어와서 죄 사함의 은총을 깨닫고 난 뒤에 나타난 삶의 구체적인 열매들이었다. 나는 그 구절들을 읽는 동안 이틀 전에 정 전도사님 앞에서 "주님께서 부르셔야 주의 종의 길을 가죠!"라고 했던 말이 생각났다.

그런데 주의 종은 내가 가고 싶었던 길이 아니었기에 "아니야, 난 이 길을 갈 수 없어!"라고 말하고 싶었다. 그런데 이상하게도 내 영은 기뻐하고 있었고, 내 입술은 나도 모르게 "주님, 감사합니다!"라고 고백했다. 기적이었다. 영이 혼을 지배하여 입술이 영에 반응했던 것이다.

내가 감사했던 것은 주의 종의 길을 걷고 싶었기 때문이 아니다. 전혀 걷고 싶지 않았던 길이었지만, 주님께서 창세전에 예비하신 사명을 알게 된 것이 너무나 감사했기 때문이다. 이것은 궁극적 부르심에 감사로 반응했던 완전한 자아 포기였다. 은혜는 우리가 자아를 포기하도록 이끌기에 충분하다. 진정한 은총을 체험하면 자아를 포기할 수 있게 된다. 자아를 포기하지 못하는 것은 아직 은총의 위대함을 모르기 때문이다.

주님께서는 크신 은총으로 나를 부르셨다. 1998년 3월 18일에 "부르시면 그 길을 가겠습니다"라는 표현을 하게 하시고, 19일에는 삶의 모든 권리를 다 포기하는 전적인 헌신의 기도를 하게 하셨다. 그리고 20일 아침에 주님께서 디모데전서 3장 1-3절 말씀으로 주의 종으로 부르시는 위임명령을 주셨고 나는 그에 순종을 다짐했다. 그러자 나는 주님께 당당히 질문을 했다.

'주님께서 어디에 쓰시기 위해서 저를 부르시는 겁니까?'

그러자 주님께서는 청년들을 예배자로 일으켜 세우고 그리스도의 군사로 세우는 데 쓰시겠다는 하나님의 마음속에 있는 정확한 비전을 잡게 해주셨다. 그리고 그날 점심 때에 주의 종의 길로 부르신 것에 잠시 후회하며 두려워 떨 때에는 '오직 주만이 나의 요새이시니 내가 흔들리지 아니하리라'(시 62:6)는 말씀으로 다시 언약의 자리로 부르셔서 주님만을 신뢰하고 따르도록 다짐하게 해주셨다. 또한 다음 날 21일 새벽에는 다시 이사야서 61장 1-3절을 주시면서 말씀을 선포하는 복음 전파자로 기름을 부어주셨다. 그러면서 주의 종의 길은 나의 의가 아니라 오직 주님의 의로만 걸어갈 수 있는 길이라는 정확한 지시사항을 주셨다.

도수장의 어린양처럼 침묵하기

1998년 2월부터 매주 월요일에는 2부 새벽기도에 나오시는 성도들 중 자원하시는 분들과 함께 박충남 목사님을 리더로 하여 월요

전도팀이 운영되고 있었다. 그리고 1998년 추석에 전도팀 중 한 권 사님이 집에서 국밥을 만들어오셔서 여의도 주변에서 서성이고 있는 노숙자들에게 식사를 제공해주셨다. 그것이 계기가 되어 매주 월요 일마다 노숙자 사역이 비공식적으로 진행되었고 박충남 목사님은 나를 그 노숙자 구역의 비공식 구역장으로 임명하셨다. 그래서 매 주일 교회 주변 전도사역과 함께 노숙자들에게 식사를 제공하고 그 들과 함께 예배를 드리게 되었다.

나는 1998년 3월에 주의 종으로 부르심을 받고 1999년에 한세대 학교 신학대학원 목회학 석사(M. Div) 과정에 입학했다. 신대원에 다 니기 시작하던 어느 월요일에 전도와 노숙자 사역을 마치고 제1교 육관 사무실로 와서 책을 챙겨서 신학대학원으로 가려고 하는데 폐 지 수집창고 근처 맨해튼 호텔(현, 렉싱턴 호텔) 앞에 사람들이 모여 있 었다. 무슨 일인지 살펴보기 위해 군중들 틈으로 들어가 보았더니 비공식 노숙자 구역원 중 한 사람으로 별명이 '백대가리'라는 사람이 있었다. 그런데 그가 '공무수행 중'이라고 적힌 정부 소속 승합차에 태워져서 어디론가 보내질 찰나였다. 그는 갑자기 나타난 나를 보 더니 "지 집사님!"이라고 외치고 내게 구조를 요청했다. 그를 잡아다 가 강제로 어디로 보내려는 것을 본 나는 반사적으로 그에게 다가 가며 물었다.

"왜, 그러세요? 여기 왜 있어요?"

개인의 의사와 상관없이 어디론가 강제로 보내지는 것은 부당하다는 생각을 하고 있는데, 갑자기 어디선가 나를 향해 이런 소리가 들렸다.

"이 새끼도 한패군! 같이 끌어가!"

"아닙니다. 나는 한패가 아니고요, 단지 저 사람들을 돌보는 노숙자 구역장입니다."

그들은 아랑곳하지 않고 서너 명이 달라붙어 나를 끌어가려고 했다. 순식간에 이상한 일에 휘말리게 되었다는 위기감을 느끼며 나는 빠져나가려고 몸부림쳤다. 그런데 어떤 사람이 다가오더니 내 배 쪽의 허리띠를 움켜쥐고 앞으로 전진하더니, 좌우에서는 두 사람이 나의 양팔을 붙들고 어디론가 끌고 가려고 했다.

'이러다가 나도 어디론가 끌려가서 감금당하는 것이 아닌가?'

어떻게든 이 상황을 모면해야겠다는 생각이 들었다. 그래서 있는 힘을 다해 양쪽 팔을 붙들고 있는 두 사람을 뿌리치면서 허리띠를 끌고 가는 사람의 한쪽 다리를 들고 다른 쪽 다리를 안다리 후리기로 넘어뜨렸다. 그러자 주변 사람들이 쓰러진 사람에게 다가가 "괜찮으십니까?"라고 말하면서 그를 부축했다. 그때부터 어떤 한 사람이 내 옆에 딱 붙더니 아주 심한 욕을 하기 시작했다. 나는 그 욕에 모멸감이 들어 마음속이 불편했지만, 욕하는 사람에게 정중하게 말했다.

"욕하지 마세요. 어찌 그런 욕을 하시나요?"

이상하게 차분하게 반응할 수 있었다. 예전에 마주 달려온 버스 기사에게 분노하던 나의 자아는 어느덧 크게 힘을 잃어 아주 약해져 있었다. 그러나 그는 오히려 욕의 강도를 더 세게 하며 나를 계속 따라왔고 급기야 나에 의해 쓰러진 사람이 내게 오더니 이렇게 외치고 가버렸다.

"이 새끼 가만두나 봐라. 두고 보자, 너!"

나는 그런 일을 당했다는 것이 믿어지지 않았다. 너무나 억울하고 분해서 참을 수가 없었지만 이상하게도 마포구청 사건과 상암동 운전면허 시험장에서 드러났던 자아는 튀어나오지 않았다. 그리고 군포 한세대 신학대학원으로 운전해가는 차 안에서 한 시간 내내 "나는 그리스도와 함께 죽었습니다. 주님을 찬양합니다. 감사합니다. 감사합니다"라는 말을 연발했다. 내 혼은 너무나 억울한데 내 입술은 영에 의해 십자가의 도를 선포하며 구원에 대해 감사했던 것이다.

나는 음악연구소에서 성경적인 찬양에 대하여 연구하다가 멀린 캐로더스의《감옥생활에서 찬송생활로》라는 책을 통해서 큰 감명을 받았었는데, 그 책을 통해 "고난 당한 즉시 기뻐하고 찬양하라. 구원받은 은혜가 가장 크지 않은가?"라는 것을 배웠다. 나는 배운 것을 삶에서 계속 훈련했다. 한번은 사무실에서 부주의하여 무릎을 책상 모서리에 부딪혔다. 그때 무릎이 아파서 손으로 쓰다듬으면서도 입술로는 "나를 죄에서 구원해주셔서 감사합니다. 찬양합니다"라고 고백했다. 바로 그 작은 영적인 습관에 의한 입술의 고백이 큰 사건 속에서도 동일하게 흘러나왔던 것이다.

주님께서는 고난 중에도 즉시 기뻐하며 그리스도와 함께 죽었다는 나의 고백을 들으시고 급속하게 일을 처리해나가기 시작하셨다. 하루가 지난 다음 날이 되어 안전위원회 위원장으로부터 '경위서'를 준비하라는 전화가 걸려왔다. 내가 겪은 일에 대해 소상히 경위서를 만들어 제출하면 그것을 토대로 분쟁이 있었던 쌍방이 안전위원회의 심사를 받는다고 했다.

나는 경위서에 그 노숙자에게 "왜 여기 있어요?"라고 말하며 다가간 것뿐인데 갑자기 "이 새끼도 끌어가!"라는 소리와 함께 여러 사람에 의해 양팔이 붙들리고 허리띠를 붙잡히고 끌려가다가 생명의 위협까지 느끼게 되어 그 상황을 벗어나고자 한 사람을 자빠뜨릴 수밖에 없었던 상황을 자세히 설명했다. 그 뒤로 또 다른 한 사람이 옆에 찰싹 달라붙어서 차마 입에 담을 수 없는 욕을 3분도 넘게 퍼부어대는 것을 들을 수밖에 없었던 상황을 자세히 기록했다.

며칠 뒤 안전위원회 심사 시간이 다가왔고 심사 장소로 10분 정도 일찍 갔는데 심사가 이루어지는 층에 엘리베이터를 타고 내렸는데 순간 오른쪽 위 45도 각도에서 글씨가 지나가는 것이 보였다. 희한한 현상이었다. 마치 전광판에 문장이 지나가는 것 같았다.

"도수장으로 끌려가는 어린양같이…."

그 글씨가 눈에 확인이 되는 순간 주님의 음성이 들렸다.

'죄 없는 내 아들이 너를 위해 도수장에 끌려가는 어린양같이 잠잠하였노라. 너는 내 아들과 함께 죽었다고 수백 번 외치지 않았니? 지금 그 죽음을 믿고 경위서를 포기할 수 있겠니?'

부드러우나 강한 음성이었다. 갑자기 내 마음에 하늘 평화가 임했고 나는 순종할 마음이 생겼다. 그것은 나의 결심이 아니었다. 다시 말해서 내가 하기 싫은데 억지로 쥐어짜낸 것이 아니라 주님이 친히 행하시는 것 같았다.

"내가 그리스도와 함께 십자가에 못 박혔나니 그런즉 이제는 내가 사는 것이 아니요 오직 내 안에 그리스도께서 사시는 것이라…"(갈 2:20).

나는 '죽으면 죽으리라'라는 심정으로 한 심사 관계자에게 경위서를 내밀며 말했다.

"이거 버려주십시오."

시간이 되어 심사 장소로 들어갔다. 그곳에는 나와 대치 상태에 있었던 사람들이 있었다. 내가 자리에 앉자마자 안전위원장이 내게 물었다.

"경위서 가져왔지요?"

"안 가져왔습니다. 제 잘못으로 처리하십시오. 처분대로 달게 받겠습니다."

"경위서가 없으면 심사가 진행될 수 없습니다. 진짜로 안 가져왔습니까? 그러면 간단하게 여기서 경위서를 작성합시다. 자, 질문에 답하십시오. 그날 일을 제게 지금 설명하세요."

"그냥 제 잘못으로 처리해주십시오."

"양쪽 경위서가 있어야 상부에 서면보고를 할 수 있습니다. 한쪽이라도 없으면 상부에 심사를 올릴 수가 없습니다."

나는 어쩔 수 없이 경위서에 대해 말했다.

"경위서가 없어서 일처리가 안 되는 것이라면… 사실 이 방에 들어오기 전에 한 관계자에게 그냥 버려달라고 했습니다. 경위서가 꼭 필요한 것이라면 지금 기억을 다시 더듬어 말하는 것보다 며칠 동안 상세히 정리한 그 경위서를 제출하는 것이 좋을 것 같습니다."

내 말을 들은 안전위원장은 신속히 핸드폰으로 그 관계자에게 전화를 걸어서 경위서를 가져오라고 했다. 도수장에 끌려가는 어린양 같이 침묵하기로 하고 그리스도와 함께 죽은 자아를 실천하고자 버렸던 경위서가 부활된 것이다. 경위서가 제출되자마자 15분도 채 지나지 않아서 심사결과가 나왔는데, 안전위원장이 한 마디로 사건을 간단히 매듭지었다.

"자, 이 사건은 서로 악수하며 화해하는 것으로 종결되었습니다."

그 사건은 직장을 그만두는 결과까지 이를 수 있었던 사태였다. 그러나 '경위서를 포기할 수 있겠니?'라는 납득할 수 없는 주님의 명령에 순종케 하셔서 위경에서 건지신 것이다. 또한 스스로를 변호하고 싶어 했던 자아를 포기하고 십자가에 못 박음으로써 부활까지 체험하게 하신 것이다.

비전의 땅을 향해

종으로의 부르심을 받고 1999년에 신학대학원에 입학하자마자 하나님께서는 놀라운 선물을 주셨다. 전도 스승 목사님께서 전도하다가 거리에서 만난 캐나다항공 파일럿으로부터 세계일주여행 항공권 4장을 선물로 받으셨다. 전도 제자인 나는 그 혜택을 함께 누리게 되어 이스라엘 성지순례를 다녀오게 되었다. 이스라엘을 다녀오자마자 하나님께서는 이스라엘과 온 세계 열방을 그리스도 안에서 하나로 모으시는 세계 선교에 대한 꿈을 주셨다.

그러한 꿈을 간직한 채 2001년, 신학대학원 3년차가 되었을 때에 여의도순복음교회를 방문한 미국 성도들 일행을 교회에서 만나게 되었다. 나는 길을 찾고 있는 듯 두리번거리고 있는 그들에게 다가가서 길을 안내해드렸는데 그중 한 여성이 셜리라는 목사님이셨고 미국 뉴햄프셔주 콜부르크라는 도시에서 담임목회를 한다고 했다.

불과 10분도 채 안 되는 짧은 만남이었고 간단한 연락처를 서로 주고받은 뒤 헤어졌다. 그런데 놀랍게도 한 달쯤 뒤에 셜리 목사님에게서 이메일이 왔는데, 나를 자신이 섬기는 교회에서 함께 사역을 하는 동역자로 초청하고 싶다는 내용이었다.

1980년대 후반에 일찌감치 미국으로 이민 간 두 형들이 있었지만, 나는 미국으로 갈 생각을 한 번도 해본 적이 없었다. 그런데 셜리 목사님의 미국 교회로의 초청은 세계 선교와 미국을 향한 하나님의 마음과 나의 사역 포지션을 위한 구체적인 기도를 처음으로 하도록 만들어주었다. 미국행에 대한 응답의 말씀을 구할 때에 내 안에 두 가지 갈등 요소가 있었다. 전혀 경험해보지 않은 미국 교회의 사역 포지션과 여의도순복음교회에서의 보장되고 안정된 포지션이라는 두 가지 요소가 그것이었다. 내 속엔 안정된 포지션에 있고자 하는 마음도 있었다. 그러나 나는 내 성향 안에서 내가 원하는 차원으로 말씀을 취하고 싶어 하는 자아를 계속 태워버리며 온전한 응답을 받기 위한 기도를 계속했다.

그러던 중 선교훈련 차원에서 두 번째로 이스라엘에 갈 기회가 생겼고 성경의 땅 이스라엘 방문을 통해서 주님께서는 역대하 20장의 여호사밧의 노래하는 군대에 대한 비전으로 미국행에 대한 응답을 주셨다. 그 비전은 적진을 향하여 복음을 들고 앞장서서 나아가되 노래하는 군대와 함께 나아가는 비전인데, 주의 종으로 부르실 때

주셨던 비전(청년 예배자들과 함께 복음을 전하는 비전)을 조금 더 구체화 시켜주신 말씀이었다.

그러나 응답을 받고 미국 사역을 위한 종교이민 초청 서류를 진행한 지 수개월이 지난 9월 11일에 비행기 테러 사건이 일어나게 되었다. 그리고 뉴햄프셔행 이민 수속을 더 이상 진행할 수 없다는 셜리 목사님의 편지를 받게 되었다. 하지만 세계 선교 차원의 미국행이 진행된 것이 나로부터 시작된 것이 아니라 주님으로부터 시작된 것이기에 나는 실망하지 않았고 곧바로 시작한 100일 작정기도 끝에 주님께서는 뉴욕으로 가는 길을 열어주셨다.

뉴욕행에 대한 응답을 받았다는 결과를 함께 중보기도하는 그룹에서 나누었을 때 미국에서 오랫동안 살아본 적이 있는 친구 전도사가 이렇게 권면했다.

"응답을 받았어도 미국 땅을 살펴보고, 함께 사역하게 될 목사님과 교회를 살펴보고 난 후에 최종적으로 확정하면 좋겠어!"

미국 땅을 미리 체험하고 온 자로서 나를 아껴주고 걱정하는 차원에서의 권면이었으나 그것은 주의 길을 따라가는 것에는 방해가 되는 유혹이었다. 그 권면을 듣자마자 한 말씀이 떠올랐다.

"믿음으로 아브라함은 부르심을 받았을 때에 순종하여 장래의 유업으로 받을 땅에 나아갈새 갈 바를 알지 못하고 나아갔으며"(히 11:8).

아브라함은 하나님께서 유업으로 주신다는 땅에 전혀 가본 적이 없었다. 아브라함처럼 오직 주께서 주신 말씀을 "아멘"으로 붙잡는 것이 내가 할 일이었다. 그 말씀은 교회의 안정된 포지션에 연연해하지 않고 미지의 세계를 향하여 발걸음을 내딛을 수 있는 담대함의 근거가 되었다.

우리의 자아는 '응답을 받았어도 가려는 땅을 먼저 가서 살펴보아라'라고 속삭인다. 차라리 응답을 받기 전에는 살펴보고 올 수도 있다. 그러나 살펴보고 나서 자신의 판단에 더 편하고 안정된 쪽으로 응답해주시기를 바라는 것은 주의 길을 따라가는 태도가 아니다. 어떠한 선택을 놓고 기도하다가 응답의 말씀이 왔다면 미지의 세계일지라도 말씀만 믿고 가야 하는 것이다. 또는 가야 할 길이 안정된 길이 아니라는 계산이 나와도 말씀을 굳게 믿고 나아가는 것이다.

그렇게 말씀을 따라 선택한 2003년 1월 28일부터 시작된 미국 뉴욕 한인 교회 청년부 담당 사역자로서의 삶은 온통 미지의 세계임이 분명했다. 세계 선교를 위한 여호사밧의 노래하는 군대를 세우는 꿈을 가지고 세계의 중심 뉴욕에 도착했으나 그 꿈을 펼치기 위해서는 5년이라는 많은 기다림과 인내의 시간들이 필요했다. 많은 상황들 속에서 내가 인내하며 나아갈 수 있었던 것은 오직 온전한 복음을 깨달은 것 때문이었다.

1997년도부터 그 온전한 복음을 누리기 시작했을 때 어느 날 성령께서 그 온전한 복음을 나만 누리는 것이 아니라 많은 사람들에게 선포하여 누리게 될 것이라는 뚜렷한 조명을 주셨다. 그리고 성령님께서 조명해주신 대로 여의도에서만 나누던 복음을 2003년부터는 뉴욕에서 청년들에게 전하게 하신 것이다. 세계적인 도시 뉴욕에 있음에도 불구하고 5년 동안 한국 커뮤니티라는 제한된 환경에 갇혀 있으면서도 감사했던 것은 청년들에게 온전한 복음을 전할 수 있다는 점이었다. 왜냐하면 주께서 1998년에 주의 종으로 부르심을 주실 때에 분명한 음성으로 주신 비전인 "청년들을 일으켜 세우리라"는 말씀을 붙잡고 있었기에 청년들에게 온전한 복음을 선포하는 일만으로도 보람되고 기뻐할 수 있었던 것이다.

그리고 급기야 한국의 맨해튼이라는 여의도에서만 전하던 복음을 오리지널 맨해튼에서 선포하는 사역이 2008년 1월부터 본격적으로 시작되었다. 즉, 미국에 온 지 5년 만에 세계 선교의 꿈을 실현하는 때를 맞이하게 된 것이다.

광야가 시작되다

세계 선교의 꿈을 가지고 2003년에 온 뉴욕이지만 한국 커뮤니티 안에서만 묶여 있어서 답답한 마음이 있었다. 그러나 좋으신 주님은 두 가지 차원에서 세계 선교의 비전을 작은 모습으로나마 이루게 하셨다. 하나는 1997년에 한국에서 십자가의 도를 만나서 시작했던 월요전도를 뉴욕에서도 꾸준히 하게 하신 것이다. 기다림의 시간이었던 5년 동안 교회 사역이 없는 휴무인 매주 월요일에 플러싱 7번 전철 종점 앞에 나가서 전 세계인들에게 복음을 전했다. 반듯한 조직을 갖춘 선교단체나 선교를 목적으로 하는 교회를 개척해야만 세계 선교를 이루는 것이 아니라는 것을 성령께서 그때 알게 해주셨다.

전 세계인들에게 직접 복음을 전하는 일이야말로 세계 선교의 가장 원초적인 모습이었다. 물론 그 모습은 구체적인 비전인 여호사밧 군대를 세우는 것과는 직접 관련이 없어 보였다. 하지만 복음 전파자로 부르시고 세계 선교를 이루게 하겠다고 하신 하나님의 궁극적인 부르심에 응하는 모습이었기에 구체적인 비전 성취에 대해 집착하려는 자아의 생각을 잘 태워나갈 수 있었다.

또 한 가지는 뉴욕에 도착한 지 2년째 되던 해인 2005년부터 주중에 한 번씩 교회 청년들과 세계 금융의 중심 맨해튼 월스트리트 뉴욕증권거래소 앞에서 찬양하며 전도하게 하신 것이다.

2005년에 처음으로 나를 월스트리트로 보내신 이야기는 정말 놀랍다. 하나님께서는 2005년에 이스라엘의 김 선교사님을 뉴욕에 보내셨다. 그 선교사님은 1999년 신학대학원 1학기 때에 하나님께서 세계일주여행 항공티켓을 공짜로 주신 결과로 이스라엘에 갔을 때 현장중보기도 차원의 성지답사를 인도하신 분이다. 김 선교사님은 뉴욕 방문 마지막 날 뉴욕 맨해튼 월스트리트로 가자고 하셨다. 그 제안대로 김 선교사님을 모시고 뉴욕 맨해튼 월스트리트를 지나갈 때 하나님께서는 세계금융의 중심에서 역사하는 맘몬의 영을 파쇄하도록 말씀을 선포하게 하시고 금융의 중심 도시에 하나님나라가 임하도록 중보기도를 시키셨다. 그리고 선교사님은 이스라엘로 떠나셨다.

그 후 희한하게도 이스라엘 선교사님과 함께 기도했던 제목들이 내 머리를 떠나지 않았다. 그래서 나는 자연스럽게 그 기도제목을 가지고 청년들과 함께 매주 목요일마다 정기적으로 월스트리트에서 찬양하며 말씀을 선포하는 전도와 중보기도사역을 시작했다. 세계 선교의 꿈을 받게 된 곳이 이스라엘 땅이었는데 바로 그곳에서 만났던 이스라엘 선교사님을 통해 세계 금융의 중심거리 월스트리트에서 세계 선교 차원의 전도와 찬양 및 중보기도를 시작하게 하신 것이다. 한인 교회 안이라는 제한된 사역의 환경 가운데에서도 하나님께서는 원래 주신 세계 선교의 비전과 여호사밧 군대를 세우는 비전을 서서히 준비하고 계셨던 것이다.

그때로부터 이미 하나님께서는 나를 월스트리트의 전도자로 만들어가기 시작하신 것이며 그 이미지가 나만의 브랜드가 되어 현재 온 세계 열방을 다니며 세계 선교를 이루게 하셨다. 더 나아가 공연예술계 청년들을 말씀을 선포하는 여호사밧 군사로 세우는 '유라굴로' 선교단체를 준비하고 계셨던 것이다.

월스트리트에서의 전도와 찬양 및 중보기도 사역이 시작된 때로부터 2년이 지나고 드디어 2007년에 주님은 여호사밧의 군대를 세우는 비전을 구체적으로 성취하시기 위해 또 한 번 자아를 포기하는 길로 인도하셨다. 그것은 본격적으로 가장 거친 광야로 보내시는 것이었다.

맨해튼 뉴욕증권거래소에 매주마다 한 번씩 나가서 전도와 중보기도 사역을 한 지 2년이 지난 2007년의 어느 가을에 교회 부교역자로서 청년부 사역을 계속해야 할 것인지 주님께 여쭤보기 시작했다. 그래서 100일 작정기도를 하던 중 주님은 교회를 그만두라는 응답을 주셨다. 하지만 교회를 그만두고 나서 무엇을 해야 될지에 대한 구체적인 언급은 전혀 없으셨다. 그럼에도 불구하고 성령님은 능력으로 역사하셔서 다시 한 번 자아를 포기할 수 있는 믿음을 주셨다. 다시금 안정된 사역 환경에 머물고 싶어 하는 자아를 포기할 수 있도록 역사하신 것이다.

그리하여 나는 갈 바를 알지 못한 채 교회를 그만두라는 음성에 순종하여 2007년 12월 30일부로 교회를 그만두었고, 다음 발걸음을 향한 주님의 말씀을 기다렸다. 그러나 주님은 계속 묵묵부답이었다. 그야말로 가장 거친 광야가 펼쳐지는 셈이었다.

피켓을 들고 거리로 나가다

교회를 그만두고 하나님의 새로운 지시를 받기 위해서 기도하며 기다린 기간이 한 달이 넘어가는데도 주님은 끝내 침묵하셨다. 주님께서 말씀으로 임재하심이 체험되지 않는 상황 가운데에서 나는 믿음으로 또다시 한 걸음을 내딛어야 했다. 이것은 마치 이스라엘 백성들이 애굽을 나올 때 하나님께서 홍해를 갈라주신 상태에서 지나갔으나, 가나안 땅에 들어가기 위해서는 요단강을 먼저 밟아야 갈라주시는 것을 체험하는 것과 같았다.

보장된 사역이 전혀 없는 상태에서 매월 급여가 꼬박꼬박 지급되는 안정된 교회 사역을 내려놓고 또다시 펼쳐진 어두운 터널과 같은 미지의 세계는 나에게 요단강과 같았다. 어떻게 해야 할지 막막했지만 성령께서 '작은 일에 충성하라'는 조명을 해주셔서 내가 제일 잘할 수 있는 가장 작은 일은 무엇일까 살펴보았다.

금방 결론이 나왔다. 그것은 '거리 전도'였다. 1997년에 십자가의 도를 깨닫게 되면서 복음을 전하러 거리로 뛰쳐나갔던 것이 떠올랐다. 결국 십자가의 도를 만나자마자 거리전도를 하게 된 것이 계기가 되어 주의 종으로의 부르심, 이스라엘 성지순례, 세계 선교와 여호사밧 군대의 비전 소유, 세계 선교를 위한 도미 등 나의 의지와 계획과는 전혀 상관 없는 완전히 새로운 삶을 살게 된 것이 생각났다.

처음에는 '우선 늘 하는 전도나 하고 있자!'라는 마음이었다. '전도나 하자'는 표현이 어떻게 들릴지 모르겠지만 교회를 개척하거나 선교단체를 세우는 식의 구체적인 하나님의 인도하심을 마냥 기다릴 수만은 없으니 우선 내가 가장 잘할 수 있는 작은 일인 복음을 전하는 일을 하고 있으면 다음 발걸음을 인도하시리라는 마음이었던 것 같다.

미국에 와서도 5년 동안 매주 월요일마다 지하철역에서 전도를 하고 있었던 터라 늘 하던 사역을 연장해서 하는 것이라는 마음가짐으로 시작을 하려는데 갑자기 한국에 계신 전도 스승 목사님의 전도 피켓이 떠올랐다. 그리고 마음속에 '좀 더 과격한 순종, 과격한 자아 포기'라는 성령의 조명이 있었다. 그래서 한국에 계신 목사님께 전도 피켓을 보내달라고 요청을 했다.

"BELIEVE IN THE LORD JESUS!"(주 예수를 믿으십시오)라고 쓰인 노란 전도 피켓을 처음 들고 나가는 날 주님은 나의 발걸음을 역시 맨해튼 월스트리트로 향하게 하셨다. 그곳은 세계 금융의 중심이며 전 세계 관광객들이 일 년에 수천만 명이나 모이는 곳이라서 꽤 매력이 있었다. 특히 그곳은 이태리, 독일, 프랑스 등 유럽 사람들이 많이 온다. 그래서 나는 그들에게 음대 성악과에서 배운 이태리, 독일, 프랑스 언어로 된 노래를 불러주며 마음을 열며 복음을 전하는 전략으로 나아갔고 주님께서는 피켓 전도를 처음 시작하는 날부터 놀라운 일들을 체험하게 하셨다.

특히 나의 사역이 널리 알려지게 된 계기는 세계 금융의 중심인 월 스트리트 뉴욕증권거래소 건물을 피켓을 들고 돌며 맘몬의 영들을 대적하고 주 예수 그리스도의 이름으로 파쇄하는 현장중보기도를 통해서였다. 말씀을 선포하여 전도하며 중보기도함으로써 뉴욕과 이 도시의 각 영역을 묶고 있는 사탄의 정사와 권세를 파쇄해나가는 일들을 시작했다. 세계 열방과 민족들에게 복음을 전하는 것과 아울러 도시 및 영역별 중보기도 사역이 시작된 것이다. 그것은 마치 출애굽한 이스라엘 백성들이 홍해와 광야를 통과한 뒤 믿음으로 요단강이 갈라지는 것을 체험하고 하나님에 대한 믿음으로 가나안의 일곱 족속들을 진멸하여 쫓아냄으로써 그들에게 맡겨진 분깃을 차지하게 되었던 것과 같은 체험이었다.

가나안 땅으로 진격한 여호수아와 이스라엘 백성들이 여리고 성을 돌아서 무너뜨렸듯이 주님께서는 맘몬의 중심인 뉴욕증권거래소 건물이 속한 구역을 2008년 2월부터 수개월을 돌게 하셨고 9개월 만인 9월 15일에 미국의 경제가 무너지는 사건을 경험하게 하셨다. 내가 기도하며 돌아서 무너뜨렸다는 것이 아니다. 사람은 무엇으로 심든지 심은 대로 거둔다. 미국의 서브프라임모기지 사건은 거품 경제를 말하는 것으로서 언젠가는 거품이 빠지는 일이 일어나게 될 것이었다. 다만 나는 피켓을 들고 9개월을 계속 돌라는 성령님의 지시에 순종했던 것이고 때마침 세계 경제 붕괴의 현상을 체험하게 된 것뿐이다. 나의 현장중보기도와 세계적인 사건이 맞물려졌던 것이다.

이 경제 붕괴 사건이 일어나기 2년 전인 2006년 9월부터 성령께서는 나를 새벽마다 집 근처 커닝햄 공원으로 불러내셨다. 그리고 공원의 큰 잔디밭 서클을 7바퀴씩 돌면서 성령님의 이름이 들어 있는 성경구절을 암송하며 기도의 새 부대를 만들게 하심으로 새로운 생수의 강을 맛보게 하셨다. 2년 동안 나는 '여리고성을 돌듯 7바퀴를 돌게 하시는구나'라는 생각을 아침 암송기도 때마다 지속적으로 했다. 6바퀴는 성경을 암송하여 선포하며 내 자아를 십자가에 못 박았다. 7바퀴째를 돌 때에는 주와 함께 죽고 부활하여 하늘 보좌에 있다는 믿음을 적용하여 우주적인 중보기도를 했다.

"우주와 지구 가운데 역사하는 정사와 권세와 어두움의 세상 주관자들과 하늘에 있는 악한 영들아! 모든 이름 위에 뛰어난 예수 그리스도의 이름으로 명하노니 떠나갈지어다. 파쇄될지어다. 전 세계 5대양 6대주 각 나라와 민족과 도시와 지역 가운데에서 떠나갈지어다. 미국 뉴욕 맨해튼에서 떠나갈지어다. 한반도 대한민국에서 떠나갈지어다. 정치, 경제, 사회, 문화, 군사, 교육, 예술 모든 분야에서 모든 흉악한 궤계를 놓고 떠날지어다."

그런 식으로 2년 동안 성경암송 선포로서 하늘 보좌에서의 중보기도를 미리 하게 하셔서 뉴욕증권거래소를 도는 중보기도 사역을 준비시키셨던 것이다.

순교의 각오로 포기되는 자아

2008년 9월 세계 경제 붕괴 사건 때부터 뉴욕 맨해튼 거리에서 세계 열방과 민족들을 위해 피켓을 들고 전도하는 사역이 알려지기 시작할 즈음에 태어나서 처음으로 타 교회 부흥집회에 강사로 초청되었다. 캘리포니아에 있는 교회였는데 창립 7주년 기념 3일 부흥회였다. 3일 동안 여러 번의 집회를 했고 주일이 되어 마지막 설교를 끝냈는데 그 교회 담임목사님이 한 가지 부탁을 하셨다.

"지 목사님, 축도로 예배를 마친 후에 우리 성도님들에게 안수기도를 해주시면 좋겠습니다."

축도로 예배를 마치자 거의 모든 성도들이 안수기도를 받기 위해 줄을 서려고 했다. 그때 내 마음속에 '기복신앙 차원에서 썩어질 세상 복이나 받기 위해 안수기도를 받으려는 사람도 있을 텐데…'라는 생각이 들었다. 그때 성령님께서 갑자기 주시는 아이디어가 떠올랐다. 나는 성도님들을 향해 이렇게 외쳤다.

"예수님을 위하여 순교할 각오가 되어 있는 분들만 안수를 받으시기 바랍니다."

그러자 줄을 서려던 성도들 중에 3분의 2 정도가 예배당 밖으로 나가고 3분의 1 정도만 남게 되었다. 나는 예수님을 위해 죽기를 각오한 성도들 앞으로 다가가서 섰다. 첫 번째 성도에게 안수를 하려는데 또 하나의 아이디어가 떠올랐다. 그래서 그 성도에게 "제 전도 피켓을 붙잡고 안수를 받으시기 바랍니다"라고 제안을 하고 피켓을 손에 쥐어드렸다. 그 성도는 내 피켓을 잡자마자 몸을 심하게 떨기 시작했다. 나는 손을 그 성도의 머리 위에 얹고 기도를 시작하는데 내 입술이 내 것이 아닌 것같이 나의 의도와 상관없는 말들이 막 튀어나가기 시작했다.

그런 식으로 모든 성도들에게 전도 피켓을 붙잡고 안수기도를 받도록 했는데 안수기도가 끝나고 담임목사님이 내게 오시더니 조용히 물으셨다.

"지 목사님, 우리 교회 성도님들과 언제 따로 만나서 교제하셨나요?"

"아닌 거 잘 아실 텐데요."

"물론 알죠. 하도 신기해서 그럽니다. 지 목사님께서 한 분씩 안수기도를 해주실 때 우리 성도님들의 형편과 사정을 훤히 다 알고 있는 것같이 당사자에게 꼭 필요하고 맞는 말씀을 선포하셨거든요. 성령님이 놀랍게 역사하셨습니다."

나는 성령님만을 철저히 의지하는 마음으로 안수기도를 한 것뿐이었다. 놀라운 기적이 일어난 것은 성도들이 순교를 각오하고 그리스도를 향한 사랑의 고백을 가슴에 담고 있는 상태였기 때문이다. 그리스도를 향한 성도들의 순교적 사랑이 성령의 은사가 나타나는 가장 중요한 요인이었다. 나는 이 사건을 통하여 그리스도의 죽음에 연합하여 자아를 완전히 부인하는 믿음과 사랑 가운데 성령의 은사가 강력하게 나타난다는 것을 알게 되었다.

비전 성취를 위한 자아 포기

세계 금융의 중심 월스트리트에서 말씀을 암송으로 선포하여 찬양, 중보기도, 전도사역을 하게 된 모습은 이스라엘을 쳐들어온 모압과 암몬 및 마온이라는 적진으로 시편 136편을 암송으로 노래하며 나아간 여호사밧 군대의 모습과 동일한 것이었다(대하 20장). 여호사밧 군대의 비전이 내 삶에 구체적으로 이루어지는 모습이었다. 여호사밧이 세운 노래하는 자들은 칼과 창을 가진 군대보다 앞서서 죽으면 죽으리라는 순교적 헌신으로 말씀을 선포하며 나아갔다. 그러자 하나님께서 하늘의 복병 천사들을 보내어 친히 싸워 승리를 안겨주셨고 그들을 축복의 브라가 골짜기로 이끄셨다.

마찬가지로 성악을 전공한 나는 죽으면 죽으리라는 헌신의 고백을 통하여 자아를 포기하고 종으로의 부르심, 미국으로의 부르심 그리고 월스트리트 거리 전도자로 나아가는 부르심에 순종했다. 그렇게 자아 포기를 실천한 걸음들을 통하여 하나님께서는 창세전에 예비한 비전의 골짜기로 인도하셨다.

예수님께서 사람이 물질과 하나님을 겸하여 섬길 수 없다고 하셨고 사도 바울은 돈을 사랑함이 일만 악의 뿌리라고 했다. 즉, 돈을 사랑하는 마음은 하나님을 사랑하는 마음에 반하는 최대의 적이다. 그러므로 전 세계 금융(돈)의 중심인 월스트리트는 최고의 적진이었던 것이며 그곳으로 노래하는 재능을 가진 복음 전파자인 나를 보내신 것이다. 그리고 인간들이 욕심으로 심은 대로 거두어진 사건인 2008년 9월 세계 경제 붕괴 사건을 체험하게 하셨던 것이다.

내가 들고 나가는 전도 피켓의 손잡이는 십자가 모양이며 네모난 피켓 판에 '주 예수를 믿으십시오'라고 써 있다. 그러므로 나는 그 피켓을 법궤에 해당하는 것으로 여겼다. 법궤를 들고 적진으로 나아가 노래하며 복음을 선포하게 하심으로써 그러한 일을 체험케 하신 것이다.

안정된 교회 사역을 그만두고 구체적인 지시가 전혀 없는 상태에서 내가 할 수 있는 가장 작은 일은 전도였다. '전도나 하고 있자!'라고 다짐하여 피켓을 들고 월스트리트로 나아간 것인데 그곳이 바로 여호사밧 군대의 비전이 이루어지는 현장이었던 것이다. 말씀의 조명이 전혀 없는 어두운 길로 나아가는 나의 믿음의 발걸음을 통하여 주님이 숨겨두신 비전의 퍼즐조각들을 만나게 되면서 퍼즐이 맞추어지기 시작했던 것이다.

2008년 9월의 세계 경제 위기 사건과 나의 월스트리트 피켓 전도 및 중보기도 사역이 맞물려진 것이 알려지면서 주님은 뉴욕에서 일하며 공부하는 예술 계통의 청년들과 금융 계통에서 일하는 청년들을 초자연적으로 만나게 하셨다. 그리고 그들과 함께 2010년에 처음으로 주님께서 주신 비전을 나누는 캠프 사역인 여호사밧복음사관학교를 3박 4일을 개최함으로써 공연예술계의 청년들을 세우는 일들이 본격적으로 이루어지게 되었다.

교회 사역을 그만둔 지 일 년 채 안 되서 내가 직접 여호사밧 군사로서의 사역을 하게 되고 또한 청년들을 여호사밧 군대로 소집하는 사역이 이루어진 것은 나의 노력의 결과가 아니요, 전적으로 주님께서 인도하신 결과였다. 그로부터 약 7년이 지난 오늘날까지 한국에서도 여호사밧복음사관학교를 5번 진행하여 많은 공연예술계 청년들을 그리스도의 군사로 배출했다. 그리고 뉴욕 맨해튼을 비롯하여 미국 내 타주, 유럽, 중국, 일본, 한국, 호주, 뉴질랜드 등 세계 여러 나라에 있는 성도들과 청년들에게 온전한 복음을 선포하게 하심으로 말미암아 여호사밧 군사들을 계속 소집하게 하신다.

지금에 와서 돌이켜보니 전도 피켓에 쓰인 '주 예수를 믿으십시오'라는 문구가 어두운 터널을 뚫고 나갈 수 있는 빛의 역할을 한 것 같다. 비전이 뚜렷이 보이지 않아도 내가 할 수 있는 가장 작은 일을 하며 믿음으로 어두운 길을 걸어가면서 오직 예수님의 이름만을 높인 결과 결국 주님이 가려던 땅에 이르게 해주셨다. 말씀의 빛으로 밝혀진 길들을 걸어가는 동안 받은 비전과 연관된 일들을 수도 없이 체험하게 된 것이 참으로 놀랍다. 그 귀한 일들 중 하나인 규장 출판사와의 만남을 통해 이러한 간증을 엮어 2010년 10월에《나는 뉴욕의 거리 전도자》라는 책을 출판하게 하셨고, 2013년 8월에《말씀으로 기도하라》그리고 2015년 1월에《말씀을 살아내라》를 통하여 보다 더 구체적인 비전의 성취를 이루게 하시는 주님을 찬양한다.

복음을 깨닫고 거리로 뛰어나가 전도지를 나누기 시작한 것뿐이었다. 뉴욕 맨해튼에서 피켓을 든 것뿐이었다. 그저 월스트리트에서 찬양하며 말씀을 선포했을 뿐이다. 뉴욕증권거래소를 돌며 중보기도를 했을 뿐이다. 전혀 정형화되지도 않은 사역이었고 어떤 조직과 함께 추진한 사역도 아니었으며 후원단체나 교회가 있는 것도 아니었다. 그저 거친 광야에서 말씀을 선포하며 한 걸음씩 옮겼을 뿐이다. 그런데 하나님은 뉴욕과 한국 및 열방과 민족들을 향하여 오직 믿음으로 한 걸음씩 걸어가면서 만나게 된 사람들, 체험케 한 일들을 여호사밧 군대 비전을 위한 각각의 퍼즐조각이 되게 하셔서 그 퍼즐들을 맞추어가고 계신다.

그리고 비전과 관련된 그 조각들이 연결되고 상합되어가던 어느 날부터 주님은 내 삶에 있어서 아주 중요한 만남을 계획하고 계셨다. 하나님께서는 그 만남을 통해서 세상의 문화 예술 방송 미디어를 장악하고 있는 골리앗을 쓰러뜨릴 수 있는 현대판 다윗의 물맷돌을 골라내고 계셨다.

여호사밧 군대로 진군하다

2008년 초부터 시작된 뉴욕 맨해튼의 전도와 현장중보기도 사역이 일 년도 채 안 되는 시간에 알려지게 되면서 정치, 경제, 사회, 문화, 군사, 교육 및 예술 분야의 귀한 리더들을 만나게 되었다. 그러던 중 2010년 2월에 하나님께서 여호사밧 군대의 비전이 구체적으로 이루어질 수 있는 아주 특별한 만남을 연출해주셨다. 연극하는 김성철 목사님을 만나게 된 것이다. 김 목사님은 연세대에서 영문학을 공부하며 연극에 심취하게 되어 미국 사우스캐롤라이나와 일리노이 대학교 연극과에서 각각 석·박사 학위를 받았고, 그 후 신학을 공부하면서 연극으로 하나님을 예배하며 연극을 통해 한 영혼에게 복음을 전하는 비전을 품게 되었다.

김 목사님은 뉴욕 월스트리트에서의 말씀선포 및 전도 사역과 찬양으로 뉴욕증권거래소를 돌며 맘몬의 영을 대적하고 파쇄하는 현장중보기도 사역에 크게 공감해주셨다. 그리고 한국 공연예술계 및 방송 미디어의 뿌리에 해당하는 남산 드라마센터로 가서 하나님의 말씀을 선포하며 축복기도를 하면 좋겠다는 제안을 하셔서 그곳에서 함께 현장중보기도 사역을 했다.

또한 김 목사님은 뉴욕으로 다시 돌아가면 뉴욕 맨해튼의 동남쪽에 라마마 극장(La Mama Theatre)에 가서 현장중보기도를 하면 좋겠다는 제안을 했다. 왜냐하면 그곳이 바로 한국의 방송국 태동에 있어서 사상적 뿌리 가운데 하나이기 때문이라는 것이다. 그 제안대로 나는 다시 뉴욕으로 돌아와 평소와 같이 월스트리트, 브로드웨이 및 타임스퀘어에서 복음 전도와 중보기도 사역을 하면서, 맨해튼의 동남쪽에 위치한 라마마 극장 앞에서 말씀선포 기도로 한국의 공연예술계 및 방송 미디어, 연예계를 위해 구체적으로 기도하기 시작했다.

얼마 후 한국 방문 중 나는 남산 드라마센터와 뉴욕의 라마마 극장에서의 현장중보기도 사역과 관련된 아주 의미 있는 예배에 참석하게 되었다. 그것은 최초의 연예인 연합예배였다. 연예계 안에 흩어져 있었던 크리스천들이 대규모로 한자리에 처음으로 모이는 예배였다. 그리고 놀랍게도 그 연합예배 바로 3일 뒤에 라마마 극장을 설립한 엘렌 스튜어트가 죽었다는 소식을 들었다. 연예인 연합예배 직후 한국의 방송계에 영적 흐름의 뿌리에 해당하는 라마마 극장 설립자의 죽음 소식은 한국 방송계 안에 영적인 새 계절이 시작되었음을 알려주는 소식 같았다.

그러한 일들을 목격하면서 나는 김 목사님과의 만남이 주님께서 예비하신 카이로스적인 만남이라는 것을 확신할 수 있었다. 주님께서 1998년 3월에 주의 종으로 부르실 때 청년들을 예배자로 일으키는 비전을 주셨고, 2001년도에는 청년을 일으키는 사역이 세계 선교 차원에서 적진을 향해 나아가는 여호사밧의 노래하는 군대라고 구체화시켜주셨다. 바로 적진을 향해 나아가는 노래하는 여호사밧의 군대는 사탄과의 영적 전쟁의 최전선이라 할 수 있는 문화, 공연, 예술, 방송, 미디어 분야에 투입될 종합예술 분야에 종사하는 그리스도의 군사들이었기 때문에 김 목사님과의 만남을 통하여 방송계와 관련된 사역들이 일어나는 것을 예사로운 일로 넘겨버릴 수 없었던 것이다.

그 뒤로 내가 예견했던 대로 성령께서는 김 목사님과 내게 공연예술계에 투입될 여호사밧의 군대를 모집하는 일들을 하나씩 구체적으로 펼쳐 보여주셨다. 2014년 첫 한국 방문 때에는 청년들의 공연예술 문화의 중심거리인 홍대와 신촌에서 2월 한 달 매주 목요일마다 '여호사밧 예배'를 드리게 하셨다. 그 예배를 통하여 하나님께서는 김성철 목사님을 통하여 공연 분야의 필수단어인 장면(신, scene)이라는 단어의 기원이 하나님의 장막인 '스케네'라는 것을 선포하게 하셨다. 그리고 2015년도에는 장면(scene)이 하나님의 장막임을 더 구체적으로 선포하는 한 번의 컨퍼런스와 두 번의 공연예배를 통하여 세상 공연 문화예술계를 하나님의 것으로 돌려드리는 유라굴로 선교단체를 설립하게 하셨다.

그런 과정 속에서 나는 공연예술계에 데뷔하는 한 그룹의 이름을 지어주게 되었다. 그런데 그 이름이 채택되고 그 팀이 실제로 데뷔하는 결과를 보고 하나님께서 여호사밧 군대를 공연예술계에 투입시키고 계신다고 확신할 수 있었다. 그 이름이 바로 하나님의 장막의 가장 중요한 성물의 이름이었기에 더욱 큰 확신을 가질 수 있었다.

나는 2001년에 역대하 20장의 여호사밧의 노래하는 군사가 칼과 창을 가진 군대보다 앞서서 적진을 향하여 나아가는 비전을 받았다. 주님께서는 십자가의 도를 깨달은 1997년부터 악한 영들의 적진인 전도의 현장으로 뛰어 나가게 하시고 결국 여호사밧 군대의 모습으로 세계 최고의 적진이라고 할 수 있는 맘몬의 중심인 맨해튼 월스트리트의 뉴욕증권거래소 앞까지 나가게 하셨다. 그런데 또 다른 형태의 견고한 적진이라고 할 수 있는, 그리스 로마 신들에 의해 변질된 스케네의 산물인, 현대 공연예술계의 신(scene, 장면, 무대)의 세계로 복음을 들고 들어가게 하신 하나님의 섭리가 놀랍다.

김성철 목사님은 연극을 하신 분답게 매일 하늘 스케네(하늘 장막 =하늘 보좌)에서, 우주의 작가시며 연출이신 하나님께서 던져주신 대본인 성경을, 마치 연기자가 대사를 연습하듯이 히브리어, 헬라어, 불어, 영어, 한국어로 액션까지 더해 선포하시며 통독 묵상을 7년째 하고 있다. 나도 역시 십수 년째 매일 하늘 장막(스케네)에 믿음으로 올라가서 예수님의 이야기인 성경이라는 대본을 액션을 취하며 작가이시며 연출자이신 하나님 앞에서 대사를 연습하듯이 암송으로 선포하며 찬양하고 기도한다. 세상 공연예술계 및 우리의 삶의 모든 장면(Scene)들을 하나님의 장막(Tabernacle)으로 돌려드리는 사역을 하는 '유라굴로' 영성의 핵심은 바로 성경통독과 암송이다.

그 어떤 기술, 경험, 지식 및 인맥도 우리의 영성의 핵심이 아니다. 우리가 매일 하늘 장막(스케네)에 올라가서 최고의 작가이시며 연출자이신 하나님 앞에서 대본인 성경을 가지고 액션하는 것으로 성령의 검, 곧 하나님의 말씀(레마)을 받아 내려오는 것이 저 거대한 공연예술계의 거대한 장면(scene)이라는 골리앗을 쓰러뜨리는 다윗의 물맷돌인 것이다.

2015년 5월과 9월 두 번의 유라굴로 공연워십을 통해 김성철 목사님이 "연극으로 주님을 예배하겠습니다"라고 서원한 것이 34년 만에 성취되었다. 그리고 내가 1998년 3월 20일에 받은 '공연예술계 청년들과 함께 예배하며 복음을 선포하는 사명'도 성취되고 있다. 연극으로 예배를 드리며 그 연극으로 한 영혼에게 하나님의 사랑을 나누는 김 목사님의 비전을 이루고, 음악을 전공한 전도자로서 공연예술계 예배자 청년들과 함께 어느 곳에서든지 하나님을 예배하고 복음을 전하여 한 영혼이 하나님께 돌아오고 교회가 세워지는 나의 비전(여호사밧 군대)이 그대로 이루어지는 사역이 주께서 세우신 유라굴로 선교단체의 역할이다.

2010년에 김 목사님을 만난 후 남산 드라마센터와 라마마 극장에서 기도하고, 2014년 홍대에서 예배하고 2015년 대학로 동숭동 극장에서 공연예배를 드린 순종들은 사실 쉽지 않았다. 그러한 길을 걸어올 때마다 가장 어려웠던 것은 '내가 뭘하고 있는 것인가? 과연 이러한 전도, 찬양, 중보기도, 공연예배가 어떤 효과가 있을까?'라는 내 속의 소리를 이겨내는 것이었다. 내 속에 죄의 법을 따르며 공중 권세 잡은 자를 따랐던 옛 자아의 습관들이 남아 있으므로 그러한 마음이 드는 것은 당연했다.

그럴 때마다 성령님은 '내가 준 약속을 믿느냐? 그러면 믿음으로 계속 말씀을 선포하라'라고 격려해주셨다. 그래서 나는 '무슨 짓을 하고 있는 건지…'라는 내 옛 자아의 소리를 즉시 말씀으로 태워버리며 순종했다. 그렇게 말씀을 믿고 선포하며 내 자아의 소리를 태우면서 한 걸음 한 걸음 나아갈 때마다 주님께서는 상상할 수도 없는 초자연적인 일들을 이루시며 매일매일 대본을 새롭게 쓰고 계신다. 그래서 나는 그분이 쓰시는 새로운 대본과 그 장막 속으로 또 들어갈 것이다.

만물보다 거짓되고 심히 부패한 것은 마음이라
누가 능히 이를 알리요마는
나 여호와는 심장을 살피며 폐부를 시험하고
각각 그의 행위와 그의 행실대로 보응하나니

예레미야서 17장 9,10절

말씀으로
생각의 밭을 기경하라

PART 02

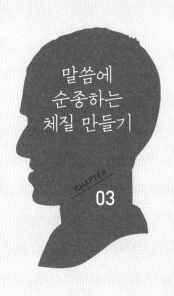

말씀에 순종하는 체질 만들기

CHAPTER 03

생각의 호수를 잔잔케 하라

예수님께서 갈릴리 호수의 광풍으로 두려워하는 제자들 앞에서 바람을 꾸짖으시며 바다를 향하여 "잠잠하라. 고요하라"라고 말씀하시자 바람이 그치고 바다가 잔잔해졌다. 이에 제자들에게 "어찌하여 이렇게 무서워하느냐"라고 하셨다(막 4:35-41). 예수님을 구주로 모셔들인 자는 광풍으로 두려워하는 옛 생명이 주와 함께 죽었고, 또한 주와 함께 살아서 보좌에 앉혀진 자이다(갈 2:20, 엡 2:5,6). 어린아이가 어미 품에 안기듯이 하나님 품에 이미 안겨 있는 자이다. 우리가 이 땅에서 어떤 광풍을 만나도 주와 함께 죽고 부활하여 보좌에 앉혀졌음을 믿는다면 엄마 품에 안겨서 젖을 빨고 있는 아이들과 같이 아무리 큰 풍랑 속에서도 두려워하다가도 즉시 평안을 찾아 마음의 풍랑을 잠잠케 할 수 있다.

우리는 성령께서 불처럼 타오르시는 대로, 물처럼 흘러가시는 대로, 바람처럼 불어오시는 대로 움직여지기 위하여 날마다 생각을 말씀으로 태워서 어린아이의 순수한 상태, 즉 잔잔한 호수와 같이 준비되어져야 한다. 말씀으로 생각을 잘 태워버린 자는 생각이 잔잔한 호수와 같다. 호수가 잔잔할수록 호수 위의 것들이 호수에 더 정확하게 비쳐진다. 잔잔한 호수에는 파란 하늘과 하얀 구름과 초록색 나무들이 있는 그대로 깨끗하게 비쳐진다. 마찬가지로 우리의 생각의 호수가 잔잔하면 하늘 아버지의 뜻이 마음에 쉽게 비쳐져 그 뜻에 잘 순종할 수 있게 된다.

내가 한국을 방문할 때마다 반드시 참석하는 모임이 있다. 러브식워십퍼(Lovesick worshiper)라는 모임인데 직역하면 '상사병 걸린 예배자'이다. 예수님에 대한 강렬한 사랑을 나타내는 표현이다. 나는 2015년 1월 24일에도 그 모임에 참석했다. 예배가 진행되던 중 잠시 휴식시간이 되었을 때 어느 집사님께서 다른 집사님의 세 살짜리 딸 나라에게 "이 사탕을 저기 있는 아저씨한테 갖다 드려!"라고 말했다. 그러자 나라는 0.1초도 주저함 없이 그 사탕을 받아들고 집사님이 지시한 분에게로 달려가 사탕을 전달했다. 나라는 집사님의 말을 분석하지 않고 100퍼센트 그대로 순종하여 다른 세 명의 사람들에게 사탕을 전달했다. 세 살짜리 나라는 맑고 잔잔한 호수와 같은 마음 상태를 가지고 있었기에 분석하지 않고 주저함 없이 즉시 순종한 것이었다.

하나님의 말씀을 암송하며 생각을 태워 어린아이와 같이 맑은 호수의 상태가 된다면 어떤 상황 속에서도 그 상황에 대한 하나님의 뜻이 쉽게 마음의 호수에 비쳐져 그 말씀을 분석하지 않고 그대로 순종할 수 있게 된다는 것을 세 살짜리 나라의 모습을 통해 확신할 수 있었다.

예수님을 구주로 모셔들인 자는 주님과 함께 죽고 부활 생명을 얻어 하늘 보좌에 앉혀졌고 성령님께서 그 안에 계시므로 이미 깨끗한 호수가 되었다. 그럼에도 불구하고 예수님과 함께 죽은 옛 생명의 생각의 습관은 행동과 말을 불러일으킨다. 썩게 될 육신을 입고 있는 한, 옛 생명의 습관이 계속 튀어나오므로 생각의 호수가 출렁이는 모습과 같다. 하늘, 구름, 산, 나무들이 출렁이는 호수에 비칠 때 일그러진 형상이 된다. 즉, 우리 생각의 호수가 잔잔하지 못한 만큼 하나님의 뜻이 마음에 온전히 비쳐지지 못하는 것이다.

그리스도와 연합하여 죽고 부활하여 보좌에 앉혀졌으므로 생각은 깨끗해졌으나 그 깨끗한 생각의 호수를 잔잔케 하는 것은 우리의 몫이다. 나는 1997년부터 성경을 암송하기 시작했고 2006년부터는 성령님을 사랑하기 위한 기도의 방법으로 성경암송을 접목시켜오면서 많은 구절들을 암송했다. 그러다가 2014년 11월부터는 난생 처음으로 하루 평균 5시간 동안 생각의 호수를 잔잔하게 하기 위한 성경암송기도로 나아가게 되었는데 그것은 전적인 성령님의 역사였다. 그렇게 생각의 호수를 잔잔하게 하기 위한 성경암송기도를 두 달 정도 한 뒤 2015년 1월에 한국을 방문했을 때 그 결과가 나타났다. 평택 안중교회에서 3일 부흥집회를 하는 동안 놀라운 일을 체험했다.

호텔에서 집회 준비를 하면서 설교하러 강단에 오르기까지 틈이 날 때마다 계속적으로 마가복음을 1장부터 차례대로 이어서 암송하며 생각의 호수를 잔잔하게 만들었다. 그런데 설교하러 올라가기 직전에 암송하던 부분이 설교의 주제와 정확히 일치하는 것을 보았다. 그리고 설교하는 중에 쉴 새 없이 튀어나오는 암송구절에 대하여 하나님의 새로운 통찰이 즉시 임해 그것을 선포하는 일들이 신기하게 많이 일어났다.

안중교회 집회를 섬기는 3일 내내 7번의 설교를 하는 동안 같은 일들이 계속 일어났다. 그때 나는 그러한 현상이 왜 일어나는 것일까 생각해 보았다. 그것은 한국 방문 직전 두 달 동안 인생 가운데 그 어느 때보다도 더욱 많은 시간을 들여서 암송기도로 생각의 호수를 잔잔하게 만들며 성령님을 사랑했던 결과로 하나님의 뜻이 즉시 임하게 된 결과라고 여길 수밖에 없었다.

그러한 현상은 평택 안중교회에서뿐 아니라 한 달 동안의 한국 방문 사역 내내 계속해서 자주 일어났다. 보통 한국 방문 중에는 거의 매일 집회가 있는 편인데 지난번 한국 방문 때까지는 어느 교회에서 집회를 하고 나서 집으로 향할 때라든지 한 장소에서 다른 장소로 이동 중에는 쉼을 갖기 위해 그냥 단순히 침묵하는 가운데 움직이곤 했다. 그런데 그 당시 한국 방문 중 이동 중에는 거의 모든 시간을 할애해서 뉴욕에서 암송기도를 했던 것처럼 마가복음, 갈라디아서, 에베소서, 빌립보서, 골로새서, 야고보서 등 암송하고 있는 모든 성경을 차례대로 이어서 계속 암송을 하면서 생각의 호수를 잔잔케 하며 하늘 장막의 예배를 드렸다.

그러자 어느 모임이나 어떤 집회나 누구를 만나든지 바로 직전에 암송하던 말씀과 일치하는 상황에서 그들을 만나게 되는 체험을 계속했다. 바로 여호와의 율법을 즐거워하여 밤낮으로 시도 때도 없이 그 율법을 암송으로 소리 내며 생각을 태우는 자가 복 있는 자라는 사실을 체험한 것이다.

무대 위의 훌륭한 배우처럼

나는 5년 전에 연극학 박사로서 연극하는 김성철 목사님을 만나면서 공연예술과 장막의 관계에 대한 놀라운 가르침을 받았다. 여기서는 그분에게서 배운 것을 통하여 받은 깨달음들을 나누고자 한다.

하나님은 그리스도에 대한 언약을 성경에 기록하셨다. 그러므로 하나님은 구속사라는 드라마의 최고의 작가이시며 연출자이시다. 그리고 우리는 창세전에 하나님께 캐스팅된 배우이며 우리의 무대는 두 장소이다. 즉, 하늘 장막(보좌)과 땅의 장막(삶의 터전)이다. 우리가 땅의 장막이라는 무대에서 성공적인 배우가 되려면 우선 하늘 장막이라는 무대에서 성공하는 배우가 되어야 한다. 하늘에서 이루어진 것이 땅에 이루어지는 삶을 사는 것이 하나님나라 시민의 삶이기 때문이다.

"뜻이 하늘에서 이루어진 것같이 땅에서도 이루어지이다"(마 6:10).

장막에서 성공적인 행동을 하는 사람은 하나님의 제사장이다. 그들은 하나님의 말씀을 매뉴얼 삼아 그것을 암송한 대로 제사 행위를 했다. 배우의 가장 기본 정체성이 작가가 쓴 대본을 그대로 암송하여 연기하는 것처럼 말이다. 우리는 하늘 장막 안에 있는 제사장이며 마치 배우와도 같다. 그래서 하나님의 언약을 기록한 성경이라는 대본을 단순하게 반복하여 발음(utterance)하고 암송하며, 감정을 가지고 액션(action)으로 기도하며 예배해야 한다. 그것이 삶의 무대에서 성경이라는 각본대로 성공적인 삶을 사는 비결이다.

공연 예술가들은 각자 자기가 맡은 무대와 장면(scene)에 들어가기 위해서 자신들의 역할을 수백 번 수천 번 반복한다. 춤추는 사람들은 동작을, 노래하는 사람들은 가사와 음정을, 연기자들은 대사와 액션을 반복 암송하여 신(scene)에 들어간다. 그런 의미에서 작가의 영향력은 가장 크다고 볼 수 있다. 액션은 영의 움직임이다. 배우가 작가의 작품을 반복하여 암송하고 액션을 취하다 보면 작가의 영성과 배역의 영이 배우에게 그대로 흘러들어간다.

따라서 배우는 작품 선택에 신중을 기해야 한다. 작가의 사상이 어떤지를 살펴보아야 하고 자신의 배역이 어떤 캐릭터인지 살펴보아야 한다. 돈과 인기 때문에 아무 배역이나 맡아선 안 된다. 그리고 배역을 맡게 되었을 때에는 그 배역의 캐릭터는 자신의 삶과 무관하다는 철저한 인식을 가져서 그 배역과 간격을 정확히 두어야 한다.

배역과 자신 사이에 간격을 둔다는 것은 자신의 생각과 결심으로 이루어지지 않는다. 오직 말씀으로 완전 무장해야 한다. 특히 말씀으로 무장하는 방법은 성경을 암송하여 하나님의 영으로 강력하게 보호막을 치는 것이다. 즉, 세상 무대에서 세상 사람들에게 인기를 얻기 위하여 대사를 암송하며 액션 연습을 하는 것보다 더 우선적으로 해야 하는 것이 있다. 하늘 무대인 하나님 보좌에서 최고의 작가이신 하나님께서 쓰신 대본인 성경을 암송하며 예배하여 하나님께 먼저 인기를 얻어야 한다. 그가 발음하고 암송하며 감정을 담은 액션으로 예배하는 재료인 성경의 주인공은 예수님이시므로 그렇게 하면 예수님의 영으로 충만해져서 예수님의 캐릭터로 보호막이 쳐지는 것이다. 극단적인 좋은 예로 제임스 카비젤이라는 배우는 〈패션

오브 크라이스트The Passion Of The Christ)라는 영화에서 예수님 역할을 맡고 나서 예수님께서 하신 말씀을 대사로서 암송하고 연기한 후 예수님께 온전히 헌신하는 삶을 살게 되었다.

이것은 공연예술계에 종사하는 자들에게만 해당되는 것이 아니다. 모든 사람들에게 적용된다. 공연예술 종사자들에게 있어서 삶의 무대는 그야말로 공연이 이루어지는 무대이지만, 일반 직업을 가지고 있는 사람들은 학교나 직장 및 가정 등 삶의 모든 환경이 하나님께서 허락하신 무대이다. 각자 삶의 무대에서 성공적인 배역을 잘 수행하려면 그 일의 역할에 대한 것만을 숙지하고 연습하는 것에 머물러서는 안 된다. 먼저 믿음으로 하늘 무대인 하늘 보좌로 올라가서 최고의 작가이신 하나님께서 쓰신 대본인 성경을 소리 내어 암송하고 생각을 태우며 예배하라. 그러면 성경을 암송하여 예배할 때 성경의 주인공인 예수님의 캐릭터가 옷으로 입혀져서 예수님을 닮은 삶을 살게 된다.

배우가 대사 암송과 액션 연습을 게을리하면 그만큼 실제 촬영에 들어갈 때 연기가 자연스럽게 우러나오지 못한다. 마찬가지로 하나님의 말씀을 희미하게 대충 알고 있으면 그 말씀대로 살기가 쉽지 않다. 하나님 말씀에 대한 희미한 기억에다가 자신의 생각을 덧붙이고 더욱이 세상의 생각들을 덧붙여서 하나님의 뜻을 오해하여 말하고 행동할 수 있다. 그러한 위험으로부터 우리의 생각을 지키는 비결은 하나님의 말씀을 더욱 강하게 암송하는 몸의 산 제사로 생각을 태워버리는 것이다. 보좌에서 생각을 잘 태우는 산 제사를 잘 드리게 되면 그만큼 우리의 생각은 맑고 잔잔한 호수와 같은 상태가 되어 하늘의 뜻이 잘 비쳐져 쉽게 순종할 수 있게 된다.

미메시스와 거울 신경세포

뇌의 뉴런들 속에 있는 거울 뉴런은 다른 사람의 행동을 거울처럼 모방하는 기능을 가진 신경세포다. 몇몇 과학자들은 거울 뉴런이 최근 10여 년간 신경과학 분야에서 이루어진 가장 중요한 발견 중 하나라고 주장하기도 한다. 어떤 과학자는 거울 신경세포가 모방과 언어 습득에서 중요한 역할을 한다는 연구 결과를 발표하기도 했다. 그리스도를 닮는 원리에 이 거울 뉴런이 역할을 하는 것 같다.

연극학 박사이신 김성철 목사님은 다음과 같이 말하고 있다.

오늘날 예술론은 아리스토텔레스의 시학에서 비롯되었습니다. 아리스토텔레스는 자신의 시학에서 모든 예술(연극, 드라마, 영화, 뮤지컬 등)의 공통원리를 '모방'으로 보았습니다. 그의 시학은 대표격으로 비극을 다룹니다. 그의 시학의 흐름을 한 줄로 요약하면 하마르티아(죄), 미메시스(모방), 카타르시스(정화)입니다. 죄로 시작해서 모방의 과정을 거쳐 씻음으로 끝나는 것입니다. 즉, 예술의 목적은 죄 씻음입니다. 그래서 예술 분야를 위해서 기도를 많이 해야 합니다. 예술로 오히려 죄를 더 많이 짓고 있기 때문입니다. 그런데 어떻게 죄를 씻는 단계에 이르게 됩니까? 바로 모방(미메시스)의 과정을 거쳐서 씻음에 이르는 것입니다. 아리스토텔레스는 '액션은 영의 움직임'이라고 했는데 드라마는 배우가 액션(영의 움직임을 모방)함으로써 이루어지는 죄 씻음의 과정입니다.

고린도전서 11장 1절의 권면을 보십시오. 사도 바울은 "내가 그리스도를 본받는 자가 된 것같이 너희는 나를 본받는 자가 되라"라고 했습니다. 즉, 우리 모두 연기자가 되어 삶의 무대에서 각본 없이 펼쳐지는 드라마 가운데 이미 쓰여진 완벽한 각본 속의 예수 그리스도를 모방할 수 있습니다. 그것을 통하여 계속 정결하게 씻어지며 그리스도의 장성한 분량이 충만한 데까지 닮아가게 되는 것입니다.

가짜 신들을 모방의 대상으로 잘못 선정한 그리스와 로마의 극장은 완전 폐허가 되었습니다. 주후 476년에 서로마가 멸망한 후 500년간 연극에 대한 자료가 없는 것이 바로 그 증거입니다. 대상을 잘못 선정한 인간들의 극장을 하나님께서 초토화시키신 것입니다. 그러다가 주후 979년에 교회에서 부활절 부활극 대본으로 연극이 부활됩니다. 이 대본을 '쿠엠 쿠에르티스'라고 부릅니다. 이 네 줄 대본이 500년 만에 부활된 연극의 첫 소리입니다.

"누구를 찾느냐, 무덤에서! 그리스도의 사람들아?"

"십자가에 못 박히신 나사렛 예수입니다, 하늘의 천사들이여."

"그분은 여기 계시지 않는다. 전에 너희에게 말씀하신 대로 그분은 부활하셨다."

"가라, 그분이 무덤에서 부활하셨다고 알려라."

이것이 500년 만에 부활된 연극의 대본입니다. 예수님의 부활을 알리게 하시려고 연극을 부활시키신 것입니다.

극장의 폐허에서, 장면의 폐허에서, 여러분의 삶의 폐허에서, 여러분은 누구를 찾고 계십니까? 500년간 죽었다가 부활된 연극의 장면(장막)의 무덤에서 예수 그리스도를 찾는 마리아에게 묻는 천사의 질문이 바로 우리 모두에게 묻는 질문입니다.

초토화되어 500년 동안 폐허였던 극장을 부활시켜주신 것은 우리로 하여금 예수 그리스도를 찾도록 하기 위함입니다. 주님께서 우리들을 제사장으로 삼으셨습니다. 그 하늘 스케네(무대)와 삶의 무대로 오르내리게 하셨습니다. 그래서 우리는 하나님께서 오르내리라고 하신 장막(스케네), 즉 장면(scene)에 하나님께서 명령하신 그 불을 들고 오르내려야 합니다. 삶의 장면의 거대한 혼돈 앞에서 나와 그분 앞에 점도 없고 흠도 없이 하나님께서 명령하신 불을 실어 나르는 여러분 되시기를 축원합니다.

우주 만물과 인생의 생사화복과 역사를 주관하시는 최고의 작가이시며 연출자이신 하나님께서는 우리를 각본 없는 삶의 무대에 올라가게 하신다. 그러나 두려워 말라. 아무리 각본 없는 드라마가 우리 삶에 펼쳐진다 하더라도 하늘 장막 무대에서 진리인 성경을 대본 삼아 암송 선포하며 하나님을 예배하여 하나님의 영으로 충만하면 된다. 그럴 때 각본 없는 드라마 속에서도 성경 속의 그리스도를 본받아 성공적인 순종을 이루게 된다. 성경을 암송하며 성령의 인도하심을 받으면 그리스도로 옷을 입고 삶의 무대에서 그리스도의 삶을 모방하여 계속 씻겨지는(카타르시스) 삶을 살게 되는 것이다.

바다를 덮는 물, 말씀

2015년 4월과 5월, 나는 오세아니아 땅에서 많은 영혼들을 사탄과 세상의 얽매임 속에서 벗어나게 하기 위하여 온전한 복음(연합의 복음, 보좌에 앉혀진 신앙)과 암송기도, 전도의 메시지를 선포했다. 일 년에 서너 차례 한국과 중국 및 다른 열방의 나라들을 방문하게 하실 때마다 주님께서 주제의 말씀을 주시는데, 생애 처음으로 호주 방문을 준비하는 그때, 주님께서 무슨 말씀을 주제로 주실지 큰 기대가 있었다. 4월 22일 뉴욕을 출발하기 며칠 전에 주님께서 주제 말씀을 주셨다.

"이는 물이 바다를 덮음같이 여호와의 영광을 인정하는 것이 세상에 가득함이니라"(합 2:14).

그 말씀을 레마로 부여잡고 보니 뉴욕을 출발하여 호주까지 비행기를 타고 가는 여정 속에 처음으로 단시간에 가장 많은 바다를 지나가게 되는 셈이었다. 가장 많은 바다를 지나가게 되는 여정에 하박국 말씀을 주신 것은 의미가 있는 것 같았다.

그렇다면 지구상에 70퍼센트나 되는 물을 다 덮는 물은 무엇일까? 요한계시록 1장 15절은 "그의 음성은 많은 물소리와 같으며"라고 말한다. 주님 음성이 많은 물소리와 같다는 것이다. 요한계시록 22장 1절은 "또 그가 수정같이 맑은 생명수의 강을 내게 보이니 하나님과 및 어린양의 보좌로부터 나와서"라고 말한다. 주의 말씀은 곧 성령이시다. 그러므로 보좌로부터 흘러넘치는 주의 음성은 곧 생수의 강물이다. 생수의 강, 즉 주님의 말씀은 온 우주를 덮고도 남음이 있다. 주께서 말씀으로 우주 만물을 창조하셨기 때문이다. 말씀으로 창조된 우주 만물은 역시 보좌로부터 계속 흘러넘치는 주의 말씀으로 언제나 붙들려 있다. 더 나아가서 요한계시록은 하나님의 자녀들이 여호와를 인정하며 말씀을 선포할 때 그것이 많은 물소리 같다고 한다.

"또 내가 들으니 허다한 무리의 음성과도 같고 많은 물소리와도 같고 큰 우렛소리와도 같은 소리로 이르되 할렐루야 주 우리 하나님

곧 전능하신 이가 통치하시도다"(계 19:6).

우리는 이미 주와 함께 보좌에 앉혀진 존재들이다(엡 2:6). 그리고 보좌로부터 계속 파송받는(시제를 충실히 적용하여 번역한 표현이다) 존재이다(요 20:21). 교회는 그리스도의 몸으로써 만물 위에 있고 또한 만물 안에서 만물을 충만케 하시는 아버지의 충만이다. 그래서 하나님의 자녀들은 주와 함께 보좌에 앉혀진 정체성을 믿음으로 이 땅에 언제 어느 곳에 파송되어 있든지 여호와를 인정하는 말씀을 선포하면 보좌에서 흘러넘치는 생수의 강이 우주와 온 땅과 바다를 생수로 덮게 되어 아버지의 충만하심으로 만물을 충만케 하는 것이다.

결국 나는 4월 22일 오후 2시 뉴욕에서부터 거의 26시간 동안(한국 경유 시간 포함) 호주까지 비행기를 타고 가면서 그때까지 암송하고 있는 2,500구절을 모두 선포했다. 그것이 결국 여호와를 인정하는 말씀으로서 바다를 덮는 생수의 강임을 믿는다.

하나님께서는 호주 땅을 생수의 강으로 덮는 역사를 나타내시기 위해서 레마로 주신 말씀에 내가 실제적으로 순종하기를 원하셨다. 순종하기 힘든 상황에서 여호와를 인정해야 그 말씀이 생수로 온 세상을 가득 덮게 된다는 것이다. 시드니에 도착하여 시드니 순복음교회 금요집회에서 감격적인 첫 말씀 선포를 하기 직전에 주님께서 '내가 너에게 찬양을 받기 원한다'라는 마음을 주셨다. 나도 호주 땅에서 처음 말씀을 선포하게 되는 감격적인 순간이라 주님을 먼저 찬양하는 것이 합당하다고 생각했던 차였다. 그런데 찬양을 부르려고 마이크를 잡자마자 갑자기 목소리가 나오지 않았다. 강대상에 올라가기 직전 기도할 때까지만 해도 괜찮았었는데 갑자기 목이 이상했다. 이미 내가 서울음대 성악과를 졸업했다는 것을 아는 성도들 앞에서 성대가 이상이 생긴 상태에서는 노래를 부를 수가 없었다. 그래서 포기하려고 했는데 마음속 깊은 곳에서 주님의 음성이 들리는 듯했다.

'찬양은 내게 하는 것이다. 너의 목소리의 상태와 상관없이 나는 네가 중심으로 부르는 찬양을 듣고 싶다.'

순간적으로 당황스러웠지만 나는 내 생각을 태우고 순종할 수밖에 없었다. 시종일관 쉰 목소리가 흘러나오며 몇 번의 음이탈 현상까지 있었다. 태어나서 여러 사람들 앞에서 부른 노래 중에 가장 큰 낙제 점수를 받을 정도의 목소리로 찬양을 마치자 예상한 대로 역시 사람들의 박수소리가 아주 작았다. 하지만 그때 주님이 이런 음성을 들려주시는 것 같았다.

'내가 너의 순종의 찬양을 받았고 네가 순종하기 힘든 상황에서 나를 인정한 것이 이 호주 땅에 가득하리라.'

감격적인 첫 집회를 마치고 호텔로 돌아와서 샤워를 하고 시드니의 밤을 만끽하고자 호텔 밖으로 나와서 산책을 하던 중 어느 건물 앞에 있는 간판을 보고 나는 미소를 지을 수밖에 없었다. 그 간판의 문구는 순종의 찬양을 받으신 하나님께서 내게 들려주시는 화답의 목소리 같았다.

"Sydney 4 Water."

영어로 숫자 '4'는 '…을 위하여'라는 뜻의 'For'와 발음이 똑같다. 그 표현을 보는 순간 뉴욕을 출발하여 시드니까지 오는 동안 선포했던 여호와를 인정하는 수많은 말씀이 생각났다. 그리고 자아를 버리고 생각을 태우며 사람을 의식하지 않은 작은 순종의 찬양을 통하여 시드니를 생수의 강을 위한 도시로 주님께 올려드렸다는 기쁨이 영혼 속에서 샘솟는 것 같았다.

뇌 속의 내비게이션을 업그레이드하라

2015년 5월 15-17일에는 도봉산 기슭에 위치한 물댄동산 수림교회의 부흥회 강사로 섬겼다. 부흥회 첫날에 수림교회를 찾아가기 위해서 내비게이션에 주소를 찍었는데 수림교회 도착 1분 전까지 내비게이션은 도봉산 입구 쪽으로 방향을 가리키고 있었다. 그러나 도봉산 국립공원 입구 좌우측에는 식당만 즐비해 있을 뿐 교회 건물은 보이지 않았고, 도봉산 입구 쪽으로 더 가까이 다가가니 내비게이션은 도봉산 입구에 다다라서 좌회전 방향으로 유도했다. 그 좌측에는 아주 좁은 골목이 있었고 그 골목을 따라 서행하니까 계곡 옆에 수립교회가 숨어 있었다.

16일 토요일 부흥회 두 번째 날, 집회를 마치고 밤에 집으로 돌아가는 길에는 내비게이션 때문에 어려움이 있었다. 내비게이션이 공사 중인 막힌 길로 계속 인도하는 문제였는데, 내비게이션이 지시하는 막힌 길을 지나쳐 다른 방향으로 가려고 여러 번 시도해도 내비게이션은 계속해서 막힌 길로 인도하는 것이었다. 즉, 자동차에 장착된 내비게이션은 업그레이드가 되지 않아 최신 도로교통 상황이 반영되지 않았던 것이다.

업그레이드가 안 된 내비게이션을 보며 계속 헤매고 있을 때 함께 뒷좌석에 동승하고 있던 청년이 "목사님, 이걸로 길을 찾으세요"라고 하면서 자신의 스마트폰으로 최신 도로 상황이 반영된 내비게이션을 작동시켜주었다. 청년의 스마트폰 덕분에 공사 중인 길이 아닌 다른 길을 찾아서 잘 빠져나갈 수 있었지만 길을 찾고 난 뒤에도 문제는 여전히 계속되었다. 청년이 제공해준 스마트폰 속에서 흘러나오는 최신 정보 음성 안내와 업그레이드되지 않은 내비게이션의 음성 안내가 번갈아 흘러나와서 혼동되었고, 나는 최신 업그레이드된 내비게이션을 신뢰하고 따라가야 함에도 불구하고 나의 시선은 이미 여러 날 동안 익숙해져 있는 업그레이드되지 않은 내비게이션으로 계속 향했다.

부흥회 마지막 날 주일에는 수립교회에 도착하기 2분 전쯤 어느 교차로에서 신호대기로 서게 되었는데 바로 앞에 서 있는 차 안에 수립교회 안수집사님이 타고 있는 것이 보였다. 그는 마침 운전석 쪽 창문을 열고 있었고 나도 운전석 창문을 내리고 "안수집사님, 안녕하세요?"라고 소리쳤다. 그러자 그도 나를 향해 반갑게 인사를 했고 곧이어 푸른색 신호등이 켜지자 직진을 했다. 하지만 내 차의 내비게이션은 우회전으로 인도하고 있었다. 나는 안수집사님을 따라가야 할지 내비게이션을 따라가야 할지 순간적으로 망설였지만 안수집사님을 따라가기로 결정했다.

안수집사님은 내가 뒤따라오고 있다는 것을 의식하신 듯 서행으로 운전하였고 계속 진행하다가 작은 골목에서 우회전을 하자마자 멈추더니 뒤따르고 있던 나를 향해 뒤돌아서 외쳤다.

"지 목사님은 계속 직진하십시오. 그러면 바로 교회가 나옵니다."

안수집사님은 다른 공간에 차를 세울 계획이었고 강사인 나를 교회 바로 앞에 주차할 수 있도록 배려해주었다. 안수집사님의 인도에 따라 교회에 도착하고 보니 교차로에서 지나온 그 길이 바로 교회로 향하는 지름길인 것을 알게 되었다. 첫째 날과 둘째 날에 나를 인도한 내비게이션은 그 교차로에서 우회전으로 인도했는데 그 길은 많이 돌아가는 길이었다.

나는 3일 동안 업그레이드되지 않은 내비게이션으로 경험한 것을 우리의 말씀 묵상의 삶에 비추어 보았다. 우리가 아무리 귀한 체험을 하고 박식한 지식을 갖고 있어도 시간이 지나면 그것은 옛 내비게이션이 된다. 그러므로 또다시 새로운 하나님의 인도하심을 받기 위해서는 체험을 통한 지식도 겸손히 내려놓으며 새 내비게이션으로 업그레이드해야 한다.

6·25 전쟁 때 폭탄 파편에 의해 실명을 한 여자아이가 있었다. 그 아이의 부모는 아이를 돌볼 능력이 안 되어서 고아원에 그 아이를 맡겼다. 고아원 원장이었던 목사님은 시력을 잃은 그 아이에게 성경을 암송시키며 신앙 안에서 잘 양육하였고 미국의 한 가정으로 입양을 보냈다. 그 아이를 입양한 미국 부모는 아이의 음악적 재능을 발견하여 유럽으로 보내어 성악을 전공하게 했다. 성악을 전공한 그녀는 나중에 빌리 그레이엄 목사의 복음 전파 사역에 찬양 사역으로 동역을 하게 되면서 자신의 삶의 간증으로 많은 사람들에게 감동을 전해주었다. 그녀는 킴 윅스인데 그녀의 간증을 소개한다.

사람들이 앞을 못 보는 나를 인도할 때는 저 100미터 전방에 무엇이 있다고 말하지 않습니다. 단지 바로 앞에 물이 있으니 건너뛰라고 말하고 바로 앞에 층계가 있으니 발을 올려놓으라고 말합니다. 나는 나를 인도하는 분을 믿고 한 걸음씩 옮기기만 하면 내가 가고자 하는 목적지에 이르게 됩니다. 하나님께서 우리를 인도하시는 방법도 이와 같습니다. 우리는 10년 후를 알지 못합니다. 20년 후도 알지 못

합니다. 또 굳이 그것까지 알 필요는 없습니다. 오늘 나를 인도하시는 하나님의 손길에 나를 맡기고 믿음으로 순종하면서 한 걸음씩 가면 됩니다.

그녀가 인도자에 의하여 한 걸음씩 옮겨놓을 때 인도자의 새로운 지시를 계속해서 받지 않고, 자기 고집대로 바로 이전의 발걸음의 경험에만 의존한다면 낭패를 당할 수도 있다. 왜냐하면 그녀가 가야 할 길은 변화무쌍하기 때문이다.

주님은 우리 각자가 이 땅에서 도달해야 할 궁극적인 비전의 땅을 예비해놓으셨다. 우리가 그 땅에 도착하기 위해서는 반드시 그 목적지에 도달하는 정확한 길 안내에 대한 정보를 가지고 있어야 한다. 그러나 우리는 영적으로 볼 때 바로 한 치 앞도 내다볼 수 없는 소경들이다. 그래서 우리는 주님께서 예비해놓으신 비전의 땅에 도달하기 위해 주님께 늘 "예수님, 저를 불쌍히 여기소서"라고 호소하며 소경 바디매오 같은 자세를 취해야 한다. 주님께서는 그런 겸손을 보이는 자에게 비전의 땅으로 나아가도록 날마다 매 순간마다 새로운 말씀으로 인도하시는 축복을 주신다.

그러나 우리의 문제는 매일 매 순간 그 새로운 발걸음들에 대한 주님의 새로운 음성을 잘 듣지 못한다는 것이다. 가장 중요한 이유 중 하나는 우리 속에 업그레이드가 되지 않은 옛 내비게이션에 해당하는 지식과 경험으로 새로운 길(주의 음성)을 찾으려 한다는 것이다. 우리는 새로운 발걸음을 향한 새로운 음성을 듣기 위해 새로운 내비게이션이 필요함을 알면서도 자신에게 익숙해져 있는 옛날 내비게이션을 의지하고자 하는 경향이 있다. 자꾸만 옛 경험과 생각을 의존하려는 경향이 있다.

어제 길을 잘 찾았다고 자만해서는 안 된다. 오늘 목적지로 가는 길은 업그레이드가 되어 바뀐 상태일 수 있기 때문이다. 옛 내비게이션에 의지한다면 없어진 도로와 새롭게 생겨난 도로에 이르게 될 때 길을 헤매게 된다. 계속해서 잘못된 길로 접어들어 방향을 잃게 되기도 하고 또한 불필요하게 많은 길을 돌아가게 되기도 한다. 그래서 우리는 어제의 내비게이션을 버리고 오늘 또 새로운 내비게이션을 장착해야 한다.

매일 매 순간 하나님께서 인도하시는 새로운 길(말씀)을 찾기 위해서는 우선적으로 매일 우리 안에 있는 옛 지식과 경험(옛 내비게이션) 자체를 계속해서 십자가에 못 박아야 한다. 실제 삶 속에서 옛 지식과 경험을 의지하려는 경향의 문제는 아침에 말씀을 먹는 태도에서부터 결정된다. 주님이 "내가 길이다"라고 말씀하셨다. 그러므로 새 날을 맞이하여 새 길(말씀)을 찾기 위해서는 우선 새로운 내비게이션이 장착되어야 한다. 즉, 내비게이션을 업그레이드받는 것이 중요하다. 다시 말해서 내가 먼저 새 피조물이 되는 것이 중요하다.

이것은 나의 어제의 지식과 경험이라는 옛 내비게이션으로 말씀을 이해하면서 찾으려는 태도가 아니라, 그와 반대로 말씀을 통독하고 암송으로 소리 내어 선포하며 내 속의 어제까지의 옛 내비게이션을 계속해서 부인하며 어린아이와 같은 뇌의 상태로 돌이키는 태도로 나아가야 한다. 그렇게 나아가는 만큼 주님은 새 내비게이션을 우리에게 허락하신다. 그 새 내비게이션으로 새 길(말씀)을 찾아야 한다.

내비게이션을 따르지 않고 안수집사님을 따라간 것을 통해서는 믿음의 선진들을 따르는 것이 새로운 길(말씀)로 나아가는 데 있어서 얼마나 중요한가를 알게 되었다. 분명히 내가 가진 내비게이션은 업그레이드가 안 된 것이었고 안수집사님은 수림교회 성도로서 지름길을 정확히 알고 계신 분이었다. 나는 업그레이드되지 않은 내비게이션보다는 그 교회로 가는 길을 잘 알고 계신 경험이 있는 안수집사님을 따라갔다. 그리고 나는 차를 따라간 것이 아니라 차를 운전하셨던 그 안수집사님을 따라간 것이다. 안수집사님께서는 결정적인 갈림길에서 자신의 차를 따르지 말고 자신이 지시하는 손가락 방향으로 가라고 지시했고 나는 그 손가락이 가리키는 방향으로 나아가서 목적지에 이르게 되었다.

우리는 날마다 매 순간마다 하나님께서 제시하시는 새로운 길로 나아가기 위해서 성경 속의 믿음의 선진들을 따라가야 한다. 믿음의 선진들의 순종의 삶을 따라가기 위해서 가장 기본적으로 따라야 할 것이 있다. 그들의 순종의 삶의 가장 기초가 무엇인가 하는 것이다. 그것이 바로 날마다 매 순간마다 토라를 암송하며 옛 내비게이션을 버리고 새로운 내비게이션을 장착시켰던 태도였던 것이다. 성경에 나타난 믿음의 선진들 아담으로부터 노아, 아브라함, 이삭, 야곱, 요셉, 모세, 여호수아, 사무엘, 다윗, 에스라, 느헤미야 등 수많은 선지자들과 예수님의 제자들 심지어는 예수님까지도 모두 성경암송자였다는 사실을 무시하지 말라.

들숨으로 영을 마시고 날숨으로 말씀을 선포하라

하나님께서 흙으로 아담을 지으시고 그 코에 생기를 불어넣으셔서 아담이 살아 있는 영이 되었다. 하나님께서 불어넣으신 날숨은 곧 아담이 들이쉰 들숨이 된 것이다. 아담은 하나님께서 주신 날숨을 들숨 삼아 생명을 소유하게 되었다. 날숨과 들숨은 정반대의 개념이다. 하나님의 날숨이 동시에 사람에게는 들숨에 해당한다는 것은 창조주와 피조물은 전적으로 다른 존재라는 것이다. 즉 절대로 피조물인 사람이 창조주가 될 수 없다는 뜻이다.

하나님께서 날숨으로 주신 생기를 들이마시고 생령이 된 아담이 첫 번째로 한 행동은 날숨으로 숨을 하나님께로 돌려드리는 것이었다. 우리 생애 가운데 계속 반복적인 들숨과 날숨을 통하여 하나님께 기도하며 찬양하는 것이 우리의 본분이라는 의미이다. 하나님의 날숨에 해당하는 그 생기가 하나님의 영이다. 그 하나님의 생기가 들숨으로 사람 안에 들어오게 되면서 사람은 하나님의 형상을 갖게 되었다.

피조물인 사람이 창조주가 되었다는 것이 아니다. 창조주를 닮아갈 수 있는 존재가 될 수 있는 근거인 하나님의 생기, 영을 들이마셨다는 것이다. 그래서 하나님으로부터 창조된 피조물인 사람은 하나님께서 주신 생기를 들숨으로 받았고 다시 날숨을 통하여 하나님께 기도하며 찬양하도록 지음 받은 것이다. 그래서 이사야는 "이 백성은 내가 나를 위하여 지었나니 나를 찬송하게 하려 함이니라"(사 43:21)라고 했고, 시편 기자는 "호흡이 있는 자마다 여호와를 찬양할지어다 할렐루야"(시 150:6)라고 한 것이다.

항상 들숨으로 하나님의 생기인 영을 들이마시고 날숨으로 말씀을 소리 내어 암송하며 하나님을 찬양하는 것은 자아 부인의 핵심이다. '죽는다'의 다른 표현이 '숨을 거둔다'이다. 그것은 숨을 거두어가는 주체가 있다는 뜻이다. 숨을 거둔다는 표현은 하나님의 능동형이다. 따라서 '사람이 죽는다'라는 표현을 사람 입장에서 제대로 표현하면 '숨을 돌려드렸다'라고 할 수 있다. 사람의 죽음은 하나님께서 숨을 거두어가시는 것이며 반대로는 인간이 하나님께로 받았던 숨을 돌려드리는 것이기 때문이다.

이 날숨에 놀라운 자아 부인의 영적 원리가 숨어 있다. 날숨 곧 뱉는 숨은 숨을 돌려드리는 의미, 즉 죽음의 의미가 있다. 그러므로 그것이 육체의 죽음을 맞이하는 순간뿐 아니라 매번 모든 들숨을 통하여 하나님의 생명을 받는 것이고 날숨을 통하여 그 생명을 돌려드리는 것이라는 의식을 갖는 것이다.

그 숨을 돌려드리는 날숨으로 항상 말씀을 암송으로 선포하여 생각을 태우며 하나님께 기도하고 찬양하며 자아를 십자가에 못 박는 것이다. 주님께서 날숨으로 주신 생명을 들숨으로 받아 그 생명을 다시 하나님을 향하여 날숨으로 숨을 돌려드리며 말씀을 선포하며 자아를 부인하는 것이다. 기도는 내 생각을 죽이고 하나님의 생각을 선포하는 것이기 때문이다.

사람이 태어나면서 처음 한 행동이 날숨으로 성대를 움직여서 울음을 터트리는 것이었다. 갓난아이는 일정 기간 동안 울어서 자신의 필요를 엄마에게 요청하는 것 외에 다른 어떠한 행동도 할 수 없다. 마찬가지로 사람이 임종 직전에 몸을 마음껏 씩씩하게 움직일 수 없다. 그러나 마지막 한 톨의 날숨으로 할 수 있는 것이 있다. 그것은 성대를 사용하여 말하는 것이다. 드라마나 영화 속에서 임종 직전의 사람의 입에 귀를 가까이 댈 때에 아주 작은 목소리로 뭔가를 말하다가 죽는 것을 보았을 것이다.

사람이 하나님께서 주신 날숨을 들숨으로 받아서 생명을 누리는 첫 시작과 생명의 끝에서 할 수 있는 것이 성대를 움직여서 소리를 내는 것이다. 이것은 우리의 전 생애가 주님께서 주시는 들숨으로 영을 마시고, 날숨으로 말씀을 선포하여 주님을 찬양하며 자신을 계속 십자가에 못 박는 삶임을 말해주는 것 같다. 썩지도 않고 더럽지도 않고 쇠하지도 않는 하늘에 간직된 기업을 들숨으로 받고 다시 날숨으로 말씀을 선포하며 생각을 태우고 하나님께 기도하며 찬양하라. 그것이 하나님의 뜻이다.

중간태 믿음의 말씀 선포

하나님께서 흙으로 사람을 지으시고 그 코에 생기를 불어넣으셔서 하나님의 형상으로 살아 있는 존재가 되게 하셨다는 것은 하나님 편에서는 완전 능동태이며 아담 편에서는 완전 수동태이다. 하나님께서 일방적으로 아담을 만드셨고 아담은 수동적으로 지음을 받은 것이다.

하나님의 형상으로 지음받은 것은 두 가지 차원이다. 즉, 하나님은 영이셔서 인간도 영적인 존재로 지으신 것이고 하나님께서 지, 정, 의를 가지고 계시듯이 인간도 지, 정, 의를 가진 존재로 지어진 것이다. 사람을 제외한 다른 생물들은 영적인 존재가 아니므로 하나님께서 만드신 자연의 법칙과 섭리 안에서 생태계를 유지한다.

그러나 사람은 지음받은 수동적인 존재이면서도 영을 가지고 있고 지, 정, 의를 가진 존재이므로 스스로 선택하며 능동적으로 살아갈 수 있는 것이다. 그럼에도 불구하고 인간은 피조물로서 창조주의 뜻에 따라 영으로 하나님을 예배하며 지, 정, 의로 생각하고 느끼고 행동해야 하는 의무가 있다. 이것이 바로 중간태의 개념이다.

예수께서 십자가의 죽음을 앞두고 하늘에 계신 아버지께 기도한 내용이 요한복음 17장이다.

"아버지여, 아버지께서 내 안에, 내가 아버지 안에 있는 것같이 그들도 다 하나가 되어 우리 안에 있게 하사 세상으로 아버지께서 나를 보내신 것을 믿게 하옵소서"(요 17:21).

여기서 '세상으로'라는 표현은 '세상이' 또는 '세상으로 하여금'이라고 표현해야 본문에 더 충실한 번역이다. 예수님은 구원의 본질은 사람들이 삼위일체 하나님 안에 들어가는 것이라고 표현하셨으며, 예수님이 그것을 이루시려고 이 땅에 오신 것이라고 구원의 본질을 설명하셨다. 그리고 아버지께 "그것을 저들이 믿게 하소서"라고 요청하셨다. 즉, 우리가 예수 그리스도를 구주로 모셔들이게 된 믿음은 아들이 아버지께 요청하셔서 아버지께서 우리에게 주신 믿음인 것이다. 그것은 하나님 차원에서는 완전 능동태이며 우리 편에서는 완전 수동태이다. 하나님께서 믿게 하신 믿음이다.

그렇다면 우리가 아무것도 하지 않아도 삼위일체 하나님 안에 들어가게 하시겠다는 것이며 그 믿음도 일방적으로 주신다는 의미이다. 한편 예수께서는 "하나님을 믿으라 내가 진실로 너희에게 이르노니 누구든지 이 산더러 들리어 바다에 던져지라 하며 그 말하는 것이 이루어질 줄 믿고 마음에 의심하지 아니하면 그대로 되리라"(막 11:22,23)라고 말씀하셨다. 이것이 바로 히브리 문법 속에 있는 중간태의 개념이다. 즉, 하나님께서 완전 능동태로 일방적으로 주실 것이지만 하나님은 우리에게 입술로 시인하는 중간태적 개념의 믿음을 요구하신다. 이것이 바로 우리가 영적인 존재와 지, 정, 의를 가진 존재로 지음 받았다는 중간태적 개념과 통한다.

하나님께서는 창세전부터 이미 우리를 구원하시기로 선택하셨다. 아들을 통해 그 일들을 이루실 것이고 또한 우리에게 그것을 받아들일 수 있는 믿음까지도 예비해놓으셨다. 그리고 그것을 말씀 속에 기록해두셨다. 그래서 우리는 그저 들숨과 날숨만 반복하는 완전 수동형 인간으로 머무는 것이 아니라 하나님의 완전 능동태로 우리를 구원하시겠다는 말씀을 시인하고 선포하며 중간태적인 믿음의 표현으로 하나님 앞에 나아가야 하는 것이다.

그것이 날마다 구원을 이루어나가는 삶의 모습이다. 날마다 주님께서 살려주신 영과 회복시켜주시는 지, 정, 의를 가지고 항상 복종하여 두렵고 떨리는 마음으로 나아가야 한다. 그 중간태적 믿음의 선택으로 말씀을 선포하며 날마다 근심, 걱정, 두려움 등의 생각을 태우며 매 순간 구원을 이루어가는 것이다. 그래서 입술의 시인이 너무나 중요하다.

"네가 만일 네 입으로 예수를 주로 시인하며 또 하나님께서 그를 죽은 자 가운데서 살리신 것을 네 마음에 믿으면 구원을 받으리라 사람이 마음으로 믿어 의에 이르고 입으로 시인하여 구원에 이르느니라"(롬 10:9,10).

주님께서는 중풍병자를 고치시기로 이미 창세전부터 능동적으로 계획하셨을 것이다. 그러나 중풍병자는 "일어나 네 상을 가지고 집으로 가라"라는 말씀에 순종해서 움직여야 했다. 아무 생각 없이 누워 있기만 한 상태로 상이 들려지고 일으켜지고 걸어가게 되는 것을 저절로 체험한 게 아니다. 지, 정, 의를 사용하여 믿음으로 예수님의 말씀에 순종하여 상을 가지고 걸어가는 의지적인 행동이 그가 치유되는 결과를 가져왔다. 이것이 바로 중간태적인 믿음이다. 중간태적인 믿음은 하나님께서 완전 능동태로 이루시겠다는 언약의 말씀을 믿고 그 언약의 말씀을 선포하며 움직이는 믿음이다(막 2:1-12).

뉴런 밭을 기경하라

예수님께서 마가복음 4장에서 길가, 돌밭, 가시떨기 그리고 좋은 땅 등 네 종류의 사람들이 있다고 하셨다. 예수님께서는 이 비유를 말씀하시고 나서 각각의 비유에 대한 해석을 주셨다. 길가에 떨어진 씨는 새들이 와서 먹어버렸는데 길가에 해당하는 자들은 말씀을 들었을 때에 사탄이 즉시 와서 뿌려진 말씀을 빼앗아가는 상태라고 하셨다. 이들은 말씀이신 주님을 절대로 모셔들이지 않는 불신자의 딱딱하게 굳은 심령을 말씀하시는 것 같다.

돌밭에 떨어진 씨는 흙이 깊지 않아서 싹이 빨리 나오지만 뜨거운 태양 때문에 싹이 타버리고 뿌리가 없으므로 말랐다. 그것은 말씀을 들을 때에 즉시 기쁨으로 받지만 그 속에 뿌리가 없어서 잠깐 견디다가 곧 넘어지는 자라고 하셨다. 이들은 이제 막 말씀이 심겨지기 시작하여 영적으로 갓 태어난 자로서, 말씀을 인하여 영적인 기쁨을 즉시 누리기 시작하는 것 같으나 믿음의 뿌리가 아직 없어서 잠깐만 견디고 오히려 그 말씀 때문에 어려움을 당할 때에 기쁨이 변하여 원망하며 넘어지는 자들이다.

이들은 홍해를 갓 건넌 이스라엘 백성들의 상태에 해당한다. 그들은 말씀을 따라 애굽을 출발하여 홍해를 건넜다. 그들은 말씀을 인하여 애굽의 압제로부터 즉시 구원의 기쁨을 누렸다. 하지만 구원받고 나서 바로 시작된 것은 거친 광야의 삶이었다. 그들은 광야에서 물이 없고 양식이 없으며 뱀에게 물리게 되는 환란이 오히려 말씀을 따라 애굽을 빠져나와서 광야로 들어왔기 때문이라고 생각했다. 그러면서 자신들을 불러낸 하나님을 원망하며 영적으로 넘어져서 다시 애굽(세상과 죄)에 있었던 때를 오히려 그리워했다.

가시떨기에 떨어진 씨는 가시가 그 식물의 성장을 막아서 결실치 못했는데 이 모습은 말씀이 심겨져서 자라는 것 같지만 세상의 염려와 돈의 유혹과 기타 욕심 때문에 열매를 맺지 못하는 모습이다. 이들은 말씀이 심령에 심겨져서 구원의 반열에 올려졌다 하더라도 아직도 유혹의 욕심을 따라 썩어져가는 구습을 좇는 옛 사람의 모습에 치우쳐서 하나님보다 물질에 더 안정감을 두기 때문에 늘 두려움, 근심, 걱정에 빠져 있다.

그리고 좋은 땅에 떨어진 씨는 무성하게 30배, 60배, 100배의 결실을 맺는다. 이러한 자는 어떠한 말씀이든지 감사함으로 받아서 믿음의 순종을 통해 주님께서 기뻐하시는 열매를 맺는다. 마가복음 4장을 통하여 이렇게 예수님께서는 씨 뿌리는 자의 비유를 통하여 네 종류의 사람들이 있음을 우리에게 말씀하신다.

한편 예수님께서는 마가복음 7장을 통해서는 "모든 악한 것이 다 속에서 나와서 사람을 더럽게 하느니라"라고 하시면서 각 사람 안에 길가, 돌밭, 가시떨기밭의 모습이 그대로 다 있다고 암시하신다. 각 사람의 자아는 모든 부정적인 모습을 다 내포하고 있기에 그 모습들을 언제든지 드러낼 수 있는 것이다.

그리스도인들은 예수님과 함께 옛 자아를 못 박았고 또한 부활로 연합된 새 영이 하늘 보좌에 앉혀졌으며 그 새 영 안에 성령을 모셔들인 자들이다. 그러나 아직 썩어질 육신을 입고 있기 때문에 그 육신 속에 죽은 옛 자아의 습관도 여전히 가지고 있다. 모든 그리스도인들의 각각의 영혼 속엔 길가, 돌밭, 가시떨기밭의 모습이라는 죽은 옛 자아와 함께 좋은 땅이라는 새 자아가 동시에 있다.

예수님을 이미 구주로 모셔들였는데 어떻게 그리스도인들 속에 말씀을 절대로 받아들이지 않는 길가밭 같은 마음이 여전히 존재하는가 반문할 수도 있다. 그런데 생각해보라. 예수님을 구주로 믿고 영적인 생명을 얻긴 했으나 우리 안에는 여전히 옛 자아의 습관이 있으므로 늘 보고 싶은 것만 보고 듣고 싶은 것만 듣고자 하는 연약함이 있다. 즉, 하나님의 모든 말씀을 다 순수하게 받아들이지 못하고 여전히 자아의 굳은 마음으로 어떠한 말씀들에 대해서는 마음을 굳게 닫아두고 있을 수 있다는 것이다. 아무리 성숙한 주의 자녀라도 완전치 못하므로 아직도 듣고 싶은 말씀만 듣고 듣기 거북한 말씀은 듣지 않으려 하는 자아가 있음을 본다.

여전히 모든 그리스도인들 속에 길가밭의 상태가 존재한다면 하물며 우리 속에 돌밭과 같은 마음과 가시떨기밭과 같은 마음이 없겠는가? 늘 우리는 말씀을 기쁨으로 받았다가도 오히려 그 말씀 때문에 어려움을 당하게 되면 '왜 내게 이런 일이 자꾸 일어납니까?'라고 하나님을 원망하며 금방 넘어지기도 한다. 아직도 온전히 하나님을 신뢰하지 못하여 눈에 보이는 것들을 더 의지하려고 하고 욕심으로 인하여 두려움과 근심, 걱정과 염려 가운데 빠지기도 한다.

각각의 그리스도인의 마음속에 있는 길가밭, 돌밭, 가시떨기밭들은 반드시 매일 새롭게 기경되어야 한다. 그래서 예수님께서는 날마다 옛 자아를 부인하고 자기 십자가를 지고 주님을 따르라고 하셨다. 바울은 죄의 법을 따르는 옛 자아와 하나님의 법을 따르는 새 자아로 표현을 했고(롬 7:21-23), 구습을 좇는 옛 사람을 벗어버리고 오직 심령으로 새롭게 되어 새 사람을 입으라고 했다(엡 4:22-24). 날마다 구습을 좇는 옛 사람을 벗어버리는 자아 부인의 삶은 말씀으로 생각을 태워 뇌 속의 밭을 기경하는 것으로부터 출발한다.

우리의 말과 행동을 결정짓는 것은 뇌의 명령의 결과이다. 그러므로 우리의 옛 사람에 물든 뇌의 신경세포들을 날마다 말씀으로 어떻게 기경하는가에 따라 우리의 삶이 결정된다. 실제로 우리의 뇌는 밭과 같다. 우리의 뇌 속에는 천억 개나 되는 뉴런들이 있는데 각각의 뉴런들은 나무와 같이 생겼다. 이런 의미에서 우리 뇌는 천 억 그루의 뉴런 나무들이 있는 밭인 것이다. 우리의 새 자아(새 생명)라는 좋은 땅 속에 생명의 씨가 잘 심겨져서 열매를 맺기 위해서는, 옛 자아에 물든 뇌 속의 길가, 돌밭, 가시떨기밭과 같은 태도를 불러일으키는 뉴런 나무들의 밭이 흔들려지고 태워져서 기경되어야 하는 것이다.

그래서 뇌라는 밭이 기경되어지기 위해서는 성령께서 광풍으로 역사하셔야 한다. 길가, 돌밭, 가시떨기밭이라는 태도의 고정관념으로만 살고 싶어 하는 옛 자아는 성령께서 보내시는 광풍으로 흔들려야 한다. 성령께서 그 옛 자아에 물든 수많은 고정관념의 뉴런 나무를 마구 흔드셔야 한다. 그래야 새로운 삶으로 나아갈 수 있는 것이다.

또한 뇌의 밭이 기경되기 위해서는 성령께서 불로 역사하셔야 한다. 길가, 돌밭, 가시떨기밭이라는 태도를 불러내는 뉴런 나무들 밭이 태워져야 한다. 우리의 뇌 속에 화전농법이 적용되어야 한다. 몇 년 동안 같은 땅에서 지속적으로 농사를 지으면 농작물의 수확이 감소한다. 그 땅을 살리기 위해서는 땅에 불을 붙여서 불에 탄 풀과 나무의 재를 비료로 이용한다. 그렇듯이 우리 뇌 속에 옛 자아로 사용되어졌던 수많은 신경세포의 나무들로 인해 형성되어 있는 길가, 돌밭, 가시떨기밭의 태도를 고집하게 되면 점점 영적인 생명력을 잃어가게 된다. 옛 자아의 뇌의 밭을 살리기 위해서는 성령께서 그 뇌의 길가, 돌밭, 가시떨기밭에 불로 역사하셔야 한다. 성령께서 그 밭을 태우시면 그 재들이 영적 생명의 비료로 사용되어지도록 해야 한다.

성령께서 불과 광풍으로 역사하실 수 있는 비밀은 바로 말씀 선포의 삶에 있다. 성경은 성령의 감동으로 된 하나님의 말씀이다. 그러므로 성령의 불과 바람의 역사를 체험하는 비결은 성경의 글말을 입말로 바꾸어 암송으로 선포하며 성령님을 예배하는 것이다. 그리스도인들이 자신들의 옛 자아에 물든 뇌 속의 뉴런 나무들을 흔들며 태우는 태도로 성경의 글말을 입말로 암송하여 선포하며 성령님을 예배할 때 성령님께서 우리 뇌 속의 옛 자아의 뉴런들을 태우시고 흔드실 것이다.

성경의 글말을 입말로 암송으로 선포할 때 성령께서 불과 광풍으로 역사하시는 동시에 생수의 강으로 역사하신다. 그래서 새 자아에 길들여지기 시작한 뉴런 나무들이 자라는 좋은 땅에 말씀으로 물을 대시는 것이다. 그래서 새 자아에 훈련되기 시작한 좋은 땅이라는 뉴런 나무들이 무럭무럭 자라 줄기와 가지들이 더 생성되며 잎사귀를 내고 꽃을 피우고 열매를 맺게 되는 것이다.

뇌 속의 각각의 뉴런 나뭇가지들은 생각이 기록되는 곳이다. 어떠한 생각을 새롭게 하면 새로운 뉴런 나뭇가지가 생겨난다. 그래서 뉴런을 생각의 나무라고도 한다. 그리고 어떠한 말을 많이 반복하여 소리 내어 암송하면 그 뉴런의 생각의 나뭇가지는 더욱 튼튼해진다. 하나님의 생각인 성경말씀을 계속 소리 내어 암송으로 선포할 때 옛 자아에 물들었던 내 생각의 뉴런 나뭇가지들은 흔들리고 태워지며 기경됨과 동시에 새 뉴런의 나뭇가지에 하나님의 말씀이 저장된다. 그런 식으로 계속하면 옛 생명의 뉴런들은 태워지고 새로운 뉴런들 속에 하나님의 말씀이 저장되어 그러한 뉴런들이 점점 많아져서 옥토로 변화되어가고 그 옥토에 계속 말씀의 씨가 떨어져서 자라 30배, 60배, 100배의 무성한 열매를 맺게 된다.

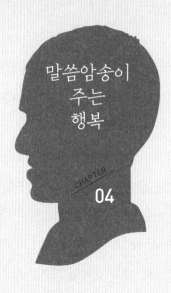

말씀암송이
주는
행복

CHAPTER
04

말씀에 견고히 세워진 영

컴퓨터와 스마트폰 같은 모바일 기기 사용이 잦은 현대인들의 등과 목이 많이 굽어 있다. 바르지 못한 자세는 어깨 뭉침, 몸과 눈의 피로, 두통 및 허리나 목 디스크의 원인이 되기도 한다. 어느 날 소셜 네트워크(SNS)에 목과 등을 펴는 방법으로 '하루 5분 벽에 기대 서기'라는 정보가 떴다. 하루 5분 투자로 자세를 교정할 수 있다는 내용이었다. 단 5분 동안 머리, 어깨, 등, 엉덩이, 발뒤꿈치를 벽에 밀착시키는데 허리와 벽 사이에 손바닥이 들어갈 정도의 공간을 만들어주는 것이다. 그 자세가 몸에 적응되면 그대로 유지하며 걷는다. 그리고 하루일과를 수행하면서 수시로 벽에 기대어 보면서 자세를 자주 체크해보는 것이다. 언제 어디서나 할 수 있고 돈 들지 않는 간단한 방법이라고 했다.

나는 그 정보에 대한 신뢰심이 생겨 당장 집에서 시도해 보았다. 그런데 5분이라는 시간이 상당히 길게 느껴졌고 등과 허리 부분에 통증이 느껴졌다. 그리고 5분 뒤에 벽에 기대었던 자세로 걸어보니 많이 어색했다. 고작 5분 동안 벽에 기대어 서 있었는데 등과 허리에 통증이 있었다는 것과 벽에 기대어 섰던 자세로 걷기를 시도했을 때 무척 어색했다는 것은 분명히 자세가 바르지 못하다는 사실을 말해준다. 5분 동안 벽에 서 있었던 것만으로도 몸의 상태가 정확히 진단되자 자연스레 계속해야겠다는 결심이 생겼다. 그리고 2주 넘게 매일 5분을 투자하고 하루일과 중 수시로 자세를 점검하기 위해 벽에 기대어 서보는 노력을 했다. 그러자 통증이 사라지는 것을 느꼈고 몸의 변화를 통해 생각의 변화를 체험했으며 영적인 깨달음을 얻게 되었다.

첫째로 크게 느껴진 변화는 허리가 편해진 것이었다. 수십 년 동안 머리와 등이 앞쪽으로 굽은 자세로 걸었기에 머리와 상체가 앞으로 쏠린 만큼의 무게를 허리가 버겁게 감당하고 있었던 것이다. 그런데 등과 목을 곧게 하늘을 향하여 펴게 되므로 허리에 하중이 덜 가게 되는 것을 감각적으로 느낄 수 있었다.

둘째로 생각의 변화가 왔다. 그동안 등과 머리가 약간 숙여진 상태에서는 눈의 시선이 바로 앞쪽의 땅을 바라보며 걷는 자세였다. 그런데 벽에 기대었던 상태 그대로 걷다 보니 턱이 들려 있게 되고 시선은 먼 곳을 바라보게 되었다. 시선이 상향 조정된 만큼 이전에 보이던 환경이 약간 다른 환경으로 보이는 것을 느끼게 되었다. 처음으로 키높이 구두를 신었을 때처럼 내 시선이 달라지니 세상도 달라 보였다.

나의 고정관념이 강할수록 새로운 세상을 경험하기 힘들다. 그러나 계속해서 내 생각의 패턴과 습관을 버리고 시선을 보다 높이, 보다 멀리 바라보는 것이 매일 새로운 삶을 개척해나가는 것이라는 깨달음이 왔다. 그리고 등과 목이 펴지다 보니 자연스레 어깨와 가슴도 펴지게 되어 당당한 자세로 걷게 되었고, 덩달아 마음도 담대해지고 밝고 환해지는 것을 느꼈다.

셋째로 말씀과 성령에 의한 영적인 변화이다. 몸이 펴지고 곧아져서 자세도 좋아지고 허리도 좋아지고 만성적인 두통도 사라지고 마음도 밝고 환하고 담대해지는 것은 너무나 중요하다. 그러나 더 나아가서 몸의 균형과 마음의 새로움을 통해 우리의 영이 날로 더 새로워져야 한다. 영이 날로 새로워지기 위해서는 날마다 새 포도주로 역사하시고자 하는 성령님을 더 경배하고 사랑해야 한다. 그런데 성령님을 경배하고 사랑하는 가장 확실하고 강력한 방법은 성령께서 쓰신 성경이라는 벽(기준)에 서는 것이다. 그것은 성경을 소리 내어 읽고 선포하며 완전한 진리이신 성령님을 예배하는 것이다. 성경이라는 벽(기준)에 설 때 우리는 자칫 잘못하면 율법의 조문에 묶일 위험성이 있다. 왜냐하면 율법의 조문은 죽이는 것이며 영이 살리는 것이라고 했기 때문이다. 살리는 것은 글자가 아니라 글을 소리 내어 선포하는 말이다.

건축자들은 건물의 벽을 세울 때 벽이 수직이 되도록 하기 위해서 다림줄을 사용한다. 다림줄은 줄에 추를 달아놓은 것이다. 그러나 땅을 향하여 수직으로 늘어뜨려진 다림줄을 기준 삼아 벽을 세운다 해도 건축자들은 완전히 수직인 벽을 세우지 못한다. 인간의 한계 때문이다. 근사치일 뿐이지 수직으로 정확하게 벽을 만들 수 없는 것이 인간의 실존이다.

이와 같이 성경은 다림줄과 같다. 우리는 성경이라는 다림줄에 날마다 수직으로 서보아야 한다. 그러나 우리는 우리의 능력으로 성경이라는 다림줄에 온전히 설 수가 없다. 오직 믿음으로 서야 한다. 믿음으로 서기 위해서는 우선 쓰여진 글씨를 소리 내야 한다. 왜냐하면 성경은 글로 쓰여지기 전에 하나님의 음성을 듣고 쓴 것이기 때문이다.

그리고 내 생각을 태우며 자아를 비우는 목적으로 서야 한다. 우리가 성령님께서 쓰신 성경을 소리 내며 생각을 태우며 성령님을 예배할 때에 성령께서 우리를 온전히 세우신다. 우리를 성경이라는 진리 안에 서게 하시는 분은 성령님이시다.

내 힘으로 다림줄인 성경에 서고자 하면 성경이 우리를 속박할 수도 있다. 율법은 장래 오실 그리스도의 그림자이며(골 2:17) 믿음이 오기 전에 모든 사람들이 율법 아래에 매인 바 되어 계시될 믿음의 때까지 그 율법 안에 갇혔었다. 어렸을 때에 이 세상 초등학문 아래에 있어서 종노릇하였는데 때가 차매 하나님께서 그 아들을 율법 아래에 나게 하신 것은 율법 아래에 있는 자들을 속량하시고 아들의 명분을 얻게 하려 하심이었다(갈 3:23-4:5).

그러면 율법이 하나님의 약속들을 거스르는가? 결코 그렇지 않다. 율법은 우리를 그리스도께로 인도하는 초등교사이다(갈 3:21,24). 우리가 그리스도의 영에게로 인도되려면 말씀이라는 기준에 서야 하는데, 구체적인 방법은 성경을 눈으로만 읽지 말고 소리 내어 선포하는 것이다.

"무엇이든지 밖에서 사람에게로 들어가는 것은 능히 사람을 더럽게 하지 못하되 사람 안에서 나오는 것이 사람을 더럽게 하는 것이니라 하시고 … 속에서 곧 사람의 마음에서 나오는 것은 악한 생각 곧 음란과 도둑질과 살인과 간음과 탐욕과 악독과 속임과 음탕과 질투와 비방과 교만과 우매함이니 이 모든 악한 것이 다 속에서 나와서 사람을 더럽게 하느니라"(막 7:15,16, 21-23).

예수님이 직접 하신 말씀이다. 다윗이 밧세바를 범하여 더러워진 것은 밖에서 들어간 것으로 인하여 더러워진 것이 아니다. 다윗 안에서 나오는 마음이 더럽게 한 것이다. 그런데 더러운 마음의 근본은 그 마음속에 있는 영의 문제이다. 그래서 다윗은 가장 궁극적인 소원, 오직 성령을 거두지 말아달라는 요청을 드리기 위해서 정직한 영을 새롭게 해달라고 했다. 다윗은 성령께서 정직한 영과 함께하시는 것을 알고 그렇게 구한 것이다.

"하나님이여 내 속에 정한 마음을 창조하시고 내 안에 정직한 영을 새롭게 하소서"(시 51:10).

다윗이 표현한 '정직한 영'에서 '정직한'에 해당하는 히브리어는 '쿤'인데 그 뜻은 '세워지다, 정렬시키다, 견고하다'라는 뜻이다. 율법이라는 뜻으로 알려져 있는 토라는 원래 '하나님의 입에서 나온 지시사항'이라는 뜻인데 그 원어적 의미는 '과녁에 정확히 맞추다'이다. 다윗은 간음하지 말라는 하나님의 지시사항이라는 과녁을 맞추지 못해서 쓰러진 것이다. 그래서 그는 하나님의 말씀이라는 과녁에 그의 영이 다시 정조준되어 정렬(쿤)되기를 원했다.

그런데 다윗은 영이 정렬되기를 원한다는 소원에 앞서서 다음과 같이 고백했다.

"무릇 나는 내 죄과를 아오니 내 죄가 항상 내 앞에 있나이다 … 내가 죄악 중에서 출생하였음이여 어머니가 죄 중에서 나를 잉태하였나이다"(시 51:3,5).

다윗은 아담이 범죄한 후 모든 사람이 죄 중에 태어나는 것임을 알았다. 그는 인간은 죄인으로 태어나기 때문에 누구도 예외 없이 영적 허리와 등이 아주 조금이라도 굽은 존재라는 것을 알았다. 그래서 하나님이 계신 하늘 보좌를 향하여 완벽히 똑바로 정조준하여 서 있지 못한 존재임을 알고 그가 하늘 위를 향하여 정렬되어 견고히 세워지기를 간구했다. 그런데 그것은 자신의 노력으로 할 수 있는 것이 아니고 주의 영으로 말미암는 것이기에 그는 성령을 거두지 말아달라고 간곡히 청하였다.

다윗은 하나님의 영을 붙잡는 가장 확실한 비결은 여호와의 율법을 소리 내어 선포하며 자신의 생각을 계속해서 태우며 성령을 예배하는 것임을 알았다. 그래서 시편 1편 1,2절에 복 있는 사람은 여호와의 율법을 즐거워하여 그의 율법을 주야로 묵상하는(소리 내는) 자라고 고백한 것이다. 글씨(로고스)는 죽어 있다. 성경 글씨는 소리 내어 선포하며 성령님을 찬양할 때 레마로 살아난다. 성령은 움직이시는 영이시기 때문이다. 다윗은 그것을 확실히 알고 있었다.

제한속도 안에서의 자유

크루즈 기능이 장착되어 있는 차종이 있다. 크루즈 기능은 속도제어장치인데 원하는 속도에 고정을 해놓으면 발로 가속페달을 조작하는 수고를 하지 않아도 된다. 나는 장거리운전 시 고속도로 상에서 이 장치를 즐겨 사용한다. 속도제한 법규에 맞추어 안전하고 편안히 운행할 수 있기 때문이다. 다른 차량들과 거리가 좁혀지는 상황 속에서도 손가락으로 크루즈 기능을 잘 사용하면 발을 거의 사용하지 않고 긴 거리를 아주 안전하고 편안하게 운행할 수 있다.

고속도로에서 크루즈 기능을 사용하여 제한속도 안에서 편안하게 운전할 때 제한속도를 위반하며 내 차를 추월하는 차들을 많이 본다. 제한속도를 무시하며 마구 달리는 차들은 고속도로 곳곳에 숨어 있는 교통경찰들과 단속카메라를 만나게 되면 급히 속도를 줄이고 경찰과 단속카메라 지역을 벗어나면 다시 무서운 속도로 달려간다. 때로는 고속도로를 지나가다보면 방금 나를 추월한 차량이 갓길에 서 있는 것을 보기도 한다. 경찰의 단속에 걸린 것이다.

속도제한 법규를 무시하고 마음껏 달리는 것이 과연 자유를 누리는 것일까? 아니다. 자신이 원하는 속도로 운전하기 위해서 끊임없이 가속페달을 조작해야 하는 번거로움과 스피드를 즐기고는 있지만 위험한 속도로 달려서 사고가 날지도 모른다는 불안감이 마음속에 자리잡고 있다. 그리고 언제 어디선가 단속카메라와 교통경찰을 만날지 모른다는 긴장감을 늘 품고 있는 것이다. 결국 자기 마음대로 움직이려고 하나 그 마음속엔 정작 자유가 없다.

반면에 장거리를 크루즈 기능을 사용하여 제한속도에 맞추어놓으면 카메라나 교통경찰을 만날 걱정도 없어지고 사고에 대한 두려움도 없어지며, 긴 시간 동안 수많은 발 조작의 번거로움도 거의 없어진다. 나는 크루즈 기능을 사용하여 그것들을 체험하면서 하나님께서 우리에게 허락하시는 자유가 무엇인지 생각해보게 되었다.

하나님의 계명을 무시하고 자신이 주인 노릇하며 마음대로 움직이는 것이 죄이다. 하나님의 기준인 계명을 무시하고 자신의 마음대로 사는 자는 모든 상황 속에서 계속 잔머리를 굴려야 하므로 마음의 안식이 있을 수가 없다. 그리고 자기 마음대로 사는 죄 가운데 있는 자는 마음속에 본능적으로 죄의 결과인 사망과 심판에 대한 두려움을 가지고 있다. 그러한 불안감과 두려움을 잊거나 없애기 위해 하나님의 생명이 아닌 다른 것으로 채우려고 하면 할수록 더 자유하지 못하게 된다.

진정한 자유는 계명 안에 있다. 이것은 단순히 법을 지킬 때에만 안전하다는 것을 말하는 것이 아니다. 율법의 행위로 의롭다 함을 얻을 수 없다(롬 3:20). 계명 안에 있어야 자유할 수 있다는 것은 계명을 주시는 하나님의 생명 안에 있어야 한다는 것이다. 하나님의 생명, 생명을 주시는 영이신 성령 안에 거하는 자는 자유함 가운데 있다. 주의 영이 계신 곳에는 자유함이 있기 때문이다(고후 3:17). 성령은 진리의 영이시다. 성령님은 진리로 우리를 이끄신다. 그 진리 안에 있을 때 우리는 진리가 우리를 자유케 하는 체험을 하는 것이다. 즉, 그냥 돌에 새긴 법이 아니고 잉크로 쓴 법이 아니며 생명의 성령의 법 안에 있을 때에 진정으로 자유 가운데 거하는 것이다(고후 3:3, 롬 8:2).

그런데 성령께서 주시는 생명의 성령의 법 안에 있기 위해서는 성령께서 쓰신 성경이라는 기준에 서 있어야 한다. 그 성경을 소리 내어 선포하며 성령님을 예배할 때 성령께서는 선포되어지는 성경을 레마로 들려주신다. 그 레마 안에 있을 때 진정한 자유함 안에 있는 것이다.

아이들을 두 그룹으로 나눠서 실험을 했는데 한 그룹은 울타리가 없는 넓은 들판에서 마음껏 뛰어놀도록 어떤 제약도 주지 않았다. 그러나 아이들은 어느 곳이 안전지대인지 알지 못해서 더 넓은 곳으로 나가지 못하고 그 넓은 들판의 일부에서만 놀았다. 다른 그룹은 주변에 높고 단단한 울타리를 쳐 놓은 곳에서 놀게 했다. 그 아이들은 울타리를 발로 차고 손으로 밀고 타고 올라가 보았는데 울타리가 매우 견고한 것을 확신하고는 울타리 안의 전 지역에서 마음껏 놀았다.

계명은 하나님께서 우리를 지키시고 완전한 자유를 주시려고 계획하신 사랑의 울타리이다. 하나님의 계명 안에 있다는 것은 속박 안에 있다는 것이 아니다. 계명을 주신 그분의 생명 안에 있게 되어 그분 안에 있는 모든 것을 누릴 수 있는 무한한 자유를 받았음을 말한다. 그러나 계명을 자신의 능력으로 지키려 하는 자는 그 계명에 얽매이게 된다. 그 계명을 지키는 것은 오직 성령의 능력으로만 가능하다. 그래서 성령의 세례를 받아야 한다. 성령 안에 잠겨야 하는 것이다. 물과 피와 성령은 하나이다(요일 5:6-8). 물세례의 의미는 물속에 그리스도와 함께 잠기는 것, 곧 죽음의 연합을 의미한다. 피는 그리스도의 죽음으로서 그 죽음에 연합되는 것을 말한다. 성령세례도 성령 안에 잠기는 것을 말한다.

성령께 온전히 잠기기 위해 성령께서 주시는 레마를 받아야 한다. 레마를 받으려면 기록된 성경을 소리 내어 선포하며 생각을 계속해서 태우며 성령님을 예배해야 한다. 말씀을 선포하여 성령님을 예배하는 만큼 성령 안에 잠기게 되고, 성령께서 이끄시는 계명 안에 거하게 되어 온전한 자유를 누리게 되는 것이다.

말씀의 고수가 되라

우리의 삶은 영적 전쟁의 연속이다. 하나님께서 우리를 구원하시기 위해서 아들을 보내신 이유 중 하나는 마귀의 일을 멸하려 하시기 위함이다(요일 3:8). 그래서 우리는 매 순간마다 벌어지는 마귀와의 싸움에서 승리하는 '영적 싸움의 고수'가 되어야 한다. 하지만 우리는 스스로의 힘으로 마귀를 이길 수 없다. 마귀를 쫓아내어 승리할 수 있는 유일한 도구는 말씀이다. 그러므로 우리는 마귀를 대적하여 이기기 위해서 말씀의 고수가 되어야 한다. 말씀의 고수가 되는 것을 무술의 고수가 되는 것에 비유하면 쉽게 이해할 수 있다.

무술의 고수가 되기 위해서는 첫째로 기초체력을 기르는 훈련이 필요하다. 기초체력이 없으면 아무리 훌륭한 기술을 가지고 있어도 금방 지쳐서 지구력이 센 자에게 반드시 패배하게 된다. 그리고 기초체력이 없으면 아무리 좋은 기술을 가지고 있어도 그 기술에 힘이 뒷받침되지 못해 파괴력이 적을 수밖에 없다. 기초체력은 모든 무술과 운동의 기본이다. 기초체력을 키우는 운동에는 달리기, 팔굽혀펴기, 윗몸 일으키기, 물구나무서기, 아령과 덤벨 들어올리기 등이 있다.

둘째로 무술 기술 동작에 대한 훈련이다. 여러 가지 다양한 무술 동작을 훈련함으로써 여러 다양한 포지션 속에서도 기술을 발휘하여 적을 쓰러뜨릴 수 있게 된다.

기초체력 훈련과 무술동작 훈련에 있어서 중요한 공통점이 있다. 그것은 같은 동작을 무한 반복하는 것이다. 유도 선수가 업어치기 동작 및 각각의 공격기술을 수도 없이 반복하고, 태권도 선수도 지르기, 치기, 찌르기, 차기, 꺾기, 넘기기 등 공격기술을 수없이 반복한다. 기초체력 훈련과 무술동작의 반복 횟수만큼 기술은 더 숙련되고 파괴력은 더 커지기 마련이다.

그렇다면 말씀의 고수가 되기 위해서는 어떻게 해야 할까? 먼저 질문을 하나 하겠다. 성경을 눈으로만 읽거나 쓰기만 하는 자와 소리 내어 읽고 암송하는 자 중 누가 더 말씀의 고수가 될 가능성이 많을까? 두말할 나위 없이 성경을 소리 내어 읽으며 말씀을 암송하는 자일 것이다. 그래서 다윗이 복 있는 자가 여호와의 율법을 즐거워하여 주야로 하가(소리를 내다)하는 자라고 한 것이다.

악한 영과의 영적전투에서 승리하기 위해서 반드시 말씀의 고수가 되어야 한다. 이것은 선택이 아니라 필수이다. 말씀의 고수가 되기 위해서는 성경말씀을 무한 반복하여 읽고 암송해야 한다. 성경을 소리 내어 읽고 암송하는 반복의 횟수가 많을수록 그 말씀은 머리뿐 아니라 입술과 혀와 몸에 각인된다. 마귀가 몸(질병, 사고), 혼(생각), 영적 공격 등 어떠한 모양으로 달려들어도 각인된 말씀으로 모든 궤계를 능히 소멸시킬 수 있다. 왜냐하면 마귀의 공격 표적인 생각(혼)을 부인하는 차원으로 말씀(영)을 몸(입술, 혀, 표정, 몸짓)으로 무한 반복하며 기도했던 훈련의 양만큼 말씀의 고수가 되었기 때문이다.

김성철 목사님은 최근 7년 동안 골방에서 맥체인 성경 읽기로 말씀선포 생활만 했다. 김 목사님은 앞서 소개했듯이 연세대에서 영문학을 전공하시고 미국에서 연극학 박사 학위를 받았다. 언어에 남다른 재능이 있어서 7년 동안 맥체인 성경 읽기표에 의하여 히브리어, 헬라어, 영어, 불어, 한국어 등 5개 언어로 번갈아 말씀을 선포하시며 선포한 말씀을 연구하는 삶을 7년 동안 살아오셨다. 그런데 김 목사님은 연극하신 분답게 성경 읽기를 할 때에 반드시 소리를 내어 드라마틱하게 연극대사 톤으로 선포하며 읽는다. 나도 1997년부터 지금까지 뉴욕의 전도자와 중보기도자로 본격적으로 비전을 이루는 중에도 맨해튼과 브루클린에서 사역하는 시간을 제외하고는 성경을 드라마틱하게 소리 내어 암송하는 것에 집중하고 있다. 그러면서 성경을 소리 내어 읽고 암송하는 반복의 횟수가 많아질수록 영적인 근육과 영적인 싸움의 기술이 점점 더 늘어가는 것을 체험한다.

시도 때도 없이 암송하라

나에게 생긴 좋은 영적 습관 중 하나가 있다. 혼자 있는 대부분의 시간에 계속 성경을 암송하는 일이다. 억지로나 의무감에서가 아니라 어느덧 말씀이 너무 좋아져서 그런 습관이 생겼다. 내 결심으로 이루어진 것이 아니라 성령께서 자연스럽게 나의 체질을 바꿔주신 것이다. 전에는 집회를 인도하고 집으로 돌아갈 때 설교로 에너지를 많이 쏟았기에 아무 생각 없이 쉼을 갖는 것이 더 좋았다. 그런데 이제는 집회를 마치고도 성경을 암송하며 집으로 돌아가며 더 많은 영의 안식을 누린다.

나는 권별 암송으로는 마가복음, 갈라디아서, 에베소서, 빌립보서, 골로새서, 베드로전서, 야고보서까지 7권의 책을 차례대로 암송하고 있다. 그리고 주제별로는 십자가의 도에 대한 말씀들 160구절, 성령에 관한 말씀들 150구절, 요한복음 17장을 암송하고 있다. 미국 내 다른 주, 한국 또는 다른 나라 방문 사역이 없을 때에는 집에서 늘 위에 적은 순서대로 말씀을 암송하며 성령님을 예배한다. 전체 암송 분량을 세 등분으로 나누어서 하루에 최소한 3, 4시간씩 암송기도를 하고 있다. 누굴 만나러 간다든지 다른 곳으로 집회를 하러 간다든지 빈 시간에는 암송할 순서에 해당하는 성경을 암송하며 집을 출발한다.

가령 마가복음을 암송할 차례라면 집을 출발하면서 차를 타고 가면서 마가복음을 1장부터 차례로 암송하는 것이다. 그러다가 누구를 만나게 되거나 집회 장소에 도착하게 되면 암송이 어느 부분에서 멈추게 된다. 그러면 신기하게도 바로 직전에 암송하던 내용이 만남 속에 그대로 레마로 누려지는 것을 체험하게 된다. 집회에 임하는 경우에는 바로 직전에 암송하던 내용이 교회나 단체에 이미 정해진 본문과 주제와 정확히 일치되는 것을 체험하곤 한다. 또한 만나는 대상의 간증이나 삶의 나눔이 방금 전에 암송하던 구절들과 일치되는 것을 경험하기도 한다. 나는 그것을 경험하면서 다윗이 왜 여호와의 율법을 즐거워하여 그 율법을 주야로 소리를 내는 자가 복이 있는 자라고 말했는지를 어렴풋이 알게 되었다.

다윗이 양을 돌보며 창세기를 1장부터 암송하다가 "하나님이 자기 형상 곧 하나님의 형상대로 사람을 창조하시되 남자와 여자를 창조하시고 하나님이 그들에게 복을 주시며 하나님이 그들에게 이르시되 생육하고 번성하여 땅에 충만하라, 땅을 정복하라, 바다의 물고기와 하늘의 새와 땅에 움직이는 모든 생물을 다스리라 하시니라"(창 1:27,28)를 암송하고 있을 때 사자나 곰이 나타나 양을 물어 가려는 모습을 봤을 수 있다. 그때 다윗은 방금 전에 '그들에게 복을 주시며 이르시되 모든 생물을 다스리라'라는 부분을 암송하며 여호와 하나님을 바라보고 있었으므로 바로 그 상황은 결코 우연이 아니라는 것을 직감적으로 알게 된다. 그리고 그 상황이 금방 선포하던 말씀을 그대로 경험케 하시는 하나님께서 연출하신 장면이라고 믿을 수 있게 되어, 믿음으로 담대히 나아가 사자를 쓰러뜨리고 양을 구출할 수 있었을 가능성이 있다.

또한 다윗은 창세기를 순서대로 계속 암송하던 중 50장에 이르러 "당신들은 나를 해하려 하였으나 하나님은 그것을 선으로 바꾸사 오늘과 같이 많은 백성의 생명을 구원하게 하시려 하셨나니"(창 50:20)라는 말씀에 이르렀을 때에 사울을 엔게디 동굴에서 만나게 되어 그를 죽이지 않고 보내게 되는 경험을 했을 수 있다.

물론 다윗을 비롯한 수많은 성경 속의 믿음의 선진들은 성경을 암송하는 데에 통달했으므로 어떤 상황이 벌어질 때에 상황에 맞는 말씀들을 금방 연상해내어 그 말씀을 실천하여 승리하는 삶을 살 수 있었을 것이다. 군이 그렇게 상황에 딱 맞는 말씀을 찾아내지 못했을지라도 평소에 성경을 늘 암송하며 성경 속에 나타난 하나님의 성품과 섭리를 믿고 알고 있었으므로 그 하나님의 이름과 성품과 섭리에 맞는 선택을 하며 승리할 수 있었을 것이다.

복 있는 사람은 여호와의 율법을 즐거워한다. 그래서 주야로, 시도 때도 없이, 항상 그 율법을 소리 내어 암송하는 자이다. 그래서 삶에서 수시로 암송하며 주님을 예배하는 가운데 겪는 여러 일들 속에 말씀이 그대로 적용되는 삶을 살게 되어 초자연적으로 늘 함께하시는 하나님을 체험하게 되어 항상 주님이 주시는 은혜와 평강 가운데 거하게 되어 진정 복 있는 삶을 살게 된다. 말씀은 우리가 억지로 살아내는 것이 아니다. 말씀을 주야로 소리 내어 암송하는 자는 그 말씀 안에 살게 된다.

큰 믿음은 언제 생기게 되는 것일까? 바로 자신이 여호와 하나님을 찬양하고 있었던 바로 그 순간에 그 말씀과 정확히 맞아떨어지는 일을 경험하게 될 때이다. 그때 인간의 보이는 시간 속에서 보이지 않는 하나님께서 늘 말씀 가운데 함께하고 계신다는 믿음이 더 크게 생긴다. 이것이 바로 인간의 크로노스 시간 속에서 보이지 않는 세계의 카이로스의 일들을 나타내시는 하나님을 경험하는 것이다. 나처럼 모든 성도 중 가장 작은 자요, 죄인 중의 괴수인 자도 암송하던 구절들이 바로 그 삶의 현장과 일치하는 것을 체험하는 일이 비일비재한데, 수많은 초자연적인 일들을 일반적으로 경험하던 성경의 믿음의 선진들은 주야로 묵상하던 말씀과 정확히 일치되는 일들을 체험하는 기적을 얼마나 많이 경험했겠는가?

나는 2015년 1,2월에 한국 방문 도중, 이러한 경험을 집중적으로 많이 했다. 그로부터 수개월이 지나면서 그런 경험을 하는 것이 오히려 일반적인 평범한 모습이 되기에 이르렀다.

그중에 한 가지 에피소드를 나누겠다.

나는 4월 27일 시드니 순복음교회 집회를 마치고 뉴질랜드행 비행기에 올라타서 창가 쪽에 앉게 되었다. 그런데 내 옆에 복도 쪽에 호주인 백인이 앉게 되었다. 우리는 앉자마자 서로 인사를 나누었다. 그가 내게 물었다.

"어느 나라에서 오셨어요?"

"뉴욕에서 왔어요. 국적은 한국인이죠."

"휴가신가요?"

"아니요. 저는 선교사입니다."

"여러 나라를 많이 다녀요? 이슬람 국가들도요?"

"예. 이스라엘, 요르단, 이집트 그리고 중국, 일본, 유럽 등 모든 나라가 제 사역지입니다. 아, 그런데 한국전쟁 때 호주와 뉴질랜드도 참전하셨죠? 그 전에는 한국에 선교사들도 보내주셨습니다. 감사합니다. 그래서 제가 예수님을 믿게 되고 또한 예수님을 세계만방에 전하고 다니게 되었습니다."

"와우, 그렇습니까?"

"제 이름은 요엘(내 영어 이름)입니다. 당신은요?"

"저는 아브라함이에요."

"와우, 놀라운 이름을 가지셨군요. 그런데 예수님을 믿으시나요?"

"끊었어요."

"아하, 영적으로 방학 중이시군요. 저도 사실은 세 살 때부터 교회를 다니기 시작했으나 이십 대에 10년 동안 교회를 다니면서도 신앙적으로 방황을 많이 했습니다. 아! 그리고 보니 성경상으로 볼 때 저 요엘은 당신 아브라함의 후손이에요. (후손인 내가 아빠인 아브라함을 향해 말한다.) 아빠, 하나님께로 돌아오세요. 하나님께서 부르고 계셔요."

"허허허"(그는 너털웃음을 웃었다).

그때 마침 내 좌석의 스크린 화면에 〈The Book of Life 생명의 책〉라는 영화 제목이 눈에 띄었다. 나는 그 제목을 손가락으로 가리키며 아브라함에게 말했다.

"이 영화 제목은 아브라함 당신을 위한 것입니다. 이것은 우연이 아닙니다."

"아네요. 그건 저와 상관없으니 당신을 위한 거예요. 하하하!"

"전 이미 성경을 사랑해요. 그런데 당신은 성경을 떠났잖아요. 그러니 생명의 책으로 돌아오라는 하나님의 음성이에요."

여전히 그는 너털웃음으로 응수했다. 그러면서 자신의 스크린을 터치해가면서 무슨 영화를 볼지 찾고 있었다. 그러다가 볼 만한 영화를 찾은 듯하더니 말했다.

"10달러? 비싸네요."

대한항공과는 달리 에어뉴질랜드는 비행기 내 영화 감상이 유료였다. 그때 나는 내 스크린에서 〈EXODUS: GodS and Kings출애굽기:신들과 왕들〉라는 제목이 눈에 띄었고 그것을 가리키며 아브라함에게 말했다.

"이거 보세요."

그가 보려고 찾은 영화도 마침 그 영화였다.

"엑소더스는 성경의 두 번째 책 출애굽기예요. 하나님께서 이스라엘 백성을 애굽에서 불러내어 아브라함에게 주리라 약속했던 땅으로 가게 하시는 내용의 책이죠. 아브라함, 당신에게 주리라 한 땅이 있습니다. 하나님께로 돌아오세요. 저는 한국에서 책 세 권을 집필한 저자이기도 합니다. 저는 여행 중에 겪은 에피소드를 기록해두었다가 책에 옮기는 경우가 많습니다. 저는 아브라함, 당신을 만난 이야기를 반드시 제 책에 쓸 겁니다."

"와우! 좋네요."

"괜찮으시다면 당신 사진을 좀 찍어도 되겠습니까? 당신을 위해 기도하려고 합니다. 내 페이스북에 친구들이 많습니다. 그들과 함께 당신을 위해 기도할 겁니다. 성경에 의인의 기도는 역사하는 바가 크다고 했습니다. 아브라함, 당신이 하나님께 돌아올 것을 나는 확신합니다. 오늘 당신을 만난 스토리가 너무 재미있어서 나는 그것을 확신할 수 있습니다. 하나님께서 당신을 사랑하십니다."

대화를 마친 아브라함은 영화에 푹 빠져들어가고 있었다. 비행기 창밖에는 구름이 가득했는데 주의 영광으로 가득 찬 것 같았다. 나는 기도했다.

'주님, 옆에 있는 이 아브라함에게 영광으로 임하소서!'

그를 위해 기도하고 나니, 아침에 호텔에서 기상하고 나서부터 갈라디아서 1장부터 암송기도를 시작했던 것이 생각났다. 그리고 공항까지 데려다주신 시드니 순복음교회 김범석 목사님과 함께 대화를 나누다가 아쉬운 작별을 하고 게이트 안으로 들어가면서부터 암송을 계속 진행하다가 갈라디아서 2장 뒷부분을 암송하던 중에 비행기를 타게 되었다. 출애굽 영화를 보고 있는 옆에 앉은 아브라함을 의식하며 갈라디아서 3장으로 넘어가 암송하게 되면서 벌써부터 내 속에서는 영이 춤추기 시작하는 것이 느껴졌다. 왜냐하면 갈라디아서 3장에는 6절부터 아브라함의 스토리가 나올 것을 이미 알고 있었기 때문이다. 아브라함과 대화를 마치자마자 불과 1분쯤 뒤에 나의 암송기도는 다음과 같이 이어졌다.

"아브라함이 하나님을 믿으매 그것을 그에게 의로 정하셨다 함과 같으니라 그런즉 믿음으로 말미암은 자들은 아브라함의 자손인 줄 알지어다 또 하나님이 이방을 믿음으로 말미암아 의로 정하실 것을 성경이 미리 알고 먼저 아브라함에게 복음을 전하되 모든 이방인이 너로 말미암아 복을 받으리라 하였느니라 그러므로 믿음으로 말미암은 자는 믿음이 있는 아브라함과 함께 복을 받느니라"(갈 3:6-9).

올해 초부터 성경암송을 통해 하나님을 바라보며 예배하는 습관이 몸에 익혀지기 시작하면서 어디를 가든지 틈나는 대로 성경을 무시로 중얼중얼하며 암송하면서 바로 암송하던 성경의 내용과 정확히 일치하는 순간을 많이 체험해 오던 나는 이것이 하나님께서 호주인 아브라함을 부르시는 사랑의 음성임을 확신했다. 그래서 아브라함에게 다시 말을 건넸다.

"저는 시드니에서부터 여기까지 오는 동안 신약성경 갈라디아서를 암송하면서 왔습니다. 그런데 당신과 대화를 끝내자마자 갈라디아서 암송을 계속 이어가기 시작했는데 바로 3장에 아브라함 이야기가 나옵니다. 이것은 우연이 아니라 당신을 부르시는 하나님의 음성입니다."

그렇게 말하며 "아브라함이 하나님을 믿으매 그것을 그에게 의로 정하셨다 함과 같으니라"라는 갈라디아서 3장 6절을 보여주었다.

대화를 시작할 때부터 나의 표현들을 벽처럼 튕겨내듯 너털웃음만 보이던 그의 표정은 수그러들었고 처음으로 진지한 표정이 보였다. 그리고 그는 내게 조금 다른 톤으로 대화를 이어갔다.

"뉴질랜드에는 얼마나 머물 계획이십니까?"

"3일 동안 머뭅니다. 그 후 호주 서남쪽 퍼스로 가서 여러 교회에서 복음을 전하다가 다시 시드니로 와서 한 교회에서 복음을 전하고 한국으로 가서 보름, 베이징에서 일주일, 다시 한국에서 일주일 그리고 6월 2일에 뉴욕으로 돌아갑니다."

"와우! 놀랍군요."

"더 놀라운 것을 말씀드릴까요? 페이스 미션(Faith Mission)이라고 들어보셨나요? 이것은 자비량 사역인데, 생계유지를 위한 돈벌이에 관심이 없고 그냥 하나님의 일을 하면서 하나님께서 직접 공급해 주시는 것을 체험하는 삶이죠. 신약성경 마태복음 6장 33절에 '그런즉 너희는 먼저 그의 나라와 그의 의를 구하라 그리하면 이 모든 것을 너희에게 더하시리라'라고 말씀하셨습니다. 여기서 말하는 모든 것은 먹을 것과 마실 것, 입을 것 등 이 땅을 살아가면서 기본적으로 필요한 모든 것들을 말합니다. 하나님의 일을 믿음으로 하면 그 보이는 모든 것들은 하나님께서 다 채워주시는 것을 체험하고 있습니다. 저와 제 아내는 생계를 위해 다른 일은 하지 않습니다."

"종교는 좋은 것입니다."

그의 표현은 아직 예수 그리스도의 복음이 무엇인지 모르는 표현이기는 하였으나 영적인 세계에 대해 마음이 열렸음을 알 수 있었다.

"기독교는 종교가 아닙니다. 종교는 죄로부터 구속을 위하여 인간의 행위를 요구합니다. 그러나 기독교에서 말하는 복음은 하나님께서 그 구원의 길을 우리에게 직접 공급하신다는 것입니다. 당신이 만약 하나님께 '나를 사랑하는 것을 증명해주세요!'라고 요청한다면 하나님께서는 바로 십자가를 가리키실 것입니다. 당신을 위한 하나님 사랑의 최고의 표현은 바로 십자가입니다. 모든 사람이 죄를 범하였으매 하나님의 영광에서 떨어졌으며 죄의 값은 죽음이고 사람이 죽는 것은 정해진 것인데 죽음 뒤에는 심판이 있습니다. 그러나 심판에 놓인 우리를 위해 하나님께서 사람이 되셨습니다. 그분이 바로 예수님이십니다.

예수님이 우리를 위해 죽으심으로 우리의 죄의 대가를 다 지불하셨습니다. 그리고 그는 3일 만에 부활하셨고 하늘로 오르셔서 보좌에서 성령을 보내셨습니다. 회개하시고 예수님을 구주로 모셔들이십시오. 그러면 흑암의 권세에서 건짐받아 구원을 받고 하나님의 자녀가 되는 것입니다. 아브라함, 오늘 지금 하나님께서 나와 당신과의 만남을 통하여 강하게 터치하시는 것입니다. 오늘 이 영화를 보고 나서 집으로 가면 구약의 두 번째 책인 출애굽기를 꼭 읽어보면 좋겠습니다. 내가 한국에서부터 전도자의 삶을 살게 된 지 18년째인데 오늘 당신을 만나서 만들어진 전도 스토리는 가장 놀라운 스토리 중 하나입니다."

"어쨌든 감사합니다."

그의 태도는 처음과는 달리 아주 숙연해져 있었다. 성령께서 그에게 생수의 강을 부으셔서 하나님이 약속하신 땅으로 들어오게 되는 역사가 있기를 기도한다.

성경암송기도의 능력

2015년 4월 24일에 호주 땅을 처음으로 밟게 되었는데 그것은 호주 서남쪽에 위치한 도시에 거주하시는 장 집사님이라는 분의 헌신에 의한 것이었다. 장 집사님은 유튜브에 올라온 내 설교를 듣고 보좌에 앉혀진 신앙, 암송에 대해 강조하는 부분에 큰 감동을 받으셨다고 한다. 그리고 처음으로 암송을 시도하셨는데 평생 암송을 해 보지 않았던 터라 한 구절을 암송하는 것조차 너무나 힘들었다.

그래서 지나간 달력 뒷면에 한 성경구절을 여러 장 써서 천정, 벽, 문, 화장실 등에 붙여 놓았다. 바로 누워도 보이고 옆으로 돌아누워도 보이고 일어나도 보이고 어딜 가도 말씀이 보이도록 붙여놓고 볼 때마다 큰 소리로 읽으며 암송을 시도해서 4개월이 걸려서 한 구절을 암송하게 되었다. 그런데 4개월이 걸려서 포기하지 않고 한 구절을 암송하고 난 뒤에는 암송이 쉽게 잘되는 것을 경험했다. 또한 암송을 통하여 시력도 밝아지고 영적인 힘도 생겼으며 미래를 향한 새로운 비전도 보게 되었다.

장 집사님이 강아지를 데리고 산책을 하며 암송을 즐기던 어느 날, 내가 호주 땅에 와서 보좌에 앉혀진 신앙과 암송에 대해 선포하는 비전을 본 것이다. 장 집사님은 그때부터 주님의 뜻이라면 지용훈 목사를 초청할 수 있는 환경을 여시리라는 믿음으로 계속 기도를 했다. 그리고 결국 주님께서 환경을 열어주셔서 나를 시드니 및 퍼스의 여러 교회를 연결하여 집회를 할 수 있도록 해주셨다.

호주 시드니 집회와 뉴질랜드 집회를 마치고 퍼스에 도착하여 장 집사님과 공항에서 기쁨의 첫 만남을 가졌다. 차를 타고 가는 중 장 집사님은 여러 간증을 나눠주셨는데 그중에서 암송과 관련된 간증이 아주 감동적이었다.

장 집사님이 어느 날 잠을 자다가 얼굴이 너무 가려워서 잠이 깼는데 아무리 긁어도 낫지 않고 얼음찜질을 해도 낫지 않아서 울고 싶어졌다. "주님, 얼굴 가려운 것을 낫게 해주세요"라고 기도를 했는데 그래도 낫지 않았다. 그런데 갑자기 암송구절이 입에서 튀어나왔다. 시편 23편이었다. "여호와는 나의 목자시니 내가 부족함이 없으리로다…"라고 암송하는 순간 감쪽같이 가려운 증상이 사라져버리고 잠이 잘 왔다. 이 부분에 대한 의문을 갖고 장 집사님이 질문했다.

"가려운 증상을 고쳐달라고 기도했는데 안 낫고 암송을 했더니 나았어요. 도대체 암송과 기도가 어떻게 다른 거죠?"

그 질문에 나는 다음과 같이 대답했다.

"바로 말씀암송 선포가 진정한 주의 뜻을 구하는 기도입니다. 문제가 생겼을 때 우리는 우선 내 소원을 이루어달라고 하나님께 하소연하게 되는데 문제가 생긴 순간에 우리가 먼저 취해야 될 태도는 내 소원과 생각을 빨리 태우고 먼저 주님을 인정하고 찬양하는 것입니다. 잠언 3장 6절은 '너는 범사에 그를 인정하라 그리하면 네 길을 지도하시리라'라고 말하고 있습니다. 하나님의 응답은 하나님의 때와 관련이 깊어요. 장 집사님께서 간지러움을 해결해달라는 요청을 하셨을 때 그 요청은 바로 이루어지지 않았는데, 그것은 '아직 아니다'라는 응답이었습니다.

그러다가 간지러움증이 고쳐지지 않았음에도 불구하고 집사님께서는 '여호와는 나의 목자시니 내가 부족함이 없으리로다'라고 성경을 암송하여 선포하심으로써 순간적으로 자신의 생각을 태우고 주님을 인정하신 것입니다. 분명히 간지러움증은 신체의 부족함의 현상이었음에도 집사님은 여호와께서 목자 되시므로 부족함이 없다며 자신의 생각을 태우고 주님의 주권을 인정해드리자 주님께서는 즉시로 간지러움증을 고쳐주신 것입니다. 말씀암송 선포야말로 진정한 기도입니다. 기도의 정의는 내 뜻을 태우며 주의 뜻을 구하며 선포하는 것이기 때문입니다."

4월 24일부터 5월 4일까지 호주 시드니, 뉴질랜드 오클랜드 그리고 다시 호주의 퍼스, 맨두라, 번버리 등 여러 지역에서 하늘 보좌에 앉혀진 신앙과 암송기도의 능력에 대해 선포하고 떠나는 날 장 집사님은 또 한 가지를 질문하셨다.

"어제 성경구절을 하나 더 암송을 하면서 그 말씀을 주제로 하나님께 고백한 것이 있습니다. 내가 암송한 구절은 시편 126편 1절 '여호와께서 시온의 포로를 돌려보내실 때에 우리는 꿈꾸는 것 같았도다'라는 말씀이었습니다. 그 말씀을 계속 암송하다가 무슨 뜻일까 궁금해서 성경해설을 참조했더니 바벨론으로 포로로 잡혀갔던 이스라엘이 귀환한 것을 노래하는 시였습니다. 그래서 나는 이스라엘을 포로생활에서 귀환하게 하신 주님을 찬양했고 또한 그 구절을 호주의 상황에 맞게 적용하여 기도했습니다.

'지 목사님을 통하여 온전한 복음을 선포케 하시고 그 말씀을 들은 영혼들이 얽매였던 것에서 벗어나 주님 품으로 돌아온 것을 생각하니 제가 꿈꾸는 것 같습니다. 하나님께서 제게 보좌의 신앙과 암송의 중요성을 깨닫게 하시고 비전을 주신 대로 오세아니아 땅에 지 목사님을 오게 하시어 보좌의 신앙과 암송기도의 능력을 선포하게 하심으로 그 메시지를 들은 영혼들이 마귀와 세상과 율법의 포로에서 벗어나 주님의 보좌로 돌아오게 된 줄 믿습니다.'

이렇게 말씀을 적용하여 선포하는 것이 맞는지요?"

나는 장 집사님의 질문에 다음과 같이 대답했다.

"정말 잘하신 것 같습니다. 말씀을 암송하며 주님께 집중하다가 그 말씀의 의미를 이해하고 그 이해에 맞게 주님이 행하신 일을 찬양하였으며 그것을 현재의 장 집사님과 호주의 상황에 맞게 적용하여 선포하시고 고백하셨습니다. 정말 성령께서 장 집사님을 놀랍게 인도하시는군요. 할렐루야!"

이해보다 왜 암송을 먼저 해야 하는가

어떤 청년이 "우선 암송하십시오. 나중에 이해하십시오"라는 내 강의를 듣고 이렇게 말했다.

"저는 이제 예수님을 믿은 지 몇 년밖에 안 되었습니다. 그리고 논리적으로 이해가 안 가면 넘어가지 못합니다. 우선 암송하고 나중에 이해하라는 것이 이해가 안 갑니다."

이 질문은 성경이라는 책을 오해하고 있기 때문에 생기는 의문이다. 성경은 이해를 위하여 주어진 책이기 이전에, 우리의 이해를 초월하는 하나님에 대한 믿음을 위해 주어진 책이다. 그래서 성경을 통하여 믿음을 얻기 위해서는 공부가 먼저가 아니다. 성경을 가지고 창조주 하나님께 우선 기도하며 예배해야 한다. 성경으로 기도하며 예배할 때 꼭 이해해야 예배할 수 있는 것이 아니다. 성경을 그저 단순하게 반복하여 소리 내어 읽고 암송하며 주님을 예배할 수 있다.

사람들은 이해가 되면 믿을 수 있다고 생각한다. 그러나 그것은 지식으로 아는 데 멈출 수 있다. 반드시 믿음이 따라오지 않을 수 있다. 하나님은 인간의 이해나 지혜로 알 수 있는 분이 아니다. 믿음은 단순히 들을 때 생겨난다. 들음은 그리스도의 말씀으로 말미암았다.

"그러므로 믿음은 들음에서 나며 들음은 그리스도의 말씀으로 말미암았느니라"(롬 10:17).

그래서 단순한 방법으로 반복하여 암송으로 기도하며 예배할 때 다 이해하지 못해도 믿음이 생긴다. 또 이해한다고 다 순종할 수 있는 것도 아니다. 아무리 이해를 해도 순종하기는 어렵다. 그러나 이해는 안 가도 믿음이 생긴 자는 그 말씀을 순종하게 된다.

성경을 단순하게 반복하여 읽고 암송하는 것이 우리의 이해를 초월하는 창조주 하나님께 기도하고 찬양하며 경배하는 행위이다. 그렇게 되면 나도 모르는 사이에 창조주 하나님에 대한 믿음이 생기게 된다. 그리고 그 믿음 안에서 암송된 말씀을 계속 되뇌이며 진리의 영이신 성령님께 그 말씀에 대하여 질문할 수 있다. 그러면서 서서히 성경을 공부해나가는 것이 바람직하다.

우리의 이성은 죄로 말미암아 완전 부패했기 때문에 하나님을 우리의 부패된 이성으로 믿을 수가 없다.

"만물보다 거짓되고 심히 부패한 것은 마음이라 누가 능히 이를 알리요마는"(렘 17:9).

그러므로 성경을 소리 내어 읽고 무한 반복하여 암송하며 창조주 하나님을 예배할 때 믿음이 생긴다. 그리고 그 믿음을 통하여 이성이 말씀으로 씻어지게 되어 그 씻겨지는 이성으로 성경을 이해해나갈 수 있는 것이다. 다시 말하면 우선순위의 문제이며 균형의 문제이다.

탈무드에서는 성경을 우선 암송하고 나중에 이해하라고 가르친다. 이것은 신명기에서 비롯된 사상이다. 하나님께서는 말씀을 마음에 우선 암송으로 새기게 될 때 주의 음성을 듣게 되고 지켜 행하게 된다는 것을 강조하셨다. 보이지 않는 초월자 하나님에 대한 믿음을 얻기 위하여 예배와 기도를 위한 성경 읽기와 암송을 먼저 하고 공부를 위한 성경 읽기는 나중에 하는 것이 영적 성장의 균형을 이루는 좋은 방법이다.

성경암송 신앙에 대해 전하고 다닐 때 반응이 가장 미지근한 분들이 있다. 굳이 암송하지 않고도 좋은 사역을 이뤄내고 있는 지도자들이다. 그 분들의 태도는 마치 이렇게 말하고 있는 것 같다.

'굳이 암송할 필요가 있는가? 나는 성경을 이미 많이 알고 이해하고 있고 사역을 잘하고 있지 않은가? 성경암송은 여러 좋은 방법들 가운데 하나이지 않은가?'

그런 분들에게 나는 이렇게 권면하고 싶다.

"혹시 하나님을 더 사랑하고 싶은 마음이 있으십니까? 그렇다면 성경암송기도를 하시기를 권면합니다."

하나님을 사랑하는 것은 말씀을 사랑하는 것이다. 하나님을 사랑하는 구체적인 표현인 말씀을 사랑하는 방법에 대하여 하나님께서 직접 모세에게 '내 말을 마음에 새기라'고 명령하셨다.

"너는 마음을 다하고 뜻을 다하고 힘을 다하여 네 하나님 여호와를 사랑하라 오늘 내가 네게 명하는 이 말씀을 너는 마음에 새기고"(신 6:5,6).

모세는 하나님께 들은 말씀을 그대로 전하고 있다. 모세는 '하나님을 사랑하라'는 마음 자세를 말한 뒤에 실제적으로 하나님을 사랑하는 모습으로서 '말씀을 새기라'고 말하고 있다.

우리는 사랑하는 사람의 얼굴을 마음에 새기고 떠올리며 그리워한다. 하나님의 얼굴을 본 자는 없다. 그런데 하나님의 얼굴을 볼 수 있는 방법이 있다. 그것은 하나님이 어떤 분이신지 그려놓은 성경을 통해서다. 하나님의 말씀을 마음에 암송으로 새겨넣을 때 우리는 그 하나님의 말씀을 늘 떠올리며 하나님의 얼굴을 그려보며 사랑할 수 있는 것이다.

단순 반복 암송의 목적과 유익

많은 구절을 빨리 잘 암송하는 것이 중요한 것이 아니다. 만약 많은 구절을 잘 암송하는 자가 더 거룩한 삶을 살 수 있다고 주장한다면 그 가르침은 복음적이지 않다. 율법적 강조일 수 있다.

성경암송의 목적이 무엇인가가 더 중요하다. 평생, 주님께서 가르쳐주신 '주기도'만 암송으로 기도해도 충분히 거룩한 삶을 살 수 있다. 왜냐하면 거룩한 삶을 살도록 하시는 분이 성령님이시므로 단한 구절을 암송해서라도 성령님께 온전히 집중하면 아버지의 뜻 가운데로 인도받는다.

단순하게 수없이 반복한 나의 성경암송의 목적은 성령님에 대한 전폭적인 사랑의 표현이며 예배였다. 즉, 내가 창세전에 하늘 기쁨의 동산에서 하나님과 함께 있었던 것을 누리게 하시는 성령님에 대한 사랑의 표현이었다. 창세전에 그리스도 안에서 나를 선택하신 것을 이루시기 위하여 그리스도께서 이 땅에 오셔서 죽으시고 부활하시고 승천하여 보좌에 앉으신 의미를 알게 하시고 누리게 하시는 성령님에 대한 예배의 표현이었다.

그리스도를 믿는 믿음(요 17:21)을 주시는 성령님, 그 믿음을 통하여 그리스도와 함께 내 옛 생명은 이미 죽었고, 부활하여 하늘 보좌에 앉혀졌다는 것을 누리게 하시는 성령님을 바라보며 주의 얼굴만을 구하는 친밀한 기도와 예배였던 것이다(고후 3:18, 시 27:4).

예수님의 약속대로 내가 예수님과 함께 죽고 부활하여 보좌에 앉혀졌음을 알게 하시기 위해서 우주를 창조하신 아버지와 아들의 영이 내 안에 오셨기에 더 이상 다른 것을 구할 필요가 없었다(요한복음 14장). 그래서 성령님만 사랑하면 되겠다는 것을 깨닫고, 성령님만을 바라보는 기도가 1997년부터 시작된 것이다.

그런데 9년 동안 기도가 더 깊이 들어가지 못하고 제자리에 맴돌다가 성경암송 단순 반복이라는 방법으로 인도된 것이다. 성령님을 바라보는 성경암송 단순 반복의 기도를 할 때에 얻어지는 가장 큰 유익이 있다. 그것은 성경을 단순하게 반복하여 암송하며 성령님을 예배하는 만큼 상대적으로 옛 자아가 잘 보이게 되는 것이다. 성령께서는 아들을 계시하시는 분이시며(요 15:26) 십자가가 무엇인지 알게 하시는 분이므로 십자가와 아들이 계시되어지는 만큼 십자가에서 자아가 더 잘 보이게 된다.

한 구절을 수없이 반복하며 암송할 때 나는 내 옛 자아가 얼마나 확실하게 잘 보이는지 알게 되었다. 율법으로는 죄를 깨닫게 된다는 말씀이 무엇인지를 알 것 같았다(롬 3:20). 특히 성령님을 바라보며 예배하기 위하여 성령님께서 쓰신 성경을 소리 내어 무한 반복하며 암송할 때에는 내 옛 자아의 여러 가지 모습들을 많이 발견하게 된다.

생명의 말씀을 암송하면서도 금방 싫증을 내고 있는 자아, 반복 암송하며 성령님을 예배하면서도 '이렇게 무식하게 반복을 많이 해서 무슨 소용이 있겠는가?'라고 회의적인 마음을 품는 자아, 성경을 반복 암송하는 신앙을 다른 사람들에게 자랑하고 싶어 하는 자아, 여러 성경을 통째로 암송하고 있는 나를 근사하게 생각하는 교만한 자아, 그러한 내적 교만을 볼 수 있는 겸손이 있다고 생각하는 더 깊은 교만의 자아, 어느덧 문득 미래에 대하여 불안해하고 과거의 실수에 대해 아쉬워하며 현재 당면한 문제를 걱정하고 있는 자아, 세상 방황의 시절을 추억하며 즐거워하는 자아 등 수많은 옛 자아의 모습을 발견하게 된다.

그러한 옛 자아가 발견되는 순간은 절망에 빠지는 것이 당연하다(롬 7:24). 주님과 함께 보좌에 앉혀진 가장 큰 기쁨 속에서 그 기쁨을 누리게 하시는 성령님을 예배하다가 갑자기 그러한 옛 자아가 발견이 되는 순간 소스라치게 놀라게 된다.

그러나 절망에 빠진 순간 나는 그 절망스러운 내가 그리스도와 함께 죽었음을 믿어버리고 절망의 생각을 태우고 주와 함께 부활하여 보좌에 앉혀졌다는 것을 믿어버린다. 옛 자아가 보이면 보일수록 그것이 죽었다고 믿음으로 처리해버리고 보좌에서 주의 영광 안으로 더욱 깊이 믿음을 가지고 예배로 진입하게 될 수 있는 것이다. 오직 믿음으로….

아론의 147대 후손을 통해 확증된 성경암송

한 구절을 단순하게 반복적으로 암송하여 생각을 태우는 나의 보좌의 예배가 바로 아론의 집안에서 3,500년 동안 대대로 이어져 내려오는 방법과 같은 것이었다는 사실을 최근에 《테필린》이라는 책을 통해서 알게 되었다. 그 책의 저자 김형종 박사는 캘리포니아 코헨대학 부총장이며 그의 스승은 코헨대학의 총장인 게리 코헨인데 그가 바로 대제사장이었던 아론의 147대 직계 후손이며 예수님을 구주로 믿는 전통 유대인이다. 그가 자기 집안 대대로 내려오는 성경암송의 전통을 김형종 박사에게 전수한 것이다. 김형종 박사는 게리 코헨에게서 배운 것을 《테필린》을 통하여 그대로 전하고 있는데 그것을 잠깐 살펴보겠다.

유대인 자녀는 신명기 6장 4절부터 9절에 나와 있는 방법대로 그의 부모의 의지를 따라 성경을 암송한다. 그들은 토라, 즉 창세기, 출애굽기, 레위기, 민수기, 신명기 전체를 차례대로 암송한다. 저자의 스승인 코헨 박사도 13세 때에 토라는 물론 이사야 전체를 암송하여 바미쯔바 예식을 행했다고 한다. 특히 그는 구약성경의 대부분을 히브리어로 암송한다. 물론 13세 이전에 그의 부모에 의해서 훈련에 훈련을 거듭하여 거의 다 암송하게 되었다고 한다. 그는 대제사장 아론의 147대 손으로 대대로 대제사장의 집안이다. 그러므로 그의 부모는 자기 자녀에게 제사장의 집안으로 부끄럽지 않기 위해서 구약성경 전체를 외워야 하는 것을 당연한 것으로 알고 반복해서 외웠다고 한다. 그런데 신기한 것은 코헨 박사의 말에 따르면 자신이 4살 때 처음 외울 때는 창세기 1장 1절 한 절을 외우는 데 며칠이 걸려서 겨우 암송할 수 있었다고 한다. 그런 훈련은 창세기 10장까지 계속해서 외우는 속도가 진척이 없었는데, 10장을 넘어갈 때부터 암기 속도가 배가하고 날이 갈수록 그 암송시간이 단축되더니 창세기 50장까지 외우고 출애굽기를 외울 때는 자신의 뇌가 암기할 수 있는 구조로 바뀌는 것을 느꼈고, 그 후부터 암송하는 속도는 급속하게 빨라졌는데 대부분 3번 부모가 읽어주면 자신도 모르는 사이에 암기가 되어지는 것을 경험했다고 한다. 그는 구약의 대부분을 몇 번 읽지 않고도 암송할 수 있는 지혜를 하나님이 성경암송 훈련을 통해서 주셨다고 몇 번이나 강조했다("6장 테필린, 하나님이 가르친 성경암송 사례" 중 '코헨 박사의 성경암송 훈련'에서 인용).

하나님께서 출애굽한 이스라엘 백성에게 모세를 통하여 시내산에서 토라를 주셨다. 모세는 가나안 땅에 들어가기 직전에 그 말씀을 다시 한 번 상기시켰다.

"너는 마음을 다하고 뜻을 다하고 힘을 다하여 네 하나님 여호와를 사랑하라 오늘 내가 네게 명하는 이 말씀을 너는 마음에 새기고 네 자녀에게 부지런히 가르치며 집에 앉았을 때에든지 길을 갈 때에든지 누워 있을 때에든지 일어날 때에든지 이 말씀을 강론할 것이며 너는 또 그것을 네 손목에 매어 기호를 삼으며 네 미간에 붙여 표로 삼고 또 네 집 문설주와 바깥문에 기록할지니라"(신 6:5-9).

이 구절을 대할 때 '아하, 성경암송은 자녀교육용이구나!'라고 이해하면 안 된다. 이 구절들을 잘 보면, '내가 네게 명하는 이 말씀을 너는 마음에 새기고, 어디에 있든지 이 말씀을 강론할 것이며(히브리어로 '다바르', '소리 내어 말하다'라는 뜻) 손목에 매고 미간에 붙이고 문설주와 바깥문에 기록할지니라'라고 부모에게 명령하신 것이다. 부모가 먼저 그렇게 하고 그것을 자녀에게 가르치라는 것이었다. 모세를 비롯하여 아론의 집안에서는 "마음에 새기라"는 의미는 송곳으로 돌에 새기듯이 하나님의 말씀을 마음에 새기라는 뜻으로서 말씀을 그대로 암송하라는 의미로 받아들였다. 그리고 그것을 대대로 전수했던 것이며 그것을 아론의 147대 후손인 게리 코헨이 전하고 있는 것이다.

나는 그것을 전혀 모른 채 2006년 9월에 요한복음 14장 16절 말씀을 약 두 시간 동안 단순하게 반복하여 암송하기 시작했다. 계산을 해보니 두 시간 동안에 한 구절을 반복하여 암송한 횟수가 1,200번 정도 되었다. 그렇게 나는 신약성경에 나오는 성령구절들과 문단들을 암송하는 중에 점점 암송이 잘되는 것을 체험하면서 마가복음,

갈라디아서, 에베소서, 빌립보서, 골로새서, 베드로전서 등을 암송할 수 있었다. 성령께서 부족한 내게 역사하셔서 아론의 집안에서 대대로 이어져 내려오는 방법을 그대로 체험하게 하신 것이다.

하가, 후츠파 그리고 하브루타

유대인들은 모든 민족 위에 가장 뛰어난 민족으로 온 세계 위에 우뚝 서 있다. 그것은 바로 하가, 후츠파 그리고 하브루타 정신으로 인한 결과이다. 하가와 후츠파와 하브루타의 중요한 공통점이 있다. 그것은 반드시 말씀을 소리 내며 교제한다는 것이다. 하가는 말씀을 소리 내어 암송함으로 여호와 하나님과 교제하는 정신이고, 후츠파와 하브루타는 유대인들이 서로 말씀을 격렬히 소리 내어 토론하며 교제하는 방법이다.

가장 중요한 기초는 하가 정신에 있다. 하가는 시편 1편 2절에 나오는 묵상이라는 단어의 어원으로서 원래의 뜻은 '소리를 내다'이며 히브리인들은 하가라는 단어를 그냥 소리 내는 것이 아닌 암송으로 소리 내는 것으로 이해하고 있다. 하나님은 유대인들에게 '복 있는 자는 여호와의 율법을 즐거워하여 주야로 하가(소리를 내는)하는 도다'라고 하셨고, 내 계명을 새기고(신 6:6) 듣고 지켜 행하면 '모든 민족 위에 뛰어나게 하실 것이라'(신 28:1)고 약속하셨다. 유대인들은 그 약속의 말씀대로 여호와의 율법을 정기 기도 시간뿐 아니라 즐거이 밤낮으로 소리 내며 암송으로 예배하며 그 말씀을 지키려고 노력한 결과 그 말씀대로 이루어지는 놀라운 축복을 받았다. 물론 그들이 예수님을 메시아로 믿지 않은 약점은 가지고 있다. 하지만 유대인들이 이 땅에서 약속의 말씀대로 순종한 것에 대해서 하나님께서는 말씀대로 이루어지는 보상을 허락하셨다.

하나님께서 그 약속을 성취하시는 이유는 바로 신명기 28장 1절을 말씀하신 하나님께서 실제하시며 성경이 위대한 하나님의 말씀이라는 것을 나타내시고자 함이다. 성경은 하나님이 누구신지, 하나님께서 세상과 인간을 어떻게 창조하셨는지, 죄로 타락한 인간을 어떻게 구원하실 것인지에 대하여 말하고 있다. 창조와 구원의 신비, 즉 초자연적인 하늘의 지혜를 말해주는 성경을 암송으로 선포하며 하나님을 예배한 민족들이 모든 민족들 위에 뛰어난 민족이 되는 것은 어쩌면 당연한 결과일지 모른다.

후츠파는 '시건방진'이라는 뜻의 히브리어인데 유대인 랍비들은 학생들을 지도할 때 "너희가 랍비인 우리에게 질문을 하고 토론을 할 때 시건방지게 보일 정도로 따지며 논쟁을 하라. 랍비들의 생각에 무조건 반대하라"고 가르친다. 그래서 하나님의 말씀을 하가하며 여호와 하나님께 기도하며 깨닫게 된 것들을 랍비들에게 시건방져 보일 정도로 소리 내어 토론하는 문화를 통해 더욱더 창의적인 두뇌로 발달되는 것이다.

유대인들이 서로 격렬히 시끄러운 소리를 내며 토론하는 공부법 '하브루타'는 '짝을 지어 질문하고, 대화하며 토론하고 논쟁하는 것'을 의미한다. 유대인들은 각자가 모세오경을 하가하고 랍비들과 토론하여 알게 된 지식을 가지고 짝을 지어 서로 질문하고 토론하며 논쟁하는 것을 통해 두뇌를 더 예리하게 연마한다.

자신이 알게 된 것을 상대방에게 설명하며 논쟁할 때 말하고 있는 자신을 보고 있는 또 다른 내가 발견되어지는데 그것을 세상 학문에서는 메타인지라고 한다. 메타인지는 말하고 행동하는 '나'를 바라보는 또 다른 '나'라는 것이다. 즉, 상대방에게 말씀에 대하여 깨달은 바를 설명하며 상대방의 이론에 반박하듯 토론할 때 그 말하는 나를 바라보는 메타인지가 '아! 내가 아직 이것에 대해서 확실히 아는 게 아니구나'라고 인지한다.

자기가 깨닫게 된 말씀을 남에게 설명할 때에 내가 진짜로 알고 있는 것인지 아닌지 알게 된다. 머리에 담아두었다고 그것을 온전히 아는 것으로 착각하면 안 된다는 것을 하브루타를 하면서 깨닫게 된다. 그래서 유대인들은 자신의 머리에 담아둔 말씀에 대한 깨달음을 동료에게 설명하고 논쟁도 하면서 자신이 그 말씀을 다 아는 것으로 착각했던 생각을 태우는 것이다. 그래서 메타인지로 점검된 교만했던 자아를 말씀으로 태우며 창조주 하나님께 지혜를 구하는 가운데 그 두뇌가 더 창의적으로 발달되어진다.

나는 1997년 1월에 갈라디아서 2장 20절을 통해 십자가 연합의 진리를 처음으로 누리게 되기 시작하면서 제시 펜 루이스의 《십자가의 도》라는 책을 통해 받은 감동을 소그룹 멤버들에게 설명할 때 메타인지가 작동하는 것을 경험했다. 즉, 책을 읽으며 깨달은 감동과 내가 그것을 설명할 때 느껴지는 감동의 차이를 느낀 것이다. 불필요한 내용들을 덧붙이거나 중요한 내용들이 생략되어지거나 약간씩 변질된 표현으로 설명하는 내 자신을 보면서 '아, 내가 이것을 아직 확실히 아는 것이 아니구나. 완전히 내 것이 되도록 하려면 그 책을 수십 번을 읽어야 되겠구나'라고 다짐했던 기억이 난다.

그때 '완전히 내 것이라고 판단되어졌을 때에만 설명하는 일을 해야 하나?'라는 질문을 스스로에게 던졌다. 그러나 나는 포기하지 않았다. 왜냐하면 오히려 소그룹 리더의 자리에서 구성원들에게 깨달은 바를 계속 선포하는 것을 통해서 메타인지가 나를 점검하게 해주는 게 유익한 것이라고 생각했기 때문이다. 나는 그렇게 꾸준히 그 자리에서 계속 복음을 선포하는 사이에 《십자가의 도》라는 책을 읽는 횟수가 점점 늘어갔고 그 횟수가 늘어가는 만큼 어설프게 알고 있는 생각이 태워지면서 나의 표현이 점점 정확해지며 내가 표현하는 내용에 스스로 감동되어지는 순간을 자주 경험했다.

책을 읽은 횟수가 열 번이 넘게 되면서부터는 내용을 거의 암송하게 되었다. 그래서 그때부터는 그 책에서 깨닫고 강화된 것을 거의 정확하게 표현하게 되면서 그것과 더불어 암송된 성경이나 기타 다른 십자가의 도에 대한 설교들을 통해 배운 것들이 상합되기도 했다. 또한 내 스스로의 체험을 통해 깨닫게 된 것들이 복합적으로 조화를 이루면서 단지 그 책에만 국한되지 않고 새롭게 더 발전된 복음의 능력이 흘러나오는 것을 경험하게 되었다. 그리고 세월이 흘러나는 성경암송을 통해 내 생각을 태우며 자아를 어린아이와 같은 상태로 돌이키는 것이 성령님을 온전히 더 잘 바라볼 수 있는 방법임을 알게 되었다. 그러면서 말씀암송으로 기도하는 것이 메타인지와 긴밀한 관계에 있다는 것을 알게 되었다.

성경암송은 내 속에서 일어나는 하브루타를 경험하게 한다. 즉, 말씀을 입술로 선포하는 '나'와 말씀이 싫어서 격렬히 반발하려는 혼적 자아가 서로 하브루타하는 것이다. 입술로 말씀을 계속 암송으로 선포할 때에, 그 말씀을 통하여 내 안에 계시는 하나님께서 내 영에게 말하고 내 영이 혼적 자아를 다루는 것이다. 말씀을 암송으로 선포하면서 내 안에서 입술과 혼과 영이 서로 하브루타하는 것을 통하여 내 혼적 자아가 점점 더 태워진다. 그렇게 되면 나의 메타인지인 내 영은 하나님의 말씀이 암송된 만큼 더욱 성령의 검인 말씀으로 내 영과 혼 사이를 쪼갤 수 있게 된다.

즉, 입술(몸)로 암송되어지는 말씀(영)이 혼적 자아를 부인하며, 영과 혼 사이를 더욱 갈라놓아 영의 자유함을 주게 되어 주의 영이 계신 영의 자유함이 더욱 지배하는 상태로 점점 바뀌게 된다. 그런 식으로 암송하는 중에 어느 순간에 갑자기 선지식(옛 부대)으로부터가 아닌 하늘로부터 새로운 지혜가 새 부대에 부어지는 것 같은 체험을 하게 된다.

우리는 영적 존재이다. 기도는 영적인 호흡이다. 기도가 혼적 차원에 머물면 안 된다. 영의 기도로 나아가야 한다. 영의 기도는 방언으로 기도하는 것이다. 더 나아가서 정확하며 강력한 영의 기도는 말씀을 소리 내어 기도하는 것이다. 순전히 말씀으로 기도하라. 그러면 메타인지인 우리의 영을 하나님께서 다스리실 것이다. 그리고 그 메타인지인 영이 우리의 혼과 몸에게 하브루타하며 다스릴 것이다.

메타인지로 숨은 자아를 발견하다

인간은 영과 혼과 몸으로 이루어졌다. 인간의 영은 죄로 말미암아 영이신 하나님과의 관계가 단절됨으로써 죽었다. 우리의 영을 살리러 오신 예수님을 자신의 구주로 모셔들이지 않은 사람들의 영은 아직 죽은 상태이다. 그렇다면 그들에게 작용하는 메타인지는 무엇일까? 양심 정도로 이해하면 될 것 같다. 영이 죽어 있는 세상 사람들을 향한 하나님의 끈질긴 사랑이 있다. 바로 그들 속에 남겨둔 양심을 통해서 그들의 마음 문을 두드리는 사랑이다.

　자아가 주인 된 사람들이 자신의 메타인지로 자신을 잘 점검하는 삶을 극대화시킬 수 있다. 그러나 그럴수록 그 사람은 자신의 의지로 성공적인 삶을 이룸으로써 자신의 자아가 여전히 주인으로 군림하게 된다. 그래서 그리스도 예수를 주인으로 모셔들이기가 점점 더 힘들어질 가능성이 많다. 그래서 그리스도를 구주로 모셔들이지 않은 자의 메타인지 능력은 위험한 요소일 수 있다.

　세상 학문에서 메타인지라고 하는 것은 그리스도인들에게는 부활의 주님과 연합되어 살아난 새 영에 해당한다고 볼 수 있다. 즉, 우리의 혼(생각, 느낌, 의지)의 작용을 바라보고 있는 메타인지는 바로 우리의 영인 것이다. 메타인지인 영과 연결되어 있는 혼과 몸의 작용으로서 암송의 관계를 살펴보겠다. 우선 메타인지에 대한 진리와 연관된 표현이 성경에 나온다.

　"사람의 일을 사람의 속에 있는 영 외에 누가 알리요 이와 같이 하나님의 일도 하나님의 영 외에는 아무도 알지 못하느니라 우리가 세상의 영을 받지 아니하고 오직 하나님으로부터 온 영을 받았으니 이는 우리로 하여금 하나님께서 우리에게 은혜로 주신 것들을 알게 하려 하심이라 우리가 이것을 말하거니와 사람의 지혜가 가르친 말로 아니하고 오직 성령께서 가르치신 것으로 하니 영적인 일은 영적인 것으로 분별하느니라 육에 속한 사람은 하나님의 성령의 일들을 받지 아니하나니 이는 그것들이 그에게는 어리석게 보임이요, 또 그는 그것들을 알 수도 없나니 그러한 일은 영적으로 분별되기 때문이라 신령한 자는 모든 것을 판단하나 자기는 아무에게도 판단을 받지 아니하느니라 누가 주의 마음을 알아서 주를 가르치겠느냐 그러나 우리가 그리스도의 마음을 가졌느니라"(고전 2:11-16).

하나님께서는 바울을 통하여 "사람의 일을 사람의 속에 있는 영 외에 누가 알리요"라고 말씀하신다. 여기서 표현된 '사람의 영'에서의 '영'은 소문자 'spirit'으로서 인간의 영을 말한다. 즉, 사람 속에 있는 그 영이 사람의 일들을 안다는 것으로서 메타인지 차원을 말하고 있다. 그리스도 예수를 구주로 모셔들인 우리는 세상 학문의 메타인지 차원에서가 아니라 하나님께로부터 온 영으로 우리의 일들을 파악한다. 그것은 하나님의 은혜를 알게 하기 위함이다. 그래서 우리는 세상 학문과 사람의 지혜에 의해 영향을 받지 않고 오직 성령님의 가르침대로 영적인 것으로 분별한다.

세상의 육에 속한 사람들은 아무리 똑똑하고 훌륭한 지위에 있다 하더라도 하나님의 성령의 일을 받을 수 없다. 그들의 영은 죽어 있기 때문이다. 그래서 그들은 오히려 하나님의 성령으로부터 오는 것을 받는 우리를 어리석다고 판단한다. 그러나 신령한 우리는 모든 것을 알 수 있다. 모든 것의 모든 것 되신 아버지와 아들의 영, 진리의 성령께서 우리 안에 계시기 때문이다. 그분이 그리스도의 마음으로 우리 안에 계시기 때문이다.

더 나아가서 주와 합하는 자는 한 영이므로(고전 6:17) 우리의 영과 성령님은 완전히 하나이므로 우리 안에 있는 메타인지의 본질은 성령이시다. 그러므로 성령님은 하나님의 모든 것을 통달하시고 인간의 모든 것을 통달하셔서(롬 8:27) 인간의 영에게 말씀하시기 때문에 인간의 영이 인간의 모든 사정을 아는 것이다.

나는 성경을 암송할 때에 단 하나의 목적, 즉 생각을 태우며 자아를 어린아이와 같은 상태로 만들면서 오직 성령님만을 예배한다. 어린아이와 같은 상태로 만드는 이유는 만물보다 부패한 것이 인간의 마음(혼적 자아)이므로 그 혼적 자아를 태우며 가장 맑고 순수했던 상태로 돌이키는 것이다. 십자가를 지고 주님을 따르기 위해 기도 속에서 자아를 부인하는 것이다. 그 작업은 내 영, 혼, 육에 놀라운 효과를 준다.

나는 2015년 4월 22일에 비행기를 타고 뉴욕을 출발하여 호주로 향하면서 마가복음부터 시작하여 바울서신을 암송하고 있었다. 그런데 비행기의 소음이 너무 커서 성경을 암송하는 나의 목소리가 내 귀에 들리지 않아서 무척 답답했다. 그러다 보니 내 영과 혼의 하브루타가 잘 이루어지지 않았다. 그래서 나는 왼쪽 귀는 손으로 막고 고막 안쪽으로 성경을 암송하는 내 목소리를 들으며, 오른쪽 귓바퀴를 손으로 감싸서 입에서 나오는 목소리를 더 잘 들도록 노력하며 성경을 암송했다.

그러면서 바울서신과 베드로전서를 암송한 뒤 야고보서를 암송하기 시작하여 1장을 선포하는 중 26절 "누구든지 스스로 경건하다 생각하며 자기 혀를 재갈 물리지 아니하고 자기 마음을 속이면 이 사람의 경건은 헛것이라"라는 대목에서 메타인지와 성경암송에 대한 깨달음이 갑자기 쏟아졌다. 이것은 내가 암송하고 있는 구절을 내 생각으로 이해하려고 노력하는 차원에서가 아니라 오히려 생각을 태우며 어린아이와 같은 상태로 만드는 중에 별안간 깨달아진 것이므로 주님이 주신 것이라는 확신이 있었다. 이것이 바로 암송을 통하여 메타인지인 내 영이 내 혼과 몸에게 하브루타하는 유익이다.

그런데 그 깨달음이 온 구절이 바로 메타인지와 관련 있는 구절이라서 나는 더 놀랐다. '스스로 경건하다고 하면서 혀에 재갈을 먹이지 않으면 그 사람은 자신을 속이는 것이며 그 경건은 헛것이라'는 이 말씀은 침묵을 말하는 것 같다. 그런데 주님이 원하시는 침묵은 그냥 말하지 않는 침묵이 아니다. 생각이 잠잠한 것을 말한다. 그냥 입술만 닫고 있으면 오히려 생각은 더 번잡해진다. 그러나 오히려 입술을 움직여 말씀을 소리 내어 크게 암송하면 생각이 잠잠해지는 침묵을 경험한다. 말씀을 소리 내면서 의지적으로 모든 생각을 태우며 성령님만 예배하는 것이 좋은 침묵기도이다.

입술을 움직이지 않는 침묵은 소리 없이 자신의 생각에만 잠기게 되어 메타인지가 제로이거나 약할 수 있다. 그러나 말씀을 입술로 소리를 내면 그것이 입술과 혼과 영에서 하브루타의 효과가 이루어져서 생각은 잠잠해지고 메타인지(영)를 더욱 강화시키는 것이다. 입술의 말씀선포로 말미암아 강화되어지는 영으로 계속 떠오르는 생각을 더 잘 파악하게 되고 태울 수 있다. 입술로 말씀을 선포하는 가운데 우리가 완벽하게 아무 생각도 하지 않을 수는 없다. 그러나 수시로 떠오르며 반복적으로 찾아오는 두려움, 근심, 걱정, 염려, 짜증, 화, 분노 등의 근원의 생각이 무엇인지 그 메타인지 차원의 영이 파악하게 되고 그것을 태워버릴 수 있다.

주님은 "누구든지 나를 따라오려거든 자기를 부인하고 자기 십자가를 지고 나를 따를 것이니라"라고 말씀하셨다(마 16:24). 자아를 부인하는 것은 주님을 따르는 데에 있어서 핵심 요소이다. 그런데 자아를 내려놓기 위해서는 먼저 자신의 자아를 찾아야 한다. 자아를 내려놓고 싶은데 자아를 찾지 못하면 어떻게 내려놓을 수 있겠는가? 그렇다면 자아를 찾는다는 것은 무엇인가? 사람마다 죄된 자아의 본질은 같으나 각자의 자아들의 특징과 성향이 저마다 다르게 나타난다. 예를 들어 우월감, 열등감, 분노, 우울, 질투, 탐욕, 비방, 속임 등 사람들마다 특별한 어떤 특징만이 빈번히 강하게 드러날 수 있다.

몇 년 전 어느 날 고속도로를 달리고 있었는데 불안해하는 나 자신을 보았다. 내 메타인지인 영이 작동을 하기 시작했던 것 같다. 그래서 나는 성경을 암송하며 불안해하고 있는 생각을 계속 태웠는데 일정한 시간 간격을 두고 자꾸 불안한 마음이 생기는 것이었다. 그래도 계속 불안감을 내려놓는 말씀암송기도를 하던 중 어느 순간에 메타인지가 그 불안의 원인을 발견하게 되면서 불안감 뒤에 감추어진 또 다른 못된 자아가 발견되었다. 그때 발견된 나의 자아의 두 모습은 거의 모든 부정적인 감정의 뿌리에 해당하는 것임을 알게 되었다.

나는 그 당시 누군가와 약속이 있어서 고속도로를 달리고 있었는데 그 불안의 원인은 교통체증으로 인하여 약속시간에 도착하지 못할 것 같은 불안감이었다. 그런데 그 불안감은 나의 지각으로 인하여 나와 약속한 그 사람이 불필요하게 기다려서 시간을 낭비하게 되고 기분을 상하게 하는 해를 입힐까봐서가 아니었다. 그것은 '나는 약속시간을 잘 지키는 사람이다. 지각을 하지 않는 사람이다'라며 남에게 인정받고 싶은 자아였다. 그런데 차가 막혀서 지각하여 약속을 잘 안 지키는 사람으로 낙인찍힐 것에 대한 두려움과 불안감이었다. 그것이 발견되자마자 내 속에서 성령의 강한 조명이 있었고 내 깊은 곳에 숨어 있던 자아가 훤히 드러났다.

성령께서는 '약속을 잘 지키는 사람으로 인정받고 싶었다면 더 일찍 일어나서 여유 있게 도착하도록 계획했어야지'라고 조명하셨다.

그 조명을 받고 보니 이미 나는 아침에 일어날 계획을 세울 때 아주 빠듯하게 계획을 잡았다는 것이 점검되었다. 그리고 아침에 알람 소리를 듣고도 바로 일어나지 않고 시간을 지체한 면도 있었다. 그러한 것이 파악되었을 때 '만약 오늘 만나는 사람이 정말 내가 존경하는 분 또는 일생에 있어서 한 번 만날 수 있을까 말까 한 중요하고 높은 위치에 있는 분이었다면…'이라는 가정이 메타인지 차원에서 내 자신에게 들려졌다. 만약 그런 약속이었다면 교통체증도 고려해서 약속 장소에 30분 내지 1시간이라도 일찍 가서 기다리겠다는 계획을 세웠을 것이 분명하다.

나는 세상 평가 기준으로 중요한 부류의 사람들과 중요치 않은 사람들이라는 식으로 사람들을 차별하고 있었다. 작은 자를 귀히 여기지 않고 '나는 당신보다 더 중요한 사람이니 늦어도 된다'라는 교만함을 발견한 것이다. 바로 마귀의 타락의 본질인 교만과 인정받으려는 태도가 보였다. 그 뒤로 여러 가지 다양한 부정적인 감정들을 발견할 때마다 그 원인을 캐내어 들어가면 항상 그 부정적인 감정의 깊은 곳 끝에서 '남들에게 인정받고자 하는 자아', '다른 사람을 존귀히 여기지 않는 자아'가 발견되었다.

마귀는 자기도 인정받는 자리에 앉고자 지극히 높은 구름 위에 올라 "지극히 높은 이와 같아지리라"라고 했으며(사 14:13,14) 그 자신의 악한 태도를 가지고 그대로 하와를 공격하여 "너도 하나님과 같이 될 수 있어"라고 속이며 하나님의 명령을 거역하게 했다. 마귀가 우리를 유혹하는 그 전략은 인류가 타락한 이래 변한 적이 없다. 내 안에 바로 이 세상 풍속을 좇고 공중의 권세 잡은 자를 따랐던 흉악한 자아가 발견된 것이다. 나는 그것이 발견되자마자 절망할 수밖에 없었다. 그러나 즉시 나는 그 절망적인 자아가 그리스도와 함께 죽었다는 것을 믿음으로 선포했다. 절망하며 숨어 있는 흉측한 자아와 상관없이 복음이 나를 자유케 했다. 오직 십자가의 중심에 연합된 나는 믿음으로 일어설 수 있었다.

암송을 못한다는 사람을 위하여

2005년에 소천한 박종면 목사님은 성경통독운동을 전개하며 요한선교단을 설립했다. 목사님은 성경통독운동과 함께 5천 구절을 암송한 것으로도 알려져 있다. 그 분은 젊은 시절 알코올 중독자로서 노숙자 생활을 했는데 어머님의 권유로 예수님을 믿고 나서 성경통독과 암송을 했다. 나는 성경암송에 대한 이야기를 전할 때 그 분의 이야기를 하곤 했었다. 그런데 약 2년 전 어느 모임에서 박종면 목사님의 이야기를 전하고 있는데, 바로 내 앞에 앉아 있던 어떤 여자 분이 말했다.

"박종면 목사님은 제 삼촌이세요. 삼촌이 아주 심한 알코올 중독

자셨는데 주님을 만나고 나서 말씀을 필사하며 암송을 시도하셨지요. 알코올 중독 후유증이 너무 심해서 손이 떨려 제대로 필사도 못하실 정도였죠. 삼촌은 성경 필사와 동시에 소리 내어 읽으며 암송하셨는데 지독하게 암송이 안 되더랍니다. 하지만 결코 포기하지 않고 계속하셨어요. 그리고 마침내 알코올 중독으로 인해 거의 망가졌던 뇌에도 불구하고 5천 구절을 암송하게 되었고 성경통독과 암송 사역을 하시다가 주님 품에 안기셨어요."

두 번째 예는 내 둘째 형이신 지요한(지종한) 목사님이다. 지요한 목사님도 알코올 중독자였고 인생의 큰 풍파 속에서 주님을 만나고 난 뒤 삶의 모든 위경(危徑)의 때마다 암송을 하게 되어 5천 구절을 암송하게 되어 성경암송 드라마설교 사역을 하고 있다.

세 번째 예는 앞에서 언급한 호주의 장 집사님의 경우이다. 장 집사님은 인터넷을 통해 내 설교를 접한 뒤 보좌에 앉혀진 신앙을 알게 되고 암송기도의 필요성을 절실히 깨닫게 되어 암송을 시작했다. 하지만 30년 넘게 암송을 안 했던 터라 암송이 잘되지 않았고 한 구절을 완벽하게 암송하는 데에만 4개월이 걸렸다. 즉, 그 분은 4개월을 포기하지 않고 한 구절과 씨름했던 것이다. 결국 장 집사님은 4개월이 걸려 한 구절을 암송하고 난 뒤에는 암송이 잘되는 것을 체험하게 되었고 몇십 구절을 거뜬히 줄줄줄 암송하는 자가 되었다.

네 번째의 예는 바로 나 자신이다. 1992년에 죄 사함을 체험하고 외적인 죄들이 떨어져 나가는 큰 변화가 있었다. 그러나 나의 옛 생명의 성질은 그대로 남아 있어서 누군가가 나를 오해하거나 나의 권리를 침해하거나 부당한 대우를 할 때에는 참을 수가 없었다. 그러다가 1997년에 갈라디아서 2장 20절을 만나면서 그 옛 생명이 그리스도와 함께 이미 죽었다는 것을 깨달았다. 그리고 내가 주와 함께 부활하여 보좌에 앉혀졌다는 것이 믿어졌다. 이 땅의 내 모습이 실제가 아니라 옛 생명이 주와 함께 죽은 것이 실제이며 살아서 주와 함께 보좌에 앉혀진 것이 실상이라는 것이 믿어진 것이다. 그 실상을 누리게 하시기 위해 성령께서 내 안에 오셨다는 것을 알게 되었다.

죄 사함을 체험한 후 내 힘으로 해보려고 노력해도 억제되지 않던 자아의 성질이, 주와 함께 죽고 부활하여 보좌에 앉혀진 것을 실상으로 믿고 그 실상을 선포하는 보좌의 예배를 드린 때로부터 자아가 저절로 서서히 힘을 잃어가는 것을 체험하기 시작했다. 그러면서 십자가와 관련된 말씀들이 좋아져서 암송을 하기 시작했다.

그리고 암송과는 별개로 성령님을 단순히 바라보는 기도를 시작했다. 왜냐하면 예수님께서 자신이 떠나가는 것이 유익이며 보혜사 성령이 오시면 모든 것을 가르치시고 예수께서 말씀하신 모든 것을 생각나게 하실 분이라고 했기 때문이었다(요 14:26, 17:7,8). 그리고 성령님께 더 집중되는 만큼 보좌에 앉혀진 신앙을 누릴 수 있음을 믿었기 때문이다. 그런데 성령님을 향하는 내 기도가 더 깊이 들어가지 못하고 얕은 자리에서 계속 맴도는 채로 9년이 지나갔다.

그런데 9년 만에 2006년 9월에 성령께서 이렇게 말씀하셨다.

'이미 암송하고 있는 너에게 나를 예배하고 사랑하는 비밀을 알려주노라. 내 이름이 들어 있는 성경구절을 암송하며 나를 바라보라!'

그래서 나는 성령님께 순종하여 예수님께서 성령님에 대해 소개하신 구절인 요한복음 14장 16절을 일단 머리로 암송했다. 그리고 새벽에 집 근처 공원에 나가서 큰 운동장을 일곱 바퀴를 돌며 소리 내어 암송하여 내 생각을 태우고 성령님을 바라보며 예배하기 시작했다.

그런데 이상한 현상이 일어났다. 요한복음 14장 16절 한 구절을 암송하는데 "내가 아버지께 구하겠으니…"라는 첫 부분 세 단어만 계속해서 되풀이되는 것이었다. 그것은 나의 의지적 행동이 아니었다. 성령께서 강력하게 붙잡고 계신다는 확신 가운데 나는 30분 동안 세 단어만을 반복하며 성령님을 예배했다. 그러다가 30분쯤 지난 후 나는 하늘 보좌로부터 놀라운 생수의 강이 부어지는 것을 경험했다. 뭐라고 형용할 수 없는 기름부으심이었다. 그리고 나서 다음 여섯 단어 "그가 또 다른 보혜사를 너희에게 주사…"로 넘어갔는데 역시 성령께서는 그 여섯 단어를 소리 내어 선포하며 오랫동안 성령님을 바라보며 맴돌게 하셨다. 그리고 하늘 보좌로부터 내려오는 동일한 성령의 기름부으심을 체험케 하셨다. 다음 단어들인 "영원토록 너희와 함께 있게 하리니…"에서도 동일한 체험을 하게 하셨다.

나는 한 구절을 세 부분으로 나누어서 무수히 많이 반복하여 암송함으로써 성령님을 예배했다. 그때 체험한 생수의 강이 너무도 커서 그 뒤로 계속해서 암송으로 성령님을 예배했다. 암송기도가 쌓여져가는 것에 비례하여 뉴욕 맨해튼과 브루클린에서의 전도와 중보기도 사역이 더욱 활발해졌다. 또한 미국 내 타주, 중국, 일본, 유럽, 호주, 뉴질랜드 및 한국 내 전국 여러 지방으로 사역의 지경이 초자연적으로 확장되는 것을 체험하게 되었다.

알코올 중독자였던 박종면 목사님과 지요한 목사님의 성경암송, 호주의 장 집사님의 성경암송 그리고 나의 암송기도의 공통점은 될 때까지 포기하지 않고 단순하게 무한 반복하는 것이다. 옛 자아의 습관과 그 원인이 되는 생각을 태우며 주님을 예배할 목적으로 "내가 아버지께 구하겠으니"와 같은 짧은 표현을 무한 반복하는 것이 누구나 암송을 할 수 있는 비밀이다. 끝까지 포기하지 말라. 누구나 가능하다.

아버지께 참되게 예배하는 자들은 영과 진리로 예배할 때가 오나니
곧 이때라 아버지께서는 자기에게 이렇게 예배하는 자들을 찾으시느니라
하나님은 영이시니 예배하는 자가 영과 진리로 예배할지니라

요한복음 4장 23,24절

새 자아로
하늘 보좌의 예배 드리기

PART 03

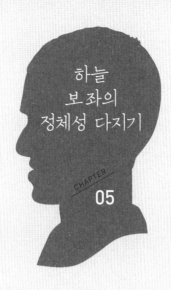

하늘
보좌의
정체성 다지기

CHAPTER
05

아담의 가죽옷

아담과 하와는 생육하고, 번성하고, 충만하고, 다스리고, 정복하라는 다섯 가지 긍정 명령을 순종하면서 하나님의 창조 세계를 마음껏 누렸다.

그러면서 동시에 동산 중앙에 있는 나무는 먹지 말라고 하신 부정 명령에 대하여 '왜 저 나무는 먹지 말라고 하셨을까? 먹으면 죽게 된다는 것이 무엇일까'라고 하나님의 말씀에 대한 의구심이 있었을 것으로 추정해볼 수 있다. 아담은 우리와 똑같은 성정을 가진 자였기 때문이다.

그러던 어느 날 사탄이 거짓말로 하와를 유혹했다.

"하나님이 참으로 너희에게 동산 모든 나무의 열매를 먹지 말라 하시더냐?"

그러자 하와는 선악과에 대한 의구심에 사탄의 거짓말이 더해져서 생각이 더 번잡해졌다. 하와는 결국 사탄의 질문에 대하여 "동산 나무의 열매를 우리가 먹을 수 있으나 동산 중앙에 있는 나무의 열매는 하나님의 말씀에 너희는 먹지도 말고 만지지도 말라 너희가 죽을까 하노라 하셨느니라"라고 대답했다. 번잡해진 마음 상태로 하나님의 말씀을 왜곡하여 덧붙이며 거짓말을 한 것이다. 하와는 선악과를 따먹는 행위의 죄를 짓기 전에 이미 거짓말이라는 죄를 먼저 지은 것이다. 여기서 우리는 죄의 시작이 우리의 생각과 말에서 시작된다는 것을 알게 된다.

그러자 사탄은 '잘 걸려들었다!'고 쾌재를 부르며 하와에게 본색을 드러내며 "정녕 죽으리라"는 하나님의 말씀에 반하여 "너희가 결코 죽지 아니하리라"고 드러내놓고 거짓말을 했다. 그리고 "너희가 그것을 먹는 날에는 너희 눈이 밝아져 하나님과 같이 되어 선악을 알 줄 하나님이 아심이니라"라며 하나님의 성품을 완전히 왜곡하여 부정적인 하나님으로 생각하도록 하와를 유혹했다.

이미 자신의 생각을 덧붙여 거짓을 만들어 내어 죄를 짓게 된 하와는 사탄의 거짓말을 자신의 생각에 더욱 깊이 심었다. 하나님을 부정적으로 생각하는 차원에서 그 나무를 보니 "먹음직도 하고 보암직도 하고 지혜롭게 할 만큼 탐스럽기도 한 나무"로 달리 보이기 시작했다. 하와는 하나님에 대한 원망과 탐심을 품고 결국 선악과를 먹어 버렸고 아담에게도 주어 먹게 했다. 여기서 아담이 함께 먹었다는 것은 사탄의 유혹을 받으면서 하와가 품기 시작한 생각의 흐름을 아담도 그대로 체험했음을 암시한다. 결국 하나님께서는 아담과 하와가 따먹은 그 나무에 '지식의 나무'(선과 악에 대한)라는 이름을 붙이셨다. 인간이 자신의 생각과 지식으로서는 하나님의 말씀을 거역할 수밖에 없음을 말씀하시는 것이다.

아담과 하와는 하나님의 말씀에 순종을 잘 하다가 죄를 지었다. 여기서 우리는 중요한 복음의 원리를 알게 된다. 우리가 아무리 하나님의 말씀에 잘 순종해도 결국 사탄이라는 존재가 있고 우리는 연약하기에 죄를 지을 수밖에 없는 실존을 가지고 있다는 것이다. 아담과 하와는 모든 인류를 대표하는 인물들이다. 즉, 모든 인류가 처음 태어난 상태로는 하나님의 말씀에 잘 순종해도 결국 죄를 지을 수밖에 없다. 그래서 우리는 모두 그리스도 안에서 거듭나야 하는 것이다. 하나님은 이러한 우리의 절망적인 실존을 아시고 절대적인 희망의 그리스도 안에서 거듭나는 삶을 창세전부터 계획해놓으셨다 (고전 2:6-8). 베드로는 이에 대해 다음과 같이 말했다.

"너희가 알거니와 너희 조상이 물려준 헛된 행실에서 대속함을 받은 것은 은이나 금같이 없어질 것으로 된 것이 아니요 오직 흠 없고

점 없는 어린양 같은 그리스도의 보배로운 피로 된 것이니라 그는 창세전부터 미리 알린 바 되신 이나 이 말세에 너희를 위하여 나타내신 바 되었으니"(벧전 1:18-20).

아담과 하와를 포함하여 모든 인류는 하나님의 어린양 그리스도 안에서 다시 한 번 태어나야 진정으로 하나님의 자녀로 태어나게 된다.

하나님께서는 아담이 죄를 짓자마자 '여자의 후손이 뱀의 머리를 상하게 할 것'이라고 하시면서 창세전에 이미 예비하신 그리스도를 통한 구속을 말씀하시면서 아담에게 가죽옷을 해 입히셨다. 아담이 죄를 덮기 위해 무화과나무를 계속 꺾는 모습은 인간이 자기 스스로 죄를 덮을 수 없는 불완전함을 뜻한다. 그러나 아담의 죄 대신 죽은 짐승의 피와 가죽옷은 완전하며 영원한 하나님의 구원의 방법을 말하고 있다. 즉, 하나님께서는 가죽옷을 통하여 우리의 죄를 영원히, 완전히 덮으실 여자의 후손으로 오실 어린양 예수 그리스도를 계시하신 것이다.

그러자 아담은 새로운 방식 즉, 가죽옷 속에 계시된 대속의 어린양의 피가 상징하는 그리스도에 대한 언약의 말씀을 믿음으로 하나님께 예배하며 나아갈 수 있었다. 가죽옷을 보면 죽은 짐승이 떠오르고 자기 때문에 죽은 짐승을 생각할 때마다 죄로 인하여 죽은 자신의 모습을 볼 수 있었던 것이다. 그래서 자기 죄의 수치를 가려준 하나님의 작품인 가죽옷 속에 계시된 말씀 곧, 그리스도로 인하여 다시 여호와의 얼굴 앞으로 나아갈 수 있었던 것이다. 그리고 삶 속에서 돌발적인 상황이 벌어질 때마다 완전하지는 못할지라도 가죽옷 속에 있는 구원의 말씀을 의지하여 모든 혼적인 생각을 태우며 하나님을 예배할 수 있었을 것이다.

산 제사의 진정한 의미

아담에게 가죽옷을 통해 그리스도를 계시하신 하나님께서는 모세를 통해서는 제사법에 대한 지시사항(토라의 원래 뜻)을 통하여 그리스도를 더욱 명확하고 구체적으로 말씀하셨다. 그리고 제사장들은 장막에서 제사 행위를 할 때 하나님의 구체적인 말씀을 각본 삼아 행했다.

그런데 제사장들은 매뉴얼이었던 성경을 손에 들고 있지 않았다. 제사장들은 이미 그 제사 방법에 대한 하나님의 말씀을 암송하고 있었고 암송된 말씀 그대로 제사 행위를 했다. 제사장들은 현대 크리스천들이 큐티하듯이 '왜, 이렇게 하라고 하셨을까?'라고 관찰하고 해석하고 적용점을 찾아서 이해한 뒤 제사 행위를 하지 않았다. 바로 가죽옷 속에 계시된 그리스도를 믿은 제사장들은 말씀 그대로 제사 행위를 하면서 제사법 속에 있는 그리스도에 대한 깨달음과 믿음이 채워지는 것을 경험했다.

이것은 우리 삶에 그대로 적용이 된다. 입술을 움직여 말씀을 암송하며 예배하는 것은 마치 제사장들이 암송된 말씀대로 콩팥을 태워 번제를 드리는 제사와 같다. 그러므로 암송된 말씀에 의해 신체의 일부인 콩팥을 태워 제사 드리라는 율법은, 신체의 일부인 입술을 움직여 암송하며 생각을 태우는 믿음의 예배를 드리는 것을 암시한다. 즉, 걸러내는 기능을 상실한 부패한 생각으로 말씀을 이해해서 예배를 하는 것이 아니라 말씀 자체를 소리 내어 암송하며 그 생각을 태우는 예배로 나아가는 것이다. 그럴 때 하늘의 신비가 열리고 하나님에 대한 믿음이 더욱 강해지는 것이다. 이것이 지적인 깨달음보다 더욱 중요하다.

바울은 하나님의 은혜를 믿음으로 얻은 구원받은 백성들에게 "너희 몸을 하나님이 기뻐하시는 거룩한 산 제사로 드리라 이는 너희의 드릴 영적 예배니라"(롬 12:1, 개역한글)라고 했다. 제사라는 단어는 '짐승의 죽음'이라는 의미를 내포하고 있는데 도대체 '산 제사'는 무엇일까?

모세는 하나님 앞으로 직접 올라갔다(출 19:3). 그래서 모세는 장막을 땅에 지을 때 하나님께서 보여주신 모형을 따라 만들었다(출 25:8,9).

"그들이 섬기는 것은 하늘에 있는 것의 모형과 그림자라 모세가 장막을 지으려 할 때에 지시하심을 얻음과 같으니 이르시되 삼가 모든 것을 산에서 네게 보이던 본을 따라 지으라 하셨느니라"(히 8:5).

그러므로 모세는 땅의 장막에서 어린양으로 죽음의 제사를 드릴 때에 믿음으로 하늘 장막으로 올라가 산 제사를 드릴 수 있었을 것이다. 그리고 땅의 번제단에 놓인 어린양이 하늘 장막에서는 그리스도이심을 하나님의 영의 계시로 알 수 있었을 것이다. 그의 조상 아담으로부터 가죽옷 속에 그리스도가 계시되었음을 전해 들어 알고 있었기 때문이다. 모든 이방민족도 그리스도를 믿음으로 말미암아 의로 여기실 것이라는 복음을 들은 아브라함처럼(갈 3:8,16), 그리스도의 영광을 본 이사야처럼(요 12:41), 다윗처럼(막 12:37, 행 2:25,29-31) 모세도 땅의 장막의 예배를 통하여 하늘 보좌에 계신 그리스도의 영광을 보았을 것이다. 그는 하나님 앞에 직접 나아간 자였기 때문이다(출 19:3).

산 제사는 번제물인 어린양이 그리스도의 모형이라는 것을 반드시 알고 보좌에서 그리스도와 함께 부활한 새 영으로써 그리스도의 영광을 바라보며 예배하는 것이다(고후 3:18). 하늘 보좌의 예배를 믿음으로 드리지 못하는 자는 산 제사를 드릴 수가 없다. 우리는 오직 믿음으로 그리스도와 함께 옛 생명이 죽었고 새 생명으로 살리심을 받아서 하늘에 앉혀졌으므로, 하늘 장막인 보좌에서 믿음의 예배를 드릴 수 있다. 그것이 산 제사이다.

땅의 장막에서 제사장들이 말씀 그대로 순종하여 짐승을 죽여서 콩팥을 태워 제사를 드린 것처럼, 구원받은 백성은 믿음으로 하늘 장막(보좌)으로 올라가서 말씀을 암송하며 '생각'을 태워드리는 산 제사를 드려야 한다. 구원받은 백성이 보좌에서 생각을 태우는 예배가 바로 산 제사이다. 즉, 산 몸(혀, 입술)을 움직여 말씀을 암송하며 생각을 태우는 것이다. 말씀을 암송하며 몸의 산 제사를 드리면 뇌에 저장되어지는 말씀을 통하여 새로운 생각으로 행동하게 되는 기초가 형성되는 것이다.

하늘 보좌는 모든 것이 다 이루어진 곳이다. 그곳에서는 구할 것이 아무것도 없다. 오직 주의 영광만을 구하는 자리가 보좌이며 하늘 장막이다. 그래서 하늘 장막에서 말씀을 입술과 혀로 소리 내며 (몸을 움직이며) 나의 모든 생각을 태우며 오직 주의 영광만을 바라보는 산 제사를 드려야 한다. 그것이 영적 예배이다. 하늘 보좌에서 말씀기도로 생각을 태우는 영적 예배에 성공하게 되는 만큼 우리는 삶 속에서 순종의 삶을 살게 된다. 이것은 놀라운 복음이다. 순종의 삶의 열쇠는 주와 함께 보좌에 앉아 있는 것을 믿고 보좌에서 말씀으로 생각을 태우는 예배이다.

"살리는 것은 영이니 육은 무익하니라 내가 너희에게 이른 말은 영이요 생명이라"(요 6:63).

예수님께서는 글자가 아닌 말이 영이요 생명이라고 하셨다. 성경

글자는 원래 성령의 감동으로 하나님의 사람들이 들었던 소리(레마)였다. 레마라는 단어는 음가(소리)가 있다는 의미를 가지고 있다. 그러므로 레마를 듣기 위해서 성경 글자를 다시 우리의 입술과 혀로써 소리 내어 살려야 한다. 하늘 보좌의 예배로서 성경을 소리 내어 생각을 태우며 하나님을 예배할 때, 레마로 들리게 되는 것이다. 이 레마가 바로 순종의 열쇠가 된다.

두 무덤 사이에 거하는 자

2011년 8월 이스라엘의 여정을 마친 직후 예수님의 생애가 기록된 복음서를 암송하여 내 안에 계신 성령님께 집중하고 싶은 소원이 생겨났다. 그래서 가장 짧은 복음서인 마가복음에 도전하기로 했다. 한 구절씩 복음서를 암송하며 성령님께 집중하는 맛은 정말 꿀맛 같았다. 새롭게 암송하는 복음서 속의 예수님의 생애와 이미 암송한 신약의 성령님에 대한 구절들과 바울서신의 십자가의 도에 대한 성경구절들이 놀랍게 짝을 이루는 것들을 알게 하시는 은총이 있었다.

그러던 중 2012년 1월이 되면서 마가복음 4장까지 암송을 끝내고 5장으로 넘어와서 1-20절, 거라사 광인의 치유사건을 암송하며 묵상하게 되었다. 그러는 중 뜬금없이 마음속에 '후지산'이라는 단어가 떠올랐다. 그것은 나의 자의식에서 비롯된 것이 아니었다. 후지산이라는 단어가 떠오를 만한 어떤 근거도 없었다. 그래서 혹시 주님께서 주시는 단어일 수 있겠다 싶어 기도하다가 하루 뒤에 현장 중보기도 전문사역을 하시는 전도사님을 만나게 되었다. 그런데 그 전도사님은 내게 "후지산에 기도하러 함께 가십시다"라고 말했던 분이었다.

그래서 다시 후지산이라는 단어가 떠오르게 된 원인이었던 마가복음 5장 1-20절을 살펴보았다. 그 부분은 거라사 광인의 치유 사건이다. 예수님께서 거라사 지방에 이르시자 무덤 사이에 거하던 군대귀신 들린 자가 예수님께 나온다. 예수님께서 "귀신아 나오라!"라고 하시자 귀신들이 예수님께 괴롭게 하지 말라고 하며 마침 산 곁에서 먹고 있던 돼지 떼들 속으로 들어가도록 청하자 예수님이 허락하셨다. 그러자 더러운 귀신들이 돼지 떼에게 들어가고 거의 이천 마리 돼지 떼들이 바다를 향하여 비탈로 내리달아 바다에서 몰사한다. 그러자 마을 사람들은 자신들의 돼지 사업이 망하게 된 것을 보고 예수님에게 그곳에서 떠나라고 했다.

그 마을에서 어느 누구도 제어할 수 없었던 귀신 들린 자를 고치신 예수님께 자신들의 영혼의 문제를 해결해달라고 하기는커녕, 오히려 치료자 예수님을 떠나라고 하며 맘몬에 사로잡혀 돈만 밝히는 마음을 그대로 드러냈다. 이 부분을 통해서 하나님께서는 후지산이 바로 거라사 광인이 두 무덤 사이에 거하던 산에 해당한다는 확신을 주셨다. 미국과 중국에 이어 세계 경제 3위인 일본은 기독교 보급률이 1퍼센트도 안 된다. 바로 이런 사실이 그들이 맘몬에 얼마나 사로잡혀 있는지를 알게 한다. 마가복음 5장 거라사 광인의 치유사건을 묵상하던 중 별안간 후지산에 대한 마음을 품고 계속 기도하는데 주님이 '일본 현장중보기도 사역'이라는 단어를 떠오르게 해주셨다. 그리고 일본의 영적 지주는 후지산이라는 것이 파악되었다.

그러면서 계속 기도하는데 "지구를 한 바퀴 돌아라"라는 성령의 조명이 있었고 그 조명을 따라 뉴욕을 출발하여 서쪽으로 도는 여정을 계획했다. 말씀에 순종하니까 놀라운 기적이 일어났다. '뉴욕-뒤셀도르프-베를린-로마-아테네-이스라엘-상하이-한국-일본-뉴욕'에 이르는 긴 여정의 항공 일정을 인터넷을 통하여 단돈 1,872달러에 티켓팅을 할 수 있었던 것이다.

그래서 나는 2012년 6월 10일 뉴욕을 출발하여 뒤셀도르프를 거쳐서 베를린에 이어, 아네테에 도착하여 신들의 온상인 아크로폴리스에 올라가 현장중보기도를 했다. 그리스 여정을 마친 후 이스라엘에 도착했더니 이스라엘 선교사님이 여러 지역을 거쳐 갈멜산과 마가복음 5장에 나오는 지역인 거라사로 데려가셨다. 놀라운 인도하심이었다. 이스라엘의 여정을 마치고 상하이를 거쳐 한국 일정을 보내고 드디어 일본에 상륙했는데 처음 밟은 일본 공항에서 탄 기차 안에서 영어를 잘하는 싱가폴 출신 일본 여성에게 40분 동안 복음을 전하게 되었고 그녀는 예수님을 영접했다. 그리고 동경 신주쿠의 시내 주요 지역에서 현장중보기도를 한 후 드디어 후지산으로 향했다.

후지산 진입로에 위치한 중요한 도시(이 사건에 등장하는 한 영혼을 보호하기 위해서 도시 이름을 밝히지 않겠다)에 이르렀는데 그 도시에는 교회가 하나도 없었다. 그러나 그러한 도시에도 주님께서는 한 귀한 중보자를 세우셨다. 그는 자신의 사업장에 성경말씀을 여기저기 써서 붙여놓고 전도하는 사람이었다. 그곳에 들어오는 사람들 가운데에는 그 종이에 써 있는 말씀들을 읽으며 회심하는 사람들도 있었다. 그리고 그분은 그 도시에 하나님의 귀한 사역자가 와서 교회를 세우기를 기도하고 있었다. 그는 다닐 교회가 없어서 몇 시간 거리에 있는 다른 도시의 어느 교회에 다니고 있었다. 그는 누가 보아도 놀라운 중보자였다.

그가 자신의 스토리를 나에게 자세히 설명하고 있는데 뜬금없이 내 입에서 이상한 질문이 튀어나왔다.

"만약 오늘 죽으면 천국 가실 수 있는 믿음이 있으신가요?"

한 도시를 품고 기도하는 중보자에게 이게 될 법한 질문이겠는가? 나는 당연히 그분에게서 이런 대답이 나올 줄 알았다.

"예, 저는 부족하나 오직 믿음으로, 하나님의 은혜로 갈 수 있습니다."

그런데 답이 오지 않았다.

긴 적막이 흐르고 나서 그는 한숨을 푹 쉬더니 이렇게 말했다.

"저… 목사님, 그 확신이 없습니다…."

그 대답은 나에게 꽤 큰 충격이었다. '그러면 그 중보기도는 다 무슨 행위란 말인가?'라는 의문이 들었다. 그래서 내가 다시 물었다.

"왜 그런 대답을 하시는지요?"

그랬더니 그는 이렇게 말했다.

"사실은 제가 심한 중독에 빠져 있습니다. 그 중독 증세가 나타날 때에 저는 정체성이 완전히 혼돈스럽습니다. 제가 과연 하나님의 자녀인가 하고요…."

그 대답을 듣자 나는 도시 중보자에게 해당되지 않을 것 같은 이상한 질문을 하게 하신 분이 하나님이시라는 확신이 들었다(내게는 그 중독이 무엇인지 정확히 표현을 했지만 그를 보호하기 위해서 언급하지 않겠다). 나는 그에게 말했다.

"갈라디아서 2장 20절을 믿어야 합니다."

그랬더니 그가 말했다.

"제가 가장 큰 표어로 삼는 게 바로 그 말씀입니다. 그러나 중독 증세가 나타날 때에는 그 말씀도 아무 소용이 없습니다. 안 믿어지는 거죠."

그때부터 나는 갈라디아서 2장 20절의 의미를 다시 설명했다.

"우리가 진심으로 회개하고 예수님을 구주로 모셔들였다면 예수님과 함께 죽은 것이고 살았으며 하늘에 앉혀진 존재입니다. 이것을 알게 하시려고 성령이 우리 안에 계시는 것입니다."

연합의 진리로 시작해서 복음의 핵심을 다시 선포해드리고 나서 그에게 다시 한 번 진심으로 회개하고 예수님을 구주로 고백하게 했다. 그러자 그는 영의 자유함을 느낀다며 얼굴이 환하게 밝아졌다.

바로 그때 후지산으로 가라고 하신 주님의 뜻이 완전히 밝혀지는 것 같았다. 바로 이 한 사람을 만나게 하시고 그 만남을 통하여 거라사 광인의 치유 사건 속의 두 무덤이 무엇을 상징하는지 가르쳐주시고자 지구를 한 바퀴 돌게 하셨다는 확신이 들었다.

무덤 사이에 거하는 거라사 광인은 그 도시의 사람들 중 어느 누구도 제어할 수 없을 정도로 강력한 귀신이 들렸던 사람이었다. 그는 밤낮 무덤 사이에서나 산에서 돌로 자신의 몸을 상하게 하고 큰 소리를 지르고 있었다. 그것은 바로 중독 증세를 상징하는 것이다. 돌로 자기 몸을 상하게 하고 있었다는 것이 그것을 말해준다. 자신 스스로 자해하는 것과 같이 어떠한 행위를 멈추지 않고 계속하는 것이 중독이다.

두 무덤 사이의 거라사 광인은 뭔가에 중독된 그리스도인이 복음과 율법적 삶을 왔다 갔다 하는 모습을 상징한다. 두 무덤이 상징하는 바는 하나는 회칠한 무덤이며 또 하나는 예수님의 빈 무덤이다. 후지산 기슭에서 자기 도시에 교회가 세워지기를 기도하며 전도를 하는 그는 그리스도인으로서 예수님의 빈 무덤, 즉 부활을 믿는 자이다. 그러나 중독 증세가 나타날 때에는 구원의 확신이 흔들리며 괴로워서 자기 힘으로 죄를 씻기 위한 율법적인 행위를 한다. 바리새인의 회칠한 무덤과 같은 상태이다.

이와 같이 두 무덤 사이를 왔다 갔다 하는 뭔가에 중독된 그리스도인들이 수없이 많다. 그들이 교회에서 예배, 성경공부, 소그룹 미팅, 봉사, 전도 그리고 선교할 때에는 누구도 의심할 여지없이 예수님의 부활을 믿는 거듭난 그리스도인과 같다. 그러나 그들은 혼자 있을 때 여지없이 중독 증세를 드러내며 그 중독 행동에 빠져 있는 동안에는 구원의 확신이 흔들린다. 중독 행동을 하고 있는 동안에 그들의 마음은 곤고하지만 결코 멈출 수 없다.

'이러면 안 되는데…. 지난 주일에 감동적인 예배를 드렸고 회개기도도 많이 했고 중독 증세를 멈추게 해달라고 기도하고 또 그러리라 마음도 먹었는데…. 소그룹에서 솔직히 내 상태를 드러내고 기도 부탁도 했고 함께 울며 서로 중보기도도 했는데…. 그런데도 이 중독 행동을 멈출 수 없는 이유는 뭐지?'

그러면서 급기야는 '내가 과연 구원받은 하나님의 자녀인가?'라는 의구심까지 든다. 과연 무엇이 문제이며 이들은 어떻게 해야 할까?

그리스도인의 중독, 죄의 관성을 이기라

이러한 행위의 중독은 뇌 속의 뉴런 시스템과 관련이 있다. 행동은 뇌의 명령에 따른 것이기 때문이다. 이 뇌 속에 중독이라는 증세로 시스템화된 뉴런들을 파하는 강력은 오직 말씀이다. 그 견고한 중독 뉴런 시스템을 하나님의 말씀으로 파쇄해야 한다. 계속적으로 하나님의 말씀을 소리 내어 진동함으로 견고해진 중독 뉴런 시스템을 흔들어야 한다. 성령의 불로 태워야 한다. 이 땅의 것보다 더 강한 것은 복음밖에 없다.

세계 최고의 스프린터 우사인 볼트가 100미터 달리기에서 9.58이라는 세계신기록을 냈다. 우사인 볼트가 100미터 지점에서 최고의 기록으로 통과하기 위해서는 110미터 내지는 120미터를 골인 지점으로 여기고 달려야 한다. 그래야 100미터 지점에서 최고의 속도가 된다. 우사인 볼트가 100미터 지점을 9.58로 통과하는 순간 그 자리에서 바로 멈출 수가 없고 방향을 바꿀 수가 없다. 달려가던 관성에 의해서 몇 미터 더 앞으로 나갈 수밖에 없다. 이것이 바로 관성의 힘이다. 모든 인간에게는 이렇게 죄의 관성이 작용한다.

중독은 쉽게 벗겨지지 않는다. 진심으로 회개하고 그리스도를 구주로 모셔들일 때 거의 모든 죄들이 단번에 끊어지기도 하지만 어떤 죄들은 그렇지 않다. '지금까지 내가 주인된 삶으로 잘못 살았구나. 예수님이 주인이시구나'라고 깨닫는 순간 생각은 즉각적으로 변화

될 수 있으나 우리의 행동과 습관은 금방 변화되지 않는다. 그것이 우리의 옛 생명의 습관적 특징 가운데 하나이다. 그것을 죄의 관성이라고 한다.

우리는 하나님을 등지고 죄를 향해 전속력으로 달려가는 존재였다. 그래서 절대로 내 힘으로 멈출 수 없다. 여기서 죄를 멈출 수 없다는 것은 단순히 어떠한 죄의 행위만을 말하는 것이 아니다. 사실 우리는 주변에서 자신의 의지로 잘못된 행동을 멈추는 자들도 볼 수 있다. 그러므로 여기에서 죄를 향해 달려가는 것을 스스로의 힘으로 멈출 수 없다는 것은 죄의 본질 측면에서 말하는 것이다.

죄의 본질은 창조주 하나님을 무시하고 피조물인 자신이 주인 되어 자기 뜻대로 사는 삶이다. 아무리 선한 사람이라 해도, 자신의 힘으로 나쁜 짓은 하지 않고 죄를 잘 억제하고 있다 하더라도 자신이 주인인 사람은 창조주 하나님께 죄를 짓고 있는 것이다. 즉, 인간은 자신이 스스로 주인 노릇하여 살던 삶에서 스스로의 힘으로 돌이켜 회개할 수 없다. 성령의 역사가 있어야 하고 하나님의 은혜가 먼저 찾아와야 한다.

자신이 스스로 주인 되어 살던 한 사람이 죄를 향하여 전속력으로 달려가던 어느 날 하나님의 은혜로 성령께서 역사하셔서 회개하고 예수님을 구주로 모셔들였다. 그것이 진심 어린 고백이라면 그는 그 순간 하나님의 자녀가 되었음이 틀림없다. 예수님과 함께 못 박혔던 강도가 십자가에 달려 죽음을 앞두고 예수님을 주인으로 모셔들이자 주님은 그에게 "오늘 네가 나와 함께 낙원에 있으리라"라고 말씀하셨을 때, 그의 정체성은 바뀐 것이다. 죄를 향하여 달려가던 삶에서 이제는 등지고 있던 하나님을 다시 향하게 되었다. 그렇게 정체성이 바뀐 증거로 많은 외적인 죄들이 순식간에 떨어져 나가는 체험을 한다.

그러나 그때에 모든 죄의 습관이 완전히 한꺼번에 다 끊어지는 것이 아니다. 이것은 그리스도 십자가의 능력이 완전치 못하다는 것을 말하는 것이 아니다. 완전한 십자가의 능력이 급진적으로 역사되어지는 면과 점진적 성화의 과정 속에 역사하는 두 가지 면이 있음을 말하는 것이다. 누구나 가장 약한 부분, 죄의 관성으로서 중독된 모습이 남아 있을 수 있다.

중독 증세에는 잘 아는 대로 술, 마약, 도박, 포르노와 게임 같은 외적 증세들이 있다. 그리고 내적 중독 증세가 있다. 별로 대수롭지 않아 보이는 성격 중독 증세들이다. 예를 들어 자신을 합리화하거나 남들에게 큰 피해가 가지 않는 '작은 거짓말'이나 서로에게 유익이 되도록 하는 '선한 거짓말'에 중독된 사람들이 있다. 또한 다른 사람들의 행동들에 대하여 속으로 '쟤는 왜 저래? 어이구, 저 미련한 놈'이라고 살짝살짝 남을 판단하는 중독에 걸린 사람들이 있다. 특히 이 성격 중독 증세는 언어의 습관으로 나타나는데 그리스도인이 되고 나서도 하나님나라의 시민다운 언어로 순화되는 데에는 많은 시간이 걸린다.

대부분의 사람들은 술, 마약, 포르노 중독 같은 것들만 심각하게 바라보는 경향이 있다. 그런데 예수님은 그렇게 가르치지 않으셨다. 작아 보이는 죄나 살인죄나 심각한 중독이나 같은 심판 안에 있다고 말씀하시는 예수님의 음성이 들려야 한다. 사도 요한도 비슷한 이야기를 했다.

"나는 너희에게 이르노니 형제에게 노하는 자마다 심판을 받게 되고 형제를 대하여 라가라 하는 자는 공회에 잡혀가게 되고 미련한 놈이라 하는 자는 지옥 불에 들어가게 되리라"(마 5:22).

"그 형제를 미워하는 자마다 살인하는 자니 살인하는 자마다 영생이 그 속에 거하지 아니하는 것을 너희가 아는 바라"(요일 3:15).

작아 보인다 하더라도 똑같은 심판에 처할 죄를 짓고 있으면서도 자신을 보지 못한 채, 다른 사람의 큰 중독 증세를 보면서 "당신이 예수를 구주라고 고백한 것은 효력이 없습니다. 구원을 확신해서는 안 됩니다"라고 함부로 말해서는 안 된다. "나는 아무 중독 증세(죄)도 없습니다"라고 말하는 사람이 있다면 그 사람은 거짓말을 하는 것이다. 그리스도인이라도 누구나 어떤 면에서 크고 작은 죄성이 빈번하든지 가끔이든지 반복적으로 나타나게 되어 있다.

"결단코 나는 그런 것이 전혀 없습니다."

이렇게 말하면서 중독을 이기지 못하는 다른 사람들을 쉽게 정죄하려는 사람이 있다면 그는 아마도 아직 십자가를 만나지 못한 사람일지도 모른다. 십자가를 안다 해도 그것은 하나님의 관점의 십자가가 아니라 자기의 육신적 관점의 십자가일 수 있다. 이러한 사람은 자기 죄는 작게 보고 남의 죄를 크게 보고 있는데 정작 이러한 사람의 눈에는 들보가 들어가 있는 것이다.

"어찌하여 형제의 눈 속에 있는 티는 보고 네 눈 속에 있는 들보는 깨닫지 못하느냐 보라 네 눈 속에 들보가 있는데 어찌하여 형제에게 말하기를 나로 네 눈 속에 있는 티를 빼게 하라 하겠느냐 외식하는 자여 먼저 네 눈 속에서 들보를 빼어라 그 후에야 밝히 보고 형제의 눈 속에서 티를 빼리라"(마 7:3-5).

죄를 향해 전속력으로 달려가던 자가 진심으로 회개하고 예수님을 주인으로 모셔들이면 그의 정체성은 분명히 마귀의 자식에서 하나님의 거룩한 자녀로 바뀐다. 그의 삶의 방향도 죄를 향하여 달려가던 존재에서 하나님을 향하여 나아가는 존재로 바뀐다. 그러나 죄를 향해 전속력으로 달려갔던 터라 죄를 향한 관성이 남아 있다. 관성은 법칙이다. 법칙이기에 합리화하거나 정당화하자는 것이 아니다. 죄의 관성이라는 법칙을 인정해야 한다는 것이다. 그러므로 어떤 그리스도인에게 중독 증세가 남아 있다는 이유로 그 회개와 믿음이 헛것이라고 함부로 정죄하면 안 된다.

그러면 어떻게 해야 할까? 다른 도리가 없다. 진실로 회개하고 예수님을 구주로 모셔들이는 고백을 했다면 자신에게 임한 복음을 믿음으로 받아들여야 한다. 예수와 함께 죽고 부활하여 하늘에 앉혀졌고 그 연합을 알게 하시는 성령님께서 그 영혼 안에 임재하심을 인정해야 한다. 그 온전한 복음을 믿음으로 끊임없이 받아들이며 하늘 보좌에서 말씀으로 기도하고 예배해야 한다. 그러는 만큼 죄의 관성은 점점 줄어든다.

성령님을 사랑하며 예배할 목적으로 성경을 암송하여 선포할 때 성령께서 주시는 말씀, 즉 성령의 법에 의해 살아가는 새로운 생명의 관성이 생기게 된다. 성령께서 주시는 레마에 거룩하게 잠기기 시작하면 성령님을 사랑하는 마음으로 인하여 죄의 중독은 점점 멀어지게 된다.

분명히 죄를 짓지 말라고 강조할 필요는 있다. 그러나 그보다 더 중요한 것을 놓치지 말아야 한다. 끝없이 하나님의 은혜의 지극히 풍성함을 충분히 많이, 크게 강조해야 한다. 즉, 진심으로 회개하고 예수님을 구주로 모신 자는 그리스도와 함께 죽어서 부활로 연합되어 하늘에 앉혀졌고 성령이 임재하시며 하늘에서 파송된 자로 살아가며 재림을 기다리는 존재라는 진리를 충분히 강조해야 한다.

크고 작은 여러 가지 모양의 중독 증세에도 불구하고 매일 아침 새날을 맞이할 때 믿음으로 하늘 보좌에 올라가서 산 제사를 드려야 한다. 정결의식을 위해 콩팥을 번제단에 태우듯이 중독에 물든 뉴런 시스템(생각)을 태우기 위해 암송한 말씀을 선포하며 하늘 보좌에서 산 제사를 드리는 것이다. 중독의 원인은 생각이고, 중독된 생각을 태울 수 있는 유일한 장소는 하늘 보좌이며, 유일한 도구는 기록된 말씀을 선포해서 받는 레마이다. 하늘 보좌에 이미 앉혀졌다는 믿음으로 거기서 말씀으로 예배한다는 것은 바로 바리새인의 회칠한 무덤이 아닌 예수님의 빈 무덤으로부터 부활과 승천, 보좌의 연합을 믿는 믿음의 행위이다.

우리는 자유를 위하여 부르심을 입었으나 자유로 육체의 기회를 삼지 말아야 한다. 그러나 바울은 구원을 위해 할례를 강조하면 그리스도께서 아무 유익이 없다고 한다. 바울은 할례를 받은 각 사람에게 이렇게 말한다.

"그는 율법 전체를 행할 의무를 가진 자라 율법 안에서 의롭다 함을 얻으려 하는 너희는 그리스도에게서 끊어지고 은혜에서 떨어진 자로다 … 그리스도 예수 안에서는 할례나 무할례나 효력이 없으되 사랑으로써 역사하는 믿음뿐이니라"(갈 5:3-6).

사랑으로 역사하는 믿음이란 아버지와 아들과 성령께서 에하드(사랑) 안에서 하나이신 하나님과 연합된 정체성을 믿는 것이다.

"아버지여, 아버지께서 내 안에, 내가 아버지 안에 있는 것같이 그들도 다 하나가 되어 우리 안에 있게 하사 세상으로 아버지께서 나를 보내신 것을 믿게 하옵소서"(요 17:21).

아버지와 아들과 성령은 창세전 그리고 만물 위의 하늘 보좌에서 하나이시다. 그러므로 우리도 그 보좌에 들어간 믿음으로 보좌에서 주님을 바라보는 믿음으로 나아가야 한다. 육체의 소욕은 성령의 소욕을 거스르고 성령의 소욕은 육체의 소욕을 거스르는데 이 둘이 서로 대적함으로 우리가 원하는 것을 하지 못하게 한다고 했다(갈 5:17).

비그리스도인들은 그 안에 성령을 따르고자 하는 소욕이 없이 오직 육체의 소욕만을 따르며 자신의 소욕으로 자신의 힘과 종교적 노력으로 씻으려고 한다. 그러나 그리스도인 속에는 크고 작은 중독에 물든 육체의 소욕과 성령의 소욕을 따르는 구조가 둘 다 보인다. 육체의 소욕과 함께 성령의 소욕을 보이는 것이 바로 그리스도인이라는 증거이다.

한 성도가 내게 이메일을 보냈다. 그는 그리스도를 믿으면서도 반복되는 죄 때문에 하늘 장막의 예배에 참여하지 못하고 있었다. 나는 그에게 이렇게 권면했다.

"예수 그리스도의 십자가 앞에 진실로 회개하고 구주로 믿었다면 예수와 함께 죽고 부활하여 보좌에 앉혀진 것이며, 그렇게 아들과 연합된 것을 알게 하시는 성령이 속에 계십니다. 그러므로 반복되는 죄 가운데에서도 주와 함께 연합되어 하늘에 앉혀졌음을 계속 믿으시고 그것을 믿게 하시는 성령을 의지하여 죄를 끊으십시오."

그 권면이 있은 후 6개월쯤 후에 그에게서 다시 이메일이 왔다. 복음의 핵심, 주와 연합된 진리에 집중하면서 반복되는 죄를 끊어서 한동안 괜찮았는데 다시 그 죄가 스물스물 기어나오기 시작했고 그 죄보다 더 깊은 곳에 감추어진 은밀하고 더 더러운 죄가 발견되었다는 것이다. 그는 이렇게 하소연했다.

"목사님, 정말 이 더러운 모든 것들을 씻고 싶습니다. 기도할 때마다 주님과 나 사이에 담이 있음을 느낍니다. 단순히 기도와 찬양, 예배를 습관적으로 드리는 것이 아니라, 드릴 때의 마음자세와 내 삶의 방식이 어떻게 변화해야 하는 걸까요? 내 중심이 완전히 예수님으로 바뀌려면 어떻게 해야 합니까? 죽으라면 죽으리라는 심정으로 주님께 모든 걸 걸었습니다. 목사님 도와주세요."

그에 대해 나는 다음과 같이 답변했다.

"처음에 죄와 관련된 관계들과 상황들을 정리한 것은 정말 잘하셨습니다. 주께서 그 순종을 기쁘게 보셨을 것입니다. 그런데 복음의 핵심인 주와 연합된 진리를 소개받고 그 진리로 살아가던 중, 더 깊은 곳에 있는 더러움을 발견하셔서 놀라셨다고 하셨지요. 그것이 바로 십자가가 제대로 적용되고 있는 증거입니다. 감사하십시오. 십자가 앞에 서면 모든 인간은 다 발가벗겨집니다. 내 속에 얼마나 더러운 것이 있는지 모두 발견되는 것입니다. 목사인 저도 마찬가지입니다. 제 속에도 성도님께서 보는 것 같은 똑같은 탐욕들이 있습니다. 그래서 제 속에 있는 탐욕의 뿌리인 자아가 그리스도와 함께 십자가에 못 박혔다는 갈라디아서 2장 20절 말씀과 더 나아가서 부활과 보좌에 앉혀졌다는 연합의 진리인 에베소서 2장 5,6절 말씀이 저를 기쁘게 합니다. 저의 의로운 행위가 저를 기쁘게 하는 것이 아니라 복음의 핵심인 연합의 진리가 나를 기쁘게 하고 예배하게 합니다. 복음 자체이신 예수 그리스도와 연합되었음을 믿기 때문에 예배할 수 있는 것입니다."

'내가 이만큼 성경을 읽고, 이만큼 죄를 이겼고, 이만큼 봉사했으니, 나를 통해서 이러저러한 좋은 일들이 있었으니 나는 기쁘게 예배할 수 있다'라고 생각한다면 그것은 교묘하게도 내 의로 나아가는 예배이다. 우리가 죄를 이기고 성경 읽기, 암송, 교회 봉사, 선교 등을 하며 좋은 열매를 맺을 때 더욱 조심해야 할 것이 있다. 만약에 좋은 열매들이 있기 때문에 보좌 앞으로 담대히 나아갈 수 있다면 그것은 내 의로 나아가는 것일 수 있다. 물론 그 좋은 열매들은 성령께서 도우시고 이끌어주셔서 나타난 열매이므로 감사로 예배를 드릴 수 있는 귀한 예물이 될 수 있다. 그러나 이런 종류의 사람들은 그러한 열매들이 나타나지 않을 때에는 보좌 앞으로 담대히 나아가지 못한다. 그렇다면 이것은 자신의 행동의 결과가 하나님께 나아갈 수 있는 근거가 됨으로 명백히 자기 의로 나아가는 예배인 것이다.

하늘 보좌 앞으로 나아가는 예배의 유일한 근거는 오직 복음의 핵심인, 예수 그리스도와 함께 죽었고 부활하여 보좌에 이미 연합되었다는 믿음이다. 복음으로 자아를 태워 보좌의 예배로 나아가는 것은 일시적인 집중으로 해결되지 않는다. 우리는 믿음을 가지고 복음의 핵심인 연합의 진리에 계속 집중해야 한다.

복음을 누리지 못하는 이유

"그리스도 예수를 주로 받았으니 그 안에서 행하되 그 안에 뿌리를 박으며 세움을 받아 교훈을 받은 대로 믿음에 굳게 서서 감사함을 넘치게 하라 누가 철학과 헛된 속임수로 너희를 사로잡을까 주의하라 이것은 사람의 전통과 세상의 초등학문을 따름이요 그리스도를 따름이 아니니라"(골 2:6-8).

주 안에서 손으로 하지 않은 그리스도의 할례, 즉 그리스도와 함께 죽고 부활하여 하늘에 앉혀진 연합이 바로 중독 증세의 육적 몸을 벗는 것이라고 했다. 우리는 그리스도와 함께 세례를 받음으로 그리스도와 함께 장사되었다. 그리스도께서는 죽음으로 우리를 거스르고 대적하는 의문에 쓴 증서를 도말하시고 십자가에 못 박으셨다. 즉, 돌로 내 몸을 상하고 있는 것 같은 죄의 중독과 율법중독에 대하여 우리는 죽은 것이다(골 2:9-14).

우리는 세상의 초등학문에 대하여 그리스도와 함께 죽었다. 그래서 세상에 사는 것같이 율법의 글씨에 순종해서는 안 된다. 그것을 강조할수록 회칠한 무덤의 부패로 돌아간다(골 2:20-22). 중독 증세와 싸워 이기는 비밀은, 그것을 하지 않으려는 노력과 함께, 다시 그것에 빠질 수밖에 없는 연약함을 그대로 인정하는 것이다. 더 나아가서 그 중독 증세의 근원인 옛 생명이 십자가에 죽어버렸다는 고백을 포기하지 말고 더 집중적으로 선포해야 한다. 그리고 제사장들이 이 땅의 장막에서 콩팥을 태워 제사를 드렸듯이, 믿음을 가지고 성령님을 의지하여 하늘 보좌의 예배에서 주의 말씀을 암송 선포하며 생각(중독 뉴런)을 태워야 한다. 오직 내 힘이 아닌 성령의 능력 안에서 선포하는 말씀만이 중독을 이길 수 있다.

그러나 잊지 말아야 할 것은 우리는 성화의 과정을 경험하는 것이므로, 우리 속에 죄 된 옛 습관은 점차 힘을 잃어가는 것이지 완전히 없어지지 않는다. 왜냐하면 썩을 몸을 입고 있는 한 우리의 이 육체에는 죄에 물든 습관이 있기 때문이다. 즉, 죄성이 우리 속에 누구에게나 남아 있다는 것이다. 그래서 진정한 믿음의 근거요, 보좌의 예배로 나아가는 근거는 그리스도가 나를 위해 죽으시고 부활하셨고 내가 그 죽음과 부활에 연합되어 하늘에 함께 앉혀졌다는 복음이다. 믿음으로 이미 앉혀졌으니 보좌의 예배도 오직 그 연합의 진리라는 복음을 믿음으로만 나아갈 수 있다.

그래서 죄 된 습관과 생각이 발견되어졌을 때 '내(옛 습관과 생각)가 그리스도와 함께 죽었다'고 선포해야 한다. 그것이 보좌의 예배로 올라갈 수 있는 유일한 핵심이다. 죄 된 습관이 나타났을 때 죽음 연합을 선포해야 부활 연합과 보좌 연합으로 이어질 수 있기 때문이다. 보좌의 예배의 핵심은 주님께서 베푸신 구원을 찬양하는 것이다. 구원의 본질은 주님과의 연합이기 때문이다(요 17:21).

그런데 주님과 죽음, 부활, 보좌, 성령으로 연합되었음을 진정으로 누리지 못하는 이유들이 있다.

첫째, 교회에 다니고 있으나 아직 예수님을 구주로 모시지 않은 경우이다. 구주라는 표현이 중요하다. 구원자와 주인이라는 뜻이다. 아담이 선악과를 먹은 행위의 핵심은, 아담이 하나님의 통치를 거부한 것이다. 아담이 자기의 주인이신 하나님을 거부하고 자기가 마음대로 결정하고 살겠다는 것이다. 모든 인간이 다 자기가 주인 노릇하려는 죄성이 있다. 그래서 죄 사함의 은총은 내가 주인되었던 삶을 "잘못했습니다"라는 고백으로 포기하고, "예수님이 나의 주인이십니다"라는 고백을 통해 얻게 된다.

진심으로 회개의 고백과 함께 예수님을 구주로 모신 자는 예수와 함께 죽고 부활하여 보좌에 앉혀진 신분이 되고 그것을 알게 하시는 성령님이 안에 계시게 되는 것이다. 그래서 성령께서 그 연합의 진리가 나타나는 순종의 삶으로 이끄시는 것이다.

둘째, 예수님을 구주로 모셨는데 아직 죄 된 습관이 나타나는 것은, 앞서 우샤인 볼트의 예화에서 말했듯이 죄의 관성 때문이다. 한 방향으로 전속력으로 달리던 사람이 어느 지점에서 갑자기 속도를 멈추고 바로 반대 방향으로 뛰어갈 수 없다. 우리는 죄를 향해 전속력으로 달려가던 존재였다. 그런데 예수님을 구주로 모시는 순간부터 하나님을 향하여 살아가는 존재가 되었다. 그러나 죄를 향해 달려가던 행동은 그대로 드러날 수밖에 없다. 그것이 우리의 실존이다. 그래서 바울도 자기 속에 죄의 법을 따르는 자신을 보면서 곤고하다고 표현한 것이다(롬 7:24).

물론 한순간에 외적인 죄들이 단번에 끊어지는 현상이 오기도 한다. 그러나 성질이나 말의 습관 등 내적인 성품들은 한번에 바뀌지 않는다. 나는 1992년에 죄 사함을 체험하자마자 세상을 벗삼아 즐기던 것들이 단번에 나의 의지와 상관없이 끊어진 경험을 했지만, 내적인 성품과 말의 습관이 바로 변화되지는 않았다.

우리가 예수님을 구주로 모셔들이는 순간 죄의 관성은 줄어들기 시작한다. 왜냐하면 죄의 관성의 본질인 자아가 예수와 함께 죽었기 때문이다. 그렇다고 '죄의 관성이 점점 줄어들어 저절로 죄가 없어지겠지'라고 생각하고 가만히 자신을 방치해두거나 방종하면 안 된다. 끊임없이 "내가 예수 그리스도와 함께 죽었다"는 믿음의 선포로 보좌 앞으로 나아가야 한다. 그럴 때 성령께서 크신 영광의 임재로 함께하시어 우리에게 죄를 이기도록 하시는 것이다.

그러므로 죄 된 습관과 그러한 생각이 들 때마다 그리고 죄가 드러났을 때마다, 율법적으로 무슨 행위를 하여 하나님을 기쁘시게 하려고 하기 이전에 "나는 예수와 함께 죽었습니다"라고 선포하며 보좌로 '휙' 빨리 올라가야 한다. 다른 도리가 없다. 그렇게 진리를 선포하며 보좌에서 주님의 임재 안에 머물 때에 성령의 능력으로 그 죄된 자아의 관성의 힘은 점점 줄어드는 것이다.

셋째, 앞선 두 가지를 하는데도 죄의 습관이나 생각이 계속 괴롭히는 경우는 아직 '예수 죽음 내 죽음'이라는 진리가 머리로만 아는 수준 또는 지적으로만 동의하는 수준에 머물러 있기 때문이다. 그러나 예수와 함께 죽음, 부활, 보좌 그리고 성령과 연합되었다는 지적 동의 차원의 선포를 포기하지 말라.

"지적으로만 동의하는 것은 소용이 없다. 삶이 의지적으로 바뀌지 않으면 소용이 없다"라는 가르침은 일견 좋은 가르침인 것 같으나 내가 보기에는 율법적인 가르침이며 거기에는 약간의 모순이 있다. 왜냐하면 이제 갓 회개하고 예수님을 구주로 믿게 된 사람은 옛 삶에 물든 죄의 관성을 이길 힘이 아직 없는 영적으로는 어린아이와 같을 수 있다. 그러한 자는 죄를 짓지 않으려고 몸부림을 쳐도 죄를 이길 수 없다. 이러한 자가 진정으로 회개하고 예수를 구주로 모셔들인 고백을 이미 했다면 예수님과 함께 죽음, 부활, 보좌, 성령으로 연합되었음을 지적으로라도 고백해야 한다. 그런데 그가 고백하는 지적 동의마저 소용이 없다고 하는 것은 진리를 붙들려고 하는 그들의 최소한의 진심 어린 믿음의 고백까지 포기하게 하는 것이다. 나는 오히려 그러한 자들에게 이렇게 권면한다.

"당신이 십자가상의 예수 그리스도 앞에 진심으로 회개하고 그 예수를 주인으로 모셔들였다면 당신은 예수와 함께 죽은 것입니다. 그게 진리입니다. 그 진리를 살아내기 위해서는 지적인 동의로서 입술로 계속 '예수 죽음 내 죽음'이라고 고백하여 하늘로 올라가 보좌의 예배를 드리십시오. 아직 그 죄를 이기는 능력이 나타나지 않았다고 해서 포기하지 마십시오. 그것은 당신이 죄 가운데 살았을 때 물들었던 강력한 죄의 관성입니다. 그 관성의 법칙을 당신의 힘으로 이길 수 없습니다. 계속 진리(예수와 함께 난 죽었다)를 지적으로라도 시인함으로 고백하십시오. 그것이 당신이 드리는 최선의 예배입니다. 그러다보면 그 입술로 고백하는 진리가 어느 날 주님의 때에 감정을 만지고 의지까지 만지게 되어 그 죄에서 돌이키는 역사가 나타날 것입니다. 말로 하는 지적 고백(생각)이 결국 감정을 움직이고 행동까지 나타나게 할 것입니다."

물론 죄를 짓지 않기 위해 최대한 노력해야 한다. 그러나 아무리 노력해도 넘어지는 이 연약함을 어떻게 해야 하는가? 우리는 죄를 이길 수 없기에 죄 앞에서 절망적인 존재이다. 절망적인 존재인 우리가 어찌할 방도가 없다. 그래서 복음이 우리에게 필요한 것이다. 바울도 우리와 똑같은 고백을 하면서 십자가로 인하여 감사했다. 바울의 고백이 우리의 고백이 되어야 한다.

"오호라 나는 곤고한 사람이로다 이 사망의 몸에서 누가 나를 건져내랴 우리 주 예수 그리스도로 말미암아 하나님께 감사하리로다 그런즉 내 자신이 마음으로는 하나님의 법을 육신으로는 죄의 법을 섬기노라 ··· 그러므로 이제 그리스도 예수 안에 있는 자에게는 결코 정죄함이 없나니 이는 그리스도 예수 안에 있는 생명의 성령의 법이 죄와 사망의 법에서 너를 해방하였음이라"(롬 7:24,25 ; 8:1,2).

죄를 이기려고 하되 자신의 의지로 하지 말고 성령께 의지하라. 그리고 성령께 의지하기 위해서 성령께서 이끄시는 유일한 도구인 말씀 안에 잠기라. 그 말씀 안에 잠기는 만큼 성령의 능력 안에 잠기게 되고, 성령의 능력 안에 잠기는 만큼, 복음의 핵심인 연합의 진리를 누리는 삶(죄 된 생각과 습관이 점점 힘을 잃어가는 삶)이 나타날 것이다. 그래서 결국 성령은 우리가 하늘에 앉혀진 존재임을 믿게 하시며 그 믿음을 통해 우리가 원하는 죄를 짓지 못하게 하실 것이다. 날마다 성령 안에 있어서 성령의 법에 물들게 되는 만큼 그 일이 이루어질 것이다. 우리 속에 착한 일을 시작하신 이가 그리스도의 날까지 이루실 것이다(빌 1:6).

보좌에 앉혀진 신앙

매일 새날을 맞이하면서 말씀을 암송하며 부패한 생각을 태우는 몸의 산 제사를 드릴 수 있는 유일한 기초는 온전한 복음인 죽음, 부활, 보좌 및 성령과의 연합이라는 진리이다. 몸의 산 제사의 유일한 위치는 하늘 보좌이다.

한 성도가 나에게 보좌의 신앙이 어떤 것인지를 물었다.

"지 목사님이 전하시는 '보좌의 신앙'이라는 표현 자체가 생소합니다. 지금 우리가 주님과 함께 부활하여 보좌에 앉아 있는 게 아니라 우리는 지금 이 땅에 살고 있으니까요. 문제가 터졌을 때 보좌로 빨리 올라가라는 말씀이 무슨 말인지 잘 모르겠어요. 실제가 아니지만 그렇게 생각해야 한다는 건가요?"

나는 '온전한 복음, 즉 연합의 진리'에 대해 구체적으로 설명할 필요를 느꼈다.

바울은 로마서 10장 9절에서 "네가 만일 네 입으로 예수를 주로 시인하며 또 하나님께서 그를 죽은 자 가운데서 살리신 것을 네 마음에 믿으면 구원을 받으리라"라고 말했다. 이 뜻은 십자가에 못 박혀 죽으시고 부활하신 예수님 앞에서 삶의 주인이 나인 줄 알았던 것을 진정으로 회개하고 예수님을 주인으로 믿고 모셔들인 자는 구원을 받는다는 것이다. 바울은 그 구원이 무엇인지 갈라디아서, 에베소서 그리고 디도서에서 구체적으로 표현하고 있다.

갈라디아서 2장 20절에는 '내가 그리스도와 함께 죽었다'고 표현했고, 에베소서 2장 5절에는 우리를 그리스도와 함께 살리셨으며, 이어지는 6절에서 하늘에 앉히셨다고 말했다. 그리고 디도서에서는 이렇게 말씀하신다.

"우리를 구원하시되 우리가 행한 바 의로운 행위로 말미암지 아니하고 오직 그의 긍휼하심을 따라 중생의 씻음과 성령의 새롭게 하심으로 하셨나니 우리 구주 예수 그리스도로 말미암아 우리에게 그 성령을 풍성히 부어주사"(딛 3:5,6).

진심으로 회개하고 예수를 주로 믿은 자는 예수와 함께 죽었고 부활하여 보좌에 앉혀진 것이며 성령으로 인치심을 받았다. 그래서 성령님을 의지하여 하늘 보좌에서 예배하는 삶을 사는 것이 구원의 본질이다. 진심으로 회개하고 예수님을 구주로 믿은 자에게는 그 믿음이 실제가 된다. 히브리서 11장 1절에 "믿음은 바라는 것들의 실상"이라고 했다. 말씀이 실상이다. 그래서 진리의 말씀을 온전히 믿으면 그 말씀이 실제가 되는 것이다. 우리의 삶이 '믿음 생활'이라는 것은 '말씀이 실제임을 믿는 삶'이라는 뜻이다.

나는 1997년부터 "이 땅에 있는 내가 실제가 아니라 보좌에 예수님과 함께 앉아 있는 내가 실제다"라는 말씀을 믿고 보좌의 예배를 드리며 살았다. 이것은 4위일체를 말하는 것은 아니다. 즉, 우리가 삼위일체 하나님께서 앉아 계신 보좌 중심에 함께 앉아서 하나님같이 되었다는 것이 아니라, 보좌 중심에 앉아 계신 삼위일체 하나님을 예배할 수 있는 위치인 보좌까지 끌어올려주셨다는 의미이다.

보좌에 앉혀졌다는 말씀을 실상으로 믿으니 어떤 일이 있어도 보이는 것에 반응하는 내 생각을 즉시로 태우고, 보좌로 바로 튀어 올라가서 하늘 평강을 누릴 수 있는 것이다. 진리의 말씀은 시간, 공간 그리고 물질 안에 제한되어져 있지 않기 때문이다. 따라서 그 말씀을 믿는 믿음도 시간과 공간과 물질을 초월한다. 그래서 보이는 것들에 반응하는 내 생각을 태우고 "내가 이미 예수님과 함께 죽었고 부활하여 보좌에 앉혀졌다"는 표현, 즉 이미 이루어졌다는 과거 시제의 표현을 그대로 진리로 받아들이고 하늘 보좌에서 예배하는 것이다. 그 진리가 우리를 자유케 한다.

예수님이 진리이시고 그 예수님이 시간과 공간과 물질을 초월하셔서 보좌에 계시니 나도 그와 함께 죽었고 살았으며 보좌에 있다는 것이 진짜 실제이다. 그러므로 '나는 보좌에 앉아 있는 게 아니라 여기 살고 있으니까 보좌의 신앙이 생소하다'라는 표현 자체가 이루어진 초월적 말씀을 믿는 믿음이 적다는 것을 말해준다.

다른 각도에서 말해보겠다. 바울은 에베소서 1장 4절에서 "곧 창세전에 그리스도 안에서 우리를 택하사"라고 말한다. 헬라어의 그리스도라는 표현은 히브리어의 메시아에 해당되는 단어이다. 그러므로 '그리스도'라는 단어 속에는 하나님으로부터 보냄을 받고 기름부음을 받아서 세상 죄를 지고 죽을 '어린양'의 의미가 숨어 있다. 그러므로 창세전에 그리스도 안에서 우리를 택하셨다는 것은 어린양 되셔서 죽으실 예수 그리스도 안에 우리를 이미 넣어주신 선택이라는 것이다.

여기서 '창세전'이라는 표현이 아주 중요하다. 이는 '시간과 공간과 물질이 생기기 전'이라는 뜻이다. 시간과 공간과 물질이라는 개념이 만들어지기 전에 어린양 되신 그리스도 안에서 우리가 선택된 것이므로 시간을 초월하여 그리스도 안에 우리가 함께 죽었고 살아서 보좌에 있다는 것을 믿을 수 있다.

당신이 시간을 초월하여 2천 년 전, 공간을 초월하여 지구 반대편 이스라엘 땅에서 죽으신 예수님의 죽음과 부활이 자신을 위한 죽음이라고 믿었다면 시간과 공간과 물질을 초월하는 그 믿음을 통하여 당신은 그리스도와 함께 죽고 부활한 것이다. 이 죽음과 부활을 믿는다면 마찬가지로 시간과 공간과 물질을 초월하여 보좌에 함께 앉혀졌다는 것도 믿을 수 있다.

예수님과 함께 보좌에 앉혀진 것을 믿는 것은, 내 안에 성령님이 계신 것을 믿는 믿음과 똑같은 믿음이다. 내 안에 오신 성령님은 내가 예수님과 함께 보좌에 앉혀진 것을 알게 하시는 성령님이시기 때문이다. 요한복음 14장 20절의 "그날(성령이 임하는 날)에는 내가 아버지 안에, 너희가 내 안에, (그래서 함께 죽고 부활하여 아버지 보좌에) 내가 너희 안에 (성령으로) 있는 것을 너희가 알리라"(요 14:20)라는 말씀이 바로 그것을 말씀하는 것이다.

요한복음 14장 20절은 예수님께서 죽으시기 전에 하신 말씀이다. 그때 쓰신 시제가 바로 시간과 공간과 물질을 초월하는 시제였던 것이다.

"On that day you will realize that I am in my Father and you are in Me and I am in you"(그날에는 내가 아버지 안에 너희가 내 안에 내가 너희 안에 있는 것을 너희가 알리라).

여기서 말하는 현재 시제는 단순한 현재 시제가 아니다. 시간과 공간과 물질을 초월하는 차원의 현재 시제이다. 시제가 현재라는 것을 볼 때 이것이 시간과 공간과 물질을 초월하는 차원, 즉 창세전에 선택하셔서 보좌에 이미 앉히신 차원을 말씀하시는 것이다.

구체적으로 보면, 이 말씀(요 14:20)을 하실 때가 아직 아버지께 올라가지 않았을 때인데도 'I am(현재 시제) in My Father(나는 아버지 안에 지금 있다)'라고 하셨다. 그리고 제자들이 아직 예수님의 십자가의 사건을 체험하지 않았는데도 'you are(현재 시제) in Me(너희는 내 안에 지금 있다)'라고 표현했다. 그리고 성령으로 아직 제자들의 영혼 속으로 들어가시지 않았을 시점인데도 불구하고 'I am(현재 시제) in you(내가 너희 안에 지금 있다)'라고 하셨다.

머리로는 이해가 잘 안 된다. 인간의 생각 안에서 땅의 차원에서

만 보면 예수님의 십자가와 부활을 목격하고 믿어야 제자들이 예수님 안에 들어가는 것이며, 예수님이 제자들 안에 성령으로 들어가는 것이다. 그런데 십자가 사건을 이루시기 전에 이렇게 표현하신 것은 바로 시간이라는 개념이 만들어지기도 전에 택하신 초월적 은혜를 말씀하시는 것이다. 초월자이신 하나님의 영, 즉 성령이 임하는 날 아버지께서 이미 창세전에 우리를 그리스도 안에서 선택하여 죽음과 부활에 넣어서 보좌에 앉게 하신 것을 깨닫게 된다는 것이다. 그래서 "나는 실제로 보좌에 올라가지 않고 땅에 있는데 그렇게 생각하고 살아야 한다는 건가요?"라는 인간 시제 차원의 생각을 태워버리고 오히려 반대로 이렇게 표현해야 한다.

"나는 비록 이 땅에서 여러 가지 환경에 의하여 넘어지고 쓰러지고 미워하고 두려워하고 걱정하고 염려하고 불순종하고 자기 연민에 빠지고 율법에 얽매이기도 하지만 그 생각을 믿음으로 태웁니다. 그 생각의 뿌리인 내 옛 자아, 즉 '나'는 이미 죽었고 이미 새 생명으로 부활하여 예수님과 함께 보좌에 앉아 있어서 주님을 예배할 수 있습니다. 이 땅의 삶에서 죽은 옛 습관이 자꾸 튀어나오는 것을 봅니다. 그때마다 나는 고통스러워하기도 합니다. 그러나 그 생각은 이미 주와 함께 죽은 것으로 믿기에 즉시 태워버리고 하늘 보좌에서 예배할 수 있습니다."

주님이 창세전에 나를 선택하셨고, 그리스도의 죽음, 부활, 보좌 그리고 성령 연합으로 이루신 진리를 그분의 보좌 앞에서 선포하며 예배하는 것이 올바른 믿음이다. 다시 말하지만 그냥 그렇게 생각하고 살자는 정도가 아니라 그것이 실제이고 그것을 믿고 선포하는 삶을 살아야 한다는 것이다. 보좌에 앉혀진 신앙의 확고함은 이 땅에서 우리의 예배에 지대한 영향을 미친다. 왜냐하면 그에 따라 예배의 처소가 이 땅에서 머물기도 하고 진정 하늘 보좌에서 예배를 드리는 것이 될 수도 있기 때문이다.

보좌 신앙의 열매

보좌에 주님과 함께 연합되어 앉혀졌다는 믿음으로부터 기독교의 모든 교리들이 다 흘러나온다. 그렇다면 보좌에 앉혀진 신앙의 열매는 무엇일까?

첫째로 거듭남을 확실히 누리게 되는 위치가 보좌이다. 누가 주와 함께 보좌에 앉혀질 수 있을까? 주와 함께 죽지 않고 주와 함께 부활하지 않은 자는 절대로 주와 함께 보좌에 앉을 수 없다. 보좌에 앉혀진 신앙을 통하여 우리는 거듭남이 무엇인지 확실히 알게 된다. 옛 생명이 죽고 새 생명으로 태어난 것만이 거듭남의 온전성이 아니다. 부활한 새 생명의 위치가 하늘 보좌라는 것이 거듭남의 본질이다. 하나님께서는 거듭난 자 안에 성령으로 인치셨다. 거듭남의 절정이 성령의 인치심인데 바로 성령께서는 예수님을 구주로 모신 자가 예수님과 보좌에 앉혀진 것을 알게 하시기 위해서 임재하신 분이시라는 것이다.

둘째로 보좌에 앉혀진 신앙은 어떤 상황 속에서도 기쁨을 누릴 수 있다. 보좌에 앉혀진 신앙은 만물이 있기 전에 창조된 기쁨의 동산을 걷게 되는 삶이다. 창세기 2장 8절의 동방이라는 히브리어는 '케뎀'인데 그 원뜻은 '천지 창조 이전'이라는 뜻이다. 즉, 천지가 창조되기 이전에 벌써 하나님께서는 우리를 택하셔서 기쁨의 동산에 두신 것이다. 하늘에서 예정하신 것을 이루시기 위해 그리스도께서 오셔서 죽으시고 부활하시고 보좌에 오르셨고 그 죽음과 부활을 믿는 자를 함께 죽이시고 부활시키셔서 보좌에 앉히신 것이다. 그 보좌가 바로 창세전 기쁨의 동산인 것이다. 그러므로 보좌에 앉혀진 신앙은 창세전 기쁨의 동산에 들어가서 어떤 상황 속에서도 어떤 피조물도 빼앗을 수 없는 기쁨과 평강을 누리게 된다(롬 8:38,39). 그래서 오직 하나님의 나라는 성령 안에서 의와 평강과 희락이라고 한 것이다(롬 14:17).

셋째로 보좌에 앉혀진 신앙은 사탄과 악한 영을 확실히 밟고 대적할 수 있다. 영적전쟁에 있어서 승리의 원리가 바로 보좌라는 위치이다. 보좌는 만물 위이므로 교회는 만물 위에 그리스도와 함께 있다(엡 1:21-23). 그래서 사탄의 머리를 밟고 있는 것이다. 따라서 환경을 통해 역사하려는 사탄을 명하여 꾸짖을 수 있는 것이 바로 우리 신앙의 본질적인 모습이다. 예수님께서 더러운 귀신들을 쫓아내시고 사탄을 꾸짖으셨다. 그리고 주님은 우리가 주님이 하신 일도 그대로 할 수 있다고 하셨다(요 14:12). 단순히 우리에게 그러한 특권을 주셨다는 것뿐 아니라 그럴 수 있는 확실한 위치인 보좌에 앉혀주셨기 때문이다.

넷째로 보좌에 앉혀진 신앙은 성도의 연합의 열쇠이다. 교회는 만물 위에 앉혀졌다. 그러므로 내가 주님과 함께 보좌에 연합되었듯이 교회의 모든 성도들이 함께 보좌에 앉아 있다. 사탄이 어떠한 일로 성도를 분리시키려 할 때 진정으로 보좌에 연합된 교회를 믿는 성도라면 그 사탄의 궤계를 알아챌 수 있다. 그리고 교회의 연합을 깨뜨리는 사탄을 주 예수 그리스도의 이름으로 대적하여 쫓아내고 성도의 연합을 이루는 데에 화목제로 쓰임받을 수 있다. 그리스도와 합하여 죽고 부활하여 보좌에 앉혀진 자들은 이제 더 이상 육체대로 사람들을 보지 않을 수 있다. 그리고 화목케 하는 직책을 수행하게 된다(고후 5:14-18).

다섯째로 보좌에 앉혀진 신앙은 늘 보좌로부터 파송받은 자로서 하나님의 나라를 선포하는 전도자의 삶을 살게 된다. 우리는 그리스도께서 하신 것을 똑같이 하도록 부르심을 받은 자들이다. 그리스도께서 하늘 보좌로부터 이 땅으로 오셔서 하나님의 나라를 선포하는 삶을 사시고 세상을 위하여 십자가를 지고 죽으셨다. 우리도 주와 함께 죽고 살아 보좌에 앉혀졌고 보좌로부터 파송받은 삶을 살아가는 존재가 된 것이다(요 20:21). 그래서 우리도 하나님의 나라를 선포하며 주께서 가신 십자가의 길을 따라감으로써 세상에 영생을 주시는 아버지의 뜻을 이루는 삶을 살게 된다.

예배의
본질을
회복하라

CHAPTER
06

찬양의 본질

천지는 없어지고 하나님의 말씀만 없어지지 않는다(막 13:31). 말씀은 영이며 예배는 영과 진리 안에서 드리는 것이다(요 4:23). 영적인 예배의 가장 중요한 요소는 하나님의 말씀 자체이다. 현대 교회의 예배는 말씀 자체보다 혼적인 요소에 많이 치우쳐 있다. 현대 교회가 드리는 예배를 구성하는 세 가지 중요한 요소는 찬양, 기도 그리고 설교이다. 이 세 가지 관점에서 우리의 예배가 얼마나 혼적으로 치우쳐 있는지 알아야 한다.

먼저 찬양 분야를 살펴보겠다. 오늘날 교회는 찬양에는 음악이 반드시 동반해야 하는 것으로 오해하고 있다. 현대인들은 '음악'이라는 단어를 떠올리면 오선지, 높은(낮은) 음자리표, 음표들의 높낮이(음정)와 장단(박자)을 떠올릴 것이다. 오선지 음악은 헬레니즘의 산물이다. 헬라시대의 피타고라스는 철학자이며 수학자로서 자연에 존재하는 음들의 수학적 조화로움을 발견하였고 그가 발견한 것이 기초가 되어 현재의 오선지 음악이 형성되었다.

찬양에 있어서 음악을 필수불가결한 요소로 생각한다는 의미는, 찬양을 할 때 반드시 노래를 불러야 하고 악기들로 반주를 해야 하는 것으로 오해를 하고 있다는 뜻이다. 이것은 큰 오해이다. 성경에서 말하는 찬양이라는 어원의 히브리어들은 헬라의 산물인 오선지 음악이 생기기 이전의 단어들이다. 그 대표적인 단어들은 '할랄, 야다, 바락'으로서 뜻 자체도 오선지 음악과 상관이 없다.

100번 정도로 가장 많이 사용된 찬양의 어원인 '할랄'은 '칭찬하다, 자랑하다'이며 다음으로 많이 사용된 단어인 '야다'는 '두 손을 들다', '바락'은 '무릎을 꿇다, 축복하다'라는 뜻이다. 이 세 단어들이 주로 구약성경에 '찬양, 찬송, 찬미, 송축'이라는 단어들로 번역이 됐다. 노래와 악기를 동원하여 찬양을 하는 의미로서는 아주 극소수의 히브리어가 쓰였다.

가장 많이 사용된 '할랄'의 뜻이 '칭찬하다, 자랑하다'라는 것을 볼 때 찬양의 본질은 '하나님을 높이고 자랑하는 말' 그 자체이지 헬라적 오선지 음악이 반드시 수반되는 것을 의미하지 않는다. '찬양'

의 본질이 '하나님을 높이는 말' 자체라면 그 말은 무엇이겠는가? 하나님의 거룩한 말씀 그 자체인 것이다. 그러므로 진정 영적으로 드려지는 찬양은 음악의 풍성함과 정교함에 있지 않고 하나님의 거룩한 말씀 자체가 많이 선포되는 것이다. 이것은 설교 시간을 많이 가져야 한다는 의미가 아니다. 하나님을 높이는 찬양의 시간에 온 회중들이 다 함께 말씀 자체를 선포하는 찬양의 모습을 말하는 것이다.

많은 찬양 전문가들이나 일반 성도들도 '음악이 찬양은 아니다'라는 개념을 어느 정도 알고 있다. 그럼에도 불구하고 음악을 절대시하고, 개인의 넋두리 같은 가사가 화려한 음악의 옷을 입고 있으면 그것을 찬양으로 오해한다.

가장 큰 문제는 아름다운 음악적 분위기를 하나님의 임재로 쉽게 착각하는 것이다. 음악적 분위기만 가지고 '하나님의 임재'의 유무를 말하는 것은 정말 위험하다. 하나님의 임재는 음악적 화려함에 있지 않고 정확하게 말씀으로 나타난다. 물론 말씀 자체를 가사로 하여 멜로디를 붙인 곡들이 있다. 그러한 곡들은 말씀 자체를 선포하는 것이므로 영적 찬양이 될 것이다. 그러나 한국 교회는 음악이라는 화려한 도구에 담겨지는 찬양에 익숙해진 경향이 많다. 정작 삶의 현장에서 험악한 상황이 갑자기 벌어졌을 때에는 우리의 감정을 만져주는 음악적 배경이 없는 것을 인식해야 한다.

풍성하고 화려한 음악적 배경에서 찬양했던 것에만 익숙해져 있으면, 감성을 충분히 만져주는 음악적 배경이 없는 현실의 삶에서 극한 상황이 닥쳤을 때에 말씀 자체만을 붙잡으며 하나님을 의지하기가 어려울 수 있다. 우리가 좋은 음악적 분위기 속에서 찬양을 하다 보니 말씀 자체의 능력만을 더 본질적으로 체험하지 못하는 것 같아 안타깝다.

나는 음악을 사랑한다. 나는 서울대학교에서 음악을 전공한 뒤 10년 동안 교회음악연구소에서 예배와 찬양 및 음악과 예배와의 관계에 대해서 연구를 했다. 그래서 음악이 예배에 얼마나 귀하게 쓰임받는지 안다. 하나님께서 자연에 존재하고 있는 수학적인 음의 배율(음정)과 시간(박자)의 조화(선율)를 창조하셨다. 분명히 헬라의 산물인 오선지 음악도 그 질서와 조화로움으로 인하여 창조의 세계를 누리게 하는 것임에 틀림없다. 음악 속에는 자연 질서의 원리가 들어 있으므로 훌륭한 음악을 도구로 한 예배에서는 창조주의 섭리를 잘 깨달을 수 있다.

그런데 음악은 단지 물리적인 현상이며 그 물리적인 현상은 혼(지, 정, 의)에 영향을 주며 영에는 영향을 주지 않는다. 물리적인 현상으로서의 음악적인 소리가 귀에 들려지면 우리의 지성이 그 음악에 대한 평가를 하면서 감정을 만지게 된다. 음악은 감정을 열어주는 역할을 한다. 음악의 역할은 거기까지이다.

정작 우리의 의지를 만지고 영에 영향을 주는 것은 메시지이다. 물론 가사가 없는 음악일 경우라도 작곡자가 영적인 목적을 두고 작곡했다면 그 작곡자의 영 속에 있는 메시지가 그 음악을 통해서 흘러가서 사람들의 영을 터치할 수 있다.

중요한 것은 우리가 찬양을 할 때에 헬라의 산물인 오선지 음악에 비중을 빼앗기지 말아야 한다. 오선지 음악이 탄생되기 전에 이미 존재했던 성경적인 찬양인 말씀선포 자체에 비중을 더 두어야 한다. 그것이 영적 찬양의 본질임을 잊어서는 안 된다. 음악으로 혼적 체험을 하는 것 자체가 나쁜 것은 아니다. 문제는 혼적 체험에만 머무는 것이다. 그런 의미에서 현대 크리스천들은 말씀 자체만으로 드려지는 진정한 찬양의 힘은 오히려 맛보지 못하고 있다.

나는 1997년부터 음악적 배경이 전혀 없는 상태에서 말씀암송을 통하여 말씀 자체의 선포만으로 하나님을 찬양하는 체험의 넓이와 길이와 높이와 깊이를 계속해서 점점 더 많이 누리고 있다. 영적 체험의 유일한 도구는 하나님의 거룩한 말씀이다. 말씀 자체로 체험하는 찬양은 음악의 유무나 음악적 실력의 좋고 나쁨과는 상관이 없다.

음악적 분위기 안에서만 고조된 의지적 결단은 약할 수 있다. 왜냐하면 그것은 감정에 치우친 채 결단한 것일 수 있기 때문이다. 우리의 의지적 결단은 감정에 치우친 것이 아닌 오직 말씀 앞에 마음을 돌이키는 회개에 근거를 두어야 한다. 진정한 영적 찬양의 훈련은 음악적 배경에 의존하지 않고 자기 스스로 말씀 자체를 암송하여 선포하는 것에 익숙해지는 것이다. 이것을 분명히 아는 자가 음악의 기능을 긍정적으로 적절히 잘 사용하여 누릴 수 있다.

나는 최근에 성령의 인도하심으로 새로운 각도에서 한국 교회의 예배를 살펴보기 시작했다. 대도시, 지방, 시골 및 해외 교민 사회 등 한국 교회에서 드려지는 모든 예배들은 거의 예외없이 음악적인 경배찬양으로 시작한다. 마치 그래야만 하는 법제화된 분위기이다.

나는 전통 유대인들의 회당 오후 기도회에 정기적으로 참석해본 경험이 있다. 그들은 모이자마자 토라의 말씀을 들고 소리 내어 읽고 암송하며 기도회를 시작하고 어느 정도 시간이 지나서는 랍비 한 사람이 전체를 인도하여 공통 말씀을 같이 선포하고 모임을 마치는 것을 보았다. 거기는 음악적 경배찬양의 모습이 전혀 없었고 오직 말씀만으로 모임을 진행했다. 그럼 과연 거기에 찬양이 없었던 것일까? 아니다. 그들이 말씀을 소리 내어 읽고 암송하여 선포한 것 자체가 하나님을 찬양하는 소리였던 것이다.

한번은 이스라엘에 갔을 때 주요 절기 기간에 통곡의 벽에서 많은 전통 유대인들이 말씀암송으로 기도하고 찬양하며 하나님께 예배를 드리는 것을 보았다. 만약에 한국 교회에서 중요한 절기였다면 아마도 우리는 다 같이 모여서 유명 찬양 팀이 인도하는 경배의 찬양 시간, 대표기도, 주강사의 설교 및 중보기도회 등의 행사가 진행되었을지도 모른다. 그런데 그들은 공식적인 행사를 전혀 진행하지 않았다. 밤 12시에 대낮처럼 밝은 조명 아래에서 수백 명이 모여 앉아서 각자가 성경(토라)을 들고 말씀을 소리 내어 읽고 암송하며 예배하는 것이었다. 수백 명이 각자 자신들의 고유의 톤으로 말씀을 선포하는 소리는 그야말로 장관이었다. 4부, 6부 합창이 아닌 몇십 부 아니 수백 부 합창같이 여겨졌다. 그때 나는 성경에서 말하는 '할랄'이 무엇인지 몸으로 체험했다. 거기에는 오선지 음악이 전혀 없었다. 말씀 자체를 선포하는 소리 자체가 하나님을 놀랍게 찬양하는 소리였던 것이다.

음악적 경배찬양이 잘못되었고, 하지 말아야 한다는 말이 결코 아니다. 찬양의 비중이 하나님의 말씀의 선포(단순히 설교를 말하는 것이 아니다)가 아닌 음악 중심으로 치우쳐버린 오늘의 예배 현실을 말하는 것이다.

에스겔서 28장과 이사야서 14장은 전통적인 해석에 의하면 마귀의 기원에 대한 내용을 담고 있다. "네가 지음을 받던 날에 너를 위하여 소고와 비파가 준비되었도다"(겔 28:13)라는 말에서 우리는 사탄이 루시퍼였을 때 음악장관이었음을 알 수 있다. 그리고 이사야서 14장 14절의 "가장 높은 구름에 올라가 지극히 높은 이와 같아지리라 하는도다"라는 표현에서 알 수 있듯이 사탄은 하나님의 자리에까지 오르려다가 하늘에서 떨어졌다. 하나님의 권좌까지 오르려던 루시퍼가 자기의 주특기인 음악의 권위를 거룩하신 말씀의 위치까지 올려놓도록 우리를 속이고 있다.

예배의 가장 중요한 요소는 음악이 아니다. 하나님의 때인 카이로스와 레마의 말씀의 선포이다. 설교 시간을 강조하는 말이 아니다. 쉬운 예를 들어보겠다. 과거에 한국 교회는 '예배의 부름'의 시간으로서 예배 인도자가 하나님의 말씀을 선포함으로써 예배의 시작을 알렸다. 또는 예배의 시작점에서 사회자와 성도들이 다 함께 성경 말씀을 교독하는 시간을 가졌다. 물론 지금도 그 전통을 고수하는 교회도 더러 있다. 사실 말씀을 선포하는 이러한 모습이 예배의 부름(Invocation)에 있어서 굉장히 중요한 순서이다. 경배의 찬양 문화가 한국 교회에 들어오기 전에는 예배의 시작을 알리는 이 예배의 부름으로서 하나님의 말씀의 선포가 있었는데 사실은 이것이 초대교회 예배의 중요한 전통이었다.

물론 음악적 경배찬양으로 예배를 시작할 수 있다. 그러나 중요한 것은 음악적 경배찬양이 예배의 부름이라는 파트를 담당할 수 있도록 하나님의 말씀을 레마로 선포하는 기능을 담당해야 한다는 것이다. 단순히 노래를 몇 곡 부른다고 해서 그것이 예배의 부름일 수는 없다.

레마 선포로서의 예배의 부름을 이해하기 위해서는 예수님께서 말한 '때'를 알아야 한다. 예수님께서 수가성 여인에게 "아버지께 참되게 예배하는 자들은 영과 진리로 예배할 때가 오나니 곧 이때라 아버지께서는 자기에게 이렇게 예배하는 자들을 찾으시느니라"(요 4:23)라고 말씀하셨다. 여기에서 이 '때'는 '카이로스'라는 아버지의 때를 말한다. 인간의 시간 속에서 '바로 지금' 초자연적으로 역사하시는 말씀의 성취의 때를 말씀하시는 것이다. 사마리아 여인은 예배의 장소에 대하여 예수님께 논쟁을 걸어왔다. 그러나 예수님은 장소가 중요한 것이 아니고 때가 중요하다고 말씀하셨다. 즉, 아버지께 영과 진리로 예배할 때가 오는데 그때가 바로 예수님께서 그 사마리아 여인 앞에서 선 바로 '그때'라고 말씀하셨다. 즉, 언약이 성취된 카이로스의 때가 바로 예배할 때라는 것이다.

더 쉽게 표현하면 예수님께서는 여인에게 이렇게 말씀하신 것이다.

"네가 찾는 메시아, 즉 그 진정한 생수가 곧 나이다. 그러므로 아버지께 예배할 때가 바로 지금이다. 예배할 장소는 그리심산도 아니고 예루살렘도 아니고 바로 여기다."

결국 여인이 메시아가 임한 그때(언약의 성취)와 레마를 만났기 때문에 여인이 마을로 달려가서 "내가 메시아를 만났다"라고 외친 것이다. 그 여인은 예수님을 만난 그때 난생 처음으로 아버지께서 찾으시는 예배자가 된 것이다. 예수님께서 '아버지께서는 아버지의 언약이 성취되는 때를 감지하고 예배하는 자를 찾으시느니라'고 하신 것이다. 즉, 엄밀히 말하면 카이로스와 레마를 못 만나는 예배는 아버지께서 찾으시는 예배가 아니라는 것이다.

나는 연구소에서 교회 음악을 10년 연구하고 그 뒤로도 예배에 대해 많이 고민하면서 요한복음 4장 23,24절에 집중했다. 그런데 최근에 그 '때'가 바로 사도행전 2장 오순절의 성령의 역사와 연결되는 것을 새롭게 알게 되었다. 오순절 마가의 다락방에서 급하고 강한 바람 같은 소리와 함께 등장하신 성령님으로부터 그들이 전혀 예상할 수 없었던 아버지의 언약이 풀어지는 레마의 카이로스(때)를 제자들이 경험한 것이다.

이 '때'가 예배의 가장 중요한 요소이다. 짜여진 인간의 크로노스 시간 속에서도 초자연적으로 언약을 성취하시는 하나님의 때에 성취되는 레마가 예배에 있어서 가장 중요하다. 따라서 중요한 것은 예배의 시작이 음악적 경배찬양으로 시작하든지 아니면 성시 낭독이나 사회자의 말씀 선포로 시작하든지 그 형태가 중요한 것이 아니다. 예배를 드리는 '바로 그때'가 하나님의 언약이 성취되는 때로서 레마의 말씀이 있는지가 중요하다. "매번 그런 초자연적인 언약의 성취를 만나는 때를 경험하는 예배가 어디 그렇게 쉬운가?"라는 질문을 할 수도 있다. 하지만 예수님께서 "아버지께서 그렇게 예배하는 자를 찾으신다"라고 하셨다면 아버지는 분명히 그러한 예배의 비밀을 우리에게 알려주고 싶어 하시며 성령을 통해 그 예배를 이끌기를 원하실 것이라고 믿는다.

내가 경험한 바에 의하면, 찬양 인도자 및 말씀 인도자가 평소에 말씀을 암송하는 보좌의 예배에 익숙해져 있다면 그것을 쉽게 경험할 수 있다고 본다. 왜냐하면 보좌가 바로 시공을 초월하는 초월적 위치이기 때문에, 초월의 자리 보좌에서 말씀을 암송하며 생각을 태우는 예배에 익숙해진다면 이 땅에서 하나님의 카이로스를 만나는 예배는 그리 어렵지 않다.

나는 요즈음 카이로스적 레마를 만나는 예배, 너무나 기쁘고 즐거운 예배를 체험하고 있다. 마치 삼층천의 예배를 맛보는 것과 같다. 늘 믿음으로 삼층천의 중심인 보좌에서 말씀을 암송하며 내 생각을 태우며 주의 영광을 바라보는 예배를 드리기 때문에 이러한 것을 자주 경험하는 것이라고 믿는다.

나는 어느 교회의 전교인 수련회에서 이 예배할 '때'와 '레마'가 무엇을 의미하는지 알게 되는 체험을 했다. 나는 수련회 둘째 날 마지막 예배를 준비하고 있었다. 쉬는 시간이었는데 승우라는 여섯 살짜리 꼬마아이가 앞으로 나오더니 화이트보드에 빨간색 펜으로 동그라미를 그리고 거기에 색칠을 하고 테두리를 더 큰 원으로 그린 뒤에 나를 보고 말했다.

"목사님, 해에 붕대 감았어요!"

나는 그 말을 듣자마자 사도행전 2장의 오순절 날 성령이 임하고 나서 베드로가 선포했던 "자녀들은 예언할 것이요"라는 말씀과 함께 암송하고 있는 로마서 8장 말씀이 떠올랐다.

"생각하건대 현재의 고난은 장차 우리에게 나타날 영광과 비교할 수 없도다 피조물이 고대하는 바는 하나님의 아들들이 나타나는 것이니 피조물이 허무한 데 굴복하는 것은 자기 뜻이 아니요 오직 굴복하게 하시는 이로 말미암음이라 그 바라는 것은 피조물도 썩어짐의 종노릇한 데서 해방되어 하나님의 자녀들의 영광의 자유에 이르는 것이니라 피조물이 다 이제까지 함께 탄식하며 함께 고통을 겪고 있는 것을 우리가 아느니라 그뿐 아니라 또한 우리 곧 성령의 처음 익은 열매를 받은 우리까지도 속으로 탄식하여 양자 될 것 곧 우리 몸의 속량을 기다리느니라"(롬 8:18-23).

태양에 붕대를 감았다는 여섯 살짜리 승우의 표현은 피조물들이 신음하고 아파하고 있다는 것이었다. 나는 그 아이의 표현이 하나님의 음성처럼 다가왔다. 아이를 통하여 로마서 8장 말씀이 레마로 임하고 그 레마의 말씀이 임한 바로 그때가 아버지께 예배할 때라는 것을 알았다. 나는 아이에게 "이따가 예배 시작할 때 내가 부르면 이 그림이 뭘 의미하는지 그대로 이야기해주렴" 하고 부탁했다.

예배가 시작될 때 나는 음악을 도구로 한 경배찬양의 시간을 갖지 않았다. 곧장 승우를 불러내었고 아이는 "태양에 붕대를 감았어요"라고 말했다. 그리고 나는 그것이 인간의 죄 때문에 피조물이 고통을 당하고 있고 우주의 온전한 회복의 때인 예수님의 재림을 기다려야 한다는 하나님의 음성이었음을 알리며 로마서 8장 말씀을 암송으로 선포했다. 그리고 사도행전 2장 오순절 성령이 임하고 나서 베드로가 선포한 요엘서의 말씀을 선포했다.

"하나님이 말씀하시기를 말세에 내가 내 영을 모든 육체에 부어주리니 너희의 자녀들은 예언할 것이요 너희의 젊은이들은 환상을 보고 너희의 늙은이들은 꿈을 꾸리라"(행 2:17).

아이의 대언적 행위의 표현과 사도행전 말씀과 로마서 8장 말씀이 선포되자 모든 성도들의 입에서 탄성이 흘러나왔고 박수와 함께 감사와 찬양의 고백이 터져나왔다. 나는 곧바로 앞의 말씀들과 연관된 말씀들을 계속해서 암송으로 선포했다. 그러자 그곳은 갑자기 성령께서 광풍을 보내시는 오순절적인 예배의 분위기에 휩싸이게 되었다. 제자들이 성령의 세례를 기다렸던 마가의 다락방에 드디어 성령께서 초자연적으로 역사하시자마자 베드로가 벌떡 일어나서 암송하고 있는 요엘서와 시편 등 하나님의 말씀을 선포했던 것과 유사했다.

아이의 단순한 예언적 퍼포먼스(화이트보드에 그림을 그림)와 갑작스런 레마의 말씀이 선포된 순간, 화려한 음악적인 경배찬양으로 몇 십 분 힘써도 도저히 체험하지 못할 법한 예배의 분위기가 단 몇 분 만에 조성이 되고, 성령의 강력한 임재가 나타나는 예배를 경험했던 것이다. 레마의 말씀의 선포로 말미암아 삽시간에 예배 분위기는 영적인 분위기로 바뀌었고 그 흐름 속에서 나는 계속해서 주제의 말씀을 선포했다. 그리고 말씀의 선포 끝 무렵에 반주자에게 잔잔한 음악을 연주해달라고 했다. 레마의 말씀이 충분히 역사한 뒤에 은은하게 흘러나오는 선율을 따라 함께 소리 내어 노래를 부를 때 그 찬양은 하늘로 치솟아오르는 것 같았다. 말씀의 임재가 중심이 되고 음악은 철저하게 보조적으로 사용된 것이다. 이렇게 음악이 말씀의 권위를 따라오듯 철저히 보조적으로 사용될 때 예배에서 가장 아름답게 쓰임받는 것이다.

예배를 인도하는 사회자나 음악적 경배찬양을 인도하는 자나 회중의 자세는 하나님께서 카이로스적으로 역사하시는 레마를 기대하는 마음으로 서야 한다. 이 레마는 심오한 체험이 있는 자들에게만 임하는 것이 아니다. 예배에 대한 흥분과 설렘과 기대감이 있는 자에게 레마가 쉽게 임한다. 그런 면에 있어서 오히려 주의 인자하심을 맛보기 시작한 초신자들 중에서 레마를 쉽게 만나는 경우가 많다. 그들은 예배에 대한 기대감으로 충만해 있다. 이제 막 복음의 영광스러움에 참예하기 시작했기 때문에 모든 것이 은혜로 여겨진다. 사마리아 여인이 바로 그러한 자였다.

반면에 기대감이 없는 예배를 드리고 있다면 신앙생활의 연륜이나 직분과 상관없이 죽은 예배를 드리고 있는 것이다. 신앙이 오래된 사람일수록 타성에 젖어 레마를 만나지 못할 가능성이 더 많다. 똑같은 예배 속에서 오히려 기대감과 설렘으로 충만한 초신자는 주의 인자하심을 더 많이 맛보는데도 불구하고 말이다. 성령께서는 인간이 만들어놓은 예배의 순서나 방식을 초월하여 레마로 역사하시기 때문에 신앙생활의 연수나 직분에 상관없이 예배에 대한 기대감과 설렘으로 가득 찬 사람은 성령님께서 레마로 역사하시는 것을 쉽게 체험한다.

그런 면에서 예배 인도자는 마치 초신자와 같이 겸손하게 누구보다도 예배에 대한 기대감과 설렘이 커야 한다. 또한 그 기대감과 함께 말씀암송으로 말씀에 충만한 상태로 준비돼야 한다. 예배에 대한 기대감이라는 겸손과 평소 말씀암송으로 보좌의 예배에 훈련된 성실함이 영과 진리로 나아가는 중요한 요소가 된다. 그리고 어린 아이의 작은 행동 속에서도 하나님의 대언적 메시지를 감지할 수 있는 영적 민감성이 있어야 한다. 그러한 초월적인 레마와 카이로스를 감지할 수 있는 비결은 늘 믿음으로 초월의 자리인 보좌에서 말씀암송의 예배에 익숙해져 있는 것이다.

아버지께서 영과 진리 안에서 예배하는 자를 찾으신다. 성령님은 예배의 영이시다. 성령님은 불, 바람 그리고 생수처럼 역사하신다. 성령님은 인간의 프로그램 안에 갇혀 있는 분이 아니시다. 단순히 '여러 곡을 노래하면 예배의 분위기가 잡혀지겠지'라고 생각하면 오산이다. 영 안에서 예배한다는 것은 바로 이 성령님께서 카이로스적으로 하나님의 레마로 역사하시는 예배, 즉 사도행전 2장 같은 예배를 말한다. 진리 안에서 예배한다는 것은 글자로 쓰인 말씀에 묶인 예배가 아닌, 하나님께서 카이로스적으로 역사하시는 레마를 감지하여 그 레마를 붙들고 선포하는 예배여야 한다.

한국 교회의 많은 찬양 팀들이 훌륭한 영성을 가지고 있음에도 불구하고 음악적 경배찬양의 정형화된 틀 속에 갇혀 있는 모습을 발견하곤 한다. 빠른 노래 몇 곡을 부르고 나면 여지없이 느린 노래가 시작된다. 빠른 곡에서 느린 곡으로 넘어갈 때에는 인도자가 성도들에게 박수치며 주님께 영광을 돌리자는 멘트를 하고, 느린 곡 몇 곡이 흐른 후에는 쓰여진 곡조에 얽매이지 않고 두 개 정도의 코드 안에서 자유롭게 예배하는 분위기로 인도된다. 놀랍도록 이런 예상은 현실과 일치되는 것을 본다.

모세와 대제사장 아론은 제사의식을 치르면서 지성소에서 하늘로부터 임하는 초자연적인 계시를 레마로 받아 백성들에게 그 말씀을 그대로 선포했다. 예배(찬양, 말씀) 인도자는 평소에 말씀을 암송하여 늘 초월의 자리인 하늘 보좌의 예배를 드리는 데에 익숙해져 있어야 한다. 그럴 때 이 땅의 크로노스 시간 속에서 회중 예배를 인도함에 있어서 하나님께서 보내시는 카이로스적인 레마의 말씀을 붙잡는 예배가 쉬워질 것이다.

기도의 본질

이제 기도를 살펴보겠다. 예배의 중요한 요소 중 빼놓을 수 없는 것이 기도이다. 기도는 주의 뜻을 구하는 것이다. 주님의 뜻은 말씀 속에 있다. 그리고 말씀은 영이다. 따라서 영적인 기도는 말씀 자체로 이루어진 간구이다. 그것은 한 마디로 제사장적 기도이다. 제사장적 기도의 예는 바울이 각 교회에 보내는 편지 속에서 발견할 수 있다. 즉, 바울이 하나님과 성도들 사이에 서 있는 차원에서 하나님을 향하여 성도들에게 하나님의 뜻이 이루어지도록 기도하는 내용에서 찾아볼 수 있다. 신약의 바울서신에 나오는 그 제사장적 기도의 뿌리는 토라(모세오경)이다. 즉, 바울 자신도 자신의 혼적 생각으로 쥐어짜낸 기도가 아니라 말씀에 입각하여 선포한 기도라는 것이다.

제사장적 기도의 좋은 예는 여러 군데에 있다. 여기서는 에베소서 3장 14-21절을 예로 들겠다.

"이러므로 내가 하늘과 땅에 있는 각 족속에게 이름을 주신 아버지 앞에 무릎을 꿇고 비노니 그의 영광의 풍성함을 따라 그의 성령으로 말미암아 너희 속사람을 능력으로 강건하게 하시오며 믿음으로 말미암아 그리스도께서 너희 마음에 계시게 하시옵고 너희가 사랑 가운데서 뿌리가 박히고 터가 굳어져서 능히 모든 성도와 함께 지식에 넘치는 그리스도의 사랑을 알고 그 너비와 길이와 높이와 깊이가 어떠함을 깨달아 하나님의 모든 충만하신 것으로 너희에게 충만하게 하시기를 구하노라 우리 가운데서 역사하시는 능력대로 우리가 구하거나 생각하는 모든 것에 더 넘치도록 능히 하실 이에게 교회 안에서와 그리스도 예수 안에서 영광이 대대로 영원무궁하기를 원하노라 아멘."

바울은 각 족속에게 이름을 주신 아버지 앞에 무릎을 꿇고 빈다고 하면서 성도들과 하나님 사이의 중재자로서 기도를 드리고 있다. 이러한 말씀을 선포하며 기도하는 것이야말로 영적인 기도이다. 그런데 한국 교회의 공예배, 소그룹 모임, 개인 예배에 있어서 드려지는 기도는 거의 자신의 생각을 나열하는 혼적인 기도이다. 이웃, 민족, 국가, 열방, 이스라엘을 위해 기도한다 해도 자신의 생각을 표현하는 경우가 많고, 말씀 자체를 선포하여 드리는 제사장적 기도가 많이 결여되어 있다. 물론 하나님께서는 우리 생각의 부르짖음을 들으신다. 그것이 잘못은 아니다. 다만 우리의 모든 삶의 필요에 대한 간구는 결국 "내 뜻대로 마옵시고 아버지 뜻대로 되기를 원합니다"라는 차원이 되어야 한다. 그렇다면 결국 하나님의 뜻이 담긴 하나님의 말씀을 선포하는 것이 영적인 기도이다. 그렇게 내 인간적인 생각의 요구를 태워버리는 말씀으로 기도를 드릴 때에 하나님의 나라가 임하는 것이다.

기도의 중요한 요소인 방언도 다분히 혼적으로 사용되는 경우가 많다. 방언은 분명히 성경에서 말하듯이 신령한 노래이며 영적인 기도의 언어이다. 방언은 알아듣지 못하며 그 자체에 유익이 있다(고전 14:2). 알아듣지 못하기 때문에 유익이 없다고 가르치는 것은 잘못이다. 알아듣지 못하는 것이 유익이라는 것은 혼적인 생각이 침투하지 못하는 영적인 찬양의 언어인 방언으로 성령님과 교통한다는 것이다. 방언이 영적인 찬양이라는 근거가 있다.

사도행전 2장에서 성령이 임하시고 무리가 다 다른 나라 방언으로 말하기 시작했을 때 그 방언을 듣는 사람들이 이렇게 말한다.

"우리의 각 언어로 하나님의 큰일을 말함을 듣는도다"(행 2:11).

그들은 방언을 하나님이 행하신 큰 일을 찬양하는 것으로 들었다. 그리고 베드로가 고넬료의 집에서 말을 할 때에 성령이 말씀 듣는 모든 사람에게 내려오시고 베드로와 함께 온 할례자들이 이방인들이 성령을 받고 방언을 말함과 동시에 하나님을 높이는 것을 들었다고 한다(행 10:44-46). 또한 바울은 고린도전서 14장 15절에서 "내가 영으로 기도하고 또 마음으로 기도하며 내가 영으로 찬송하고 또 마음으로 찬송하리라"라고 하며 생각의 언어(마음)로도 또한 방언으로도 하나님을 찬양한다고 했다.

그런데 이런 말씀과는 다르게 처음부터 인상을 찌푸리면서 마음에 큰 짐을 짊어지고 있는 듯한 표정으로 방언을 하는 사람들을 종종 본다. 방언을 할 때에 내가 가진 문제를 생각하며 붙잡고 기도하는 것은 영적인 언어인 방언을 혼적으로 잘못 사용하고 있는 모습이

다. 왜냐하면 방언이 하나님을 높이며 찬양하는 영적 언어이기 때문
이다.

방언기도는 말씀을 소리 내어 암송하며 생각을 태우며 주의 영광
만을 바라보는 기도와 통한다. 하늘 보좌에 앉혀진 믿음으로 하늘
언어인 방언기도를 통하여 보좌로 더 깊이 나아갈 수 있는 것이다.
내가 알아듣지 못하는 영의 기도를 통하여 오히려 문제에 집중하는
내 생각을 태우고 내 안의 성령님을 찬양하는 것이 바로 방언의 유익
이다.

설교의 본질

한국 교회의 설교 시간도 다분히 혼적 차원에 머물고 있다. 모든
설교자들의 설교를 혼적 차원이라고 매도하는 것이 아니다. 진정으
로 깊은 기도와 말씀 묵상을 통하여 영적인 설교를 하는 훌륭한 목
사님들이 많이 계실 것이다. 나는 단지 우리의 예배가 말씀 자체를
낭독하고 선포하는 시간보다 말씀을 지성적으로 분석하여 설명하
는 차원의 설교가 더 중요한 것으로 여기게 된 관습을 말하는 것이
다. 말하자면 말씀 낭독은 설교의 보조적인 수단이 되어버렸다. 하
나님의 직접적인 설명인 성경말씀이, 오히려 사람의 설명인 설교보다
더 비중이 약해져 있다. 물론 설교자 자체가 해당 본문을 얼마나 많

이 되뇌이며 영적인 묵상을 했는가에 따라 그 설교는 영적인 결과로 나타난다.

전통 유대인들의 회당 예배에서는 율법서 자체를 낭독하는 것이 가장 중요한 순서이다.

루터대학교 김창선 교수는 《유대교와 헬레니즘》이라는 책에서 유대교의 회당 예배를 다음과 같이 묘사한다.

"회당 예배 순서를 말하고자 한다. 그들은 쉐마를 낭송하고, 법궤 앞으로 다가가 토라를 낭송하고, 예언서로 마친다. 회당 예배는 제의적인 부분과 교육적인 부분으로 나눌 수 있다. 제의적인 부분은 유대교의 신앙고백을 뜻하는 '쉐마'를 낭송함으로 시작된다. 쉐마는 신명기 6장 4-9절과 11장 13-21절, 민수기 15장 37-41절로 이루어져 있다. 이 본문은 야훼만이 이스라엘의 하나님이심을 선포하고 그분을 지속적으로 기억할 것을 확실히 규정한다. 쉐마 낭송을 전후하여 한두 개의 찬송을 한다. 그런 다음 회당 예배의 핵심을 이루는 이른바 '쉬모네 에스레'라는 기도가 이어진다. 이 기도문의 팔레스타인 판본은 본래 18개의 기도문을 담고 있었기에 숫자 18을 뜻하는 '쉬모네 에스레'라는 이름으로 불렸다. 쉬모네 에스레는 하나님을 향한 찬양과 청원과 감사의 형태로 신앙의 중심 주제들과 이스라엘의 소망을 담고 있다. 이것은 기도의 전형으로 통하기에 단순히 '트필라'라고 불리며, 혹은 선 채로 기도하기에 '아미다'라고 불리기도 한다.

쉬모네 에스레의 처음 3개 기도는 하나님을 찬양하는 기도이고, 이어서 기도의 중심부를 이루는 12개의 청원 기도가 계속되고, 마지막으로 3개의 찬양과 감사의 기도가 뒤따른다."

유대교의 예배에 있어서 제의적인 부분이 중요한데 말씀 자체를 낭독하며 기도하고 찬양하는 것이 예배의 가장 중요한 비중을 차지한다. 반면 현대 한국 교회의 예배는 교육적인 부분으로서의 설교를 위해 잠깐 성경을 봉독하는 정도이고 말씀에 대해 얼마나 잘 설명하는가에 영적인 예배의 가치를 두게 된 것 같다. 말씀에 대한 강연식의 설교가 필요하지 않은 건 아니지만, 예배의 요소에 있어서 강연 중심의 설교에 큰 비중을 둠으로 인하여 지성소에서 대제사장들이 영광의 임재 가운데 말씀 자체를 선포했던 분위기에서 한참 멀어졌다는 것이다.

우리의 예배가 하나님의 카이로스에 하나님의 레마가 선포되고 음악을 철저하게 보조적인 수단으로 사용하여 하나님을 찬양하게 되기를 바란다. 우리의 생각을 쥐어짜는 혼적 기도보다 말씀 자체를 선포하고 기도하면서 모든 예배의 회중이 지성소의 체험 가운데 들어가게 되기를 원한다. 그리고 성령께서 영광으로 임재하셔서 말씀 그 자체를 선포하는 예배가 드려지기를 소원한다. 과연 그러한 예배를 우리가 드릴 수 있을까? 그 열쇠는 사도행전 2장에 나타난 마가의 다락방의 오순절 예배에 있다.

사도행전 2장의 오순절도 주일이었다

사도행전 2장 오순절 예배의 현장에 홀연히 하늘로부터 급하고 강한 바람 같은 소리가 제자들이 앉은 온 집에 가득했고, 불의 혀같이 갈라지는 것이 각 사람 위에 임하였으며, 성령이 말하게 하심을 따라 각 나라 사람들이 알아들을 수 있었던 다른 방언으로 말하기 시작한 놀라운 현상들이 있었다.

그리고 베드로의 놀라운 말씀선포, 즉 요엘 선지자를 통해 예언된 성령, 그리스도의 부활을 미리 본 다윗의 초월적 믿음에 대한 설교, 회개, 죄 사함, 성령의 선물로의 초대가 있었다. 여기에서 마음에 찔림을 받은 자들이 회개하며 제자들이 받은 동일한 성령을 선물로 받는 일이 일어났다.

오순절 예배의 결과로서는 앉은뱅이를 일으키는 기적들과 사도들의 가르침을 받고 떡을 떼며 물건을 통용하고 집에 있든지 성전에 있든지 복음을 전하게 되는 역사들이 나타났다. 제자들이 복음을 전파할 때 주께서 함께 역사하사 그 따르는 표적들로 말씀을 확실히 증거하셨다(막 16:20). 이것이 진정한 성령세례를 받은 성령공동체를 통해 나타난 현상들이다.

예수님께서 약속하신 대로 임하신 성령님께서 직접 연출하신 사도행전 2장의 오순절 예배는 역사상 가장 위대한 예배의 현장이었다. 그 예배는 제자들이 이전에 경험하지 못했던 전혀 뜻밖의 예배였는데 그때 성령께서 임재하신 결과로서 첫 번째 기록된 것이 "하늘로부터 급하고 강한 바람 같은 소리"가 있었다는 것이다. 즉, 성령의 광풍이 베드로를 비롯한 제자들과 예수님의 가족들과 여인들에게 강타하여 초대교회가 세워졌고 동일한 광풍이 다른 제자들과 사도 바울에게도 불어 그들을 통하여 유대인을 비롯한 열방에게까지 구원이 크게 전파되었다.

세계 선교가 완성되어가는 작금의 우리에게 필요한 것은 성령께서 광풍으로 역사하시는 오순절적 예배이다. 여기에서 마가의 다락방 예배를 조명해봄으로써 성령께서 역사하실 수 있는 제2, 제3의 오순절적 예배를 드림으로써 성령의 광풍을 체험하여 땅끝까지 복음이 전파되어 주의 날을 맞이할 수 있게 될 것이다.

주의 날을 기쁨으로 고대하는 좋은 아이디어가 있다. 그것은 일주일마다 다가오는 주일을 진정한 주의 날로 기대하며, 더 나아가서 오순절을 맞이하는 태도로 예배하는 것이다. 많은 성도들이 오순절이 부활 후 50일째 되는 날이라는 것은 잘 안다. 그렇지만 일곱 번째 안식일 후 첫날(7x7=49, 49+1=50)로서 바로 오순절도 주일이었다는 것을 중요하게 생각하는 사람은 별로 없는 것 같다. 말하자면 안식일 후 첫날이 주님께서 부활하신 주일이었는데, 그 부활하신 주일 후로 7번째 주일에 해당하는 날이 오순절이었던 것이다. 이것은 현재 우리의 주일예배야말로 오순절적이어야 한다는 것을 말해준다.

미국의 윌로우크릭교회는 교회를 처음 나오는 불신자 내지 초신자들을 고려하여 특별히 예배를 각색하는 시도를 했다. 소위 열린 예배라는 개념이다. 그 영향을 받아 많은 한국 교회들도 동일한 시도를 했다. 불신자들이나 초신자를 위한 예배를 시도하는 것도 좋다. 그런데 기존 신자들을 위한 주일예배를 비롯해 예배를 드리는 특정 사람들의 성향만을 고려하는 차원의 열린 예배는 아닌지 살펴보아야 한다. 하나님을 먼저 생각하기보다 사람들을 의식하여 찬양곡을 선정한다든지, 기도와 설교의 내용조차 사람들을 지나치게 고려한 나머지 하나님은 뒷전이 되지는 않았는지 점검해 보아야 한다.

예배 시간에 대한 부분도 마찬가지다. 요즘 보면 예배 큐시트라는 것을 작성하여 시, 분, 초 단위로 예배를 마치 방송 진행하듯이 드리는 교회들이 많다. 큐시트 작성 시 하나님보다 사람을 더 고려한 것은 아닌지 돌아봐야 한다. 점심식사 시간과 다음 예배 시간을 위해서 앞 예배 시간을 잘 지켜야 하고, 성도의 숫자에 비해 공간이 너무 좁아서 여러 번 예배를 나눠 드려야 하는 현실을 인정한다.

하지만 너무나도 자주 우리는 사람의 편의와 의견에 따라 예배 시간과 간격을 정하는 것은 아닐까. 우리의 예배 시간이 너무 짧고 틀에 짜여져 있어서 성령께서 초자연적으로 역사하실 기회조차 드리지 못하는 것은 아닌가. 역사상 가장 놀라운 예배의 현장이었던 오순절 마가의 다락방 예배는 바로 온전히 성령님만을 기다리다가 만난 주일의 현장이었다는 것을 잊지 말아야 한다.

사람보다 성령께 열린 예배

예배를 받으시는 대상은 하나님이시다. 예배는 어떤 부류의 사람들을 향한 열린 예배이기 이전에 성령께 열린 예배여야 한다. 즉, 어떻게 하면 주일예배 가운데에 성령께서 광풍으로 역사하실 수 있을까를 먼저 생각하는 성령께 열린 예배를 추구해야 한다. 그런 의미에서 사도행전 2장의 예배는 중요한 모델을 제시해준다. 마가의 다락방의 오순절 사건이 도대체 어떤 예배의 요소가 있었기에 역사상 가장 놀라웠던 초자연적인 성령의 역사가 있었는지 살펴보도록 하자.

첫째, 사도행전 2장의 예배는 오직 하나의 목적을 향한, 즉 '성령 세례'를 기다리는 예배였다. 예수님께서 하늘로 오르시기 전, 즉 이 땅을 떠나시기 전에 마지막으로 던지신 문장이 바로 "오직 성령이 너희에게 임하시면…"이었다(행 1:8). 그 말씀에 앞서서 예수님은 "예루살렘을 떠나지 말고 내게서 들은 바 아버지께서 약속하신 것을 기다리라 요한은 물로 세례를 베풀었으나 너희는 몇 날이 못되어 성령으로 세례를 받으리라"라고 말씀하셨다(행 1:4,5). 예수님은 이미 약사십 일 전에 십자가의 죽음 직전에 유언으로써 성령을 소개하셨다. 예수님께서 실상을 말씀하셨는데 자신이 떠나가는 것이 유익이라고 하시면서 보혜사를 보내실 것이라고 하셨다(요 16:7). 그러면서 성령을 다음과 같이 소개하셨다.

"내가 아버지께 구하겠으니 그가 또 다른 보혜사를 너희에게 주사 영원토록 너희와 함께 있게 하리니 … 보혜사 곧 아버지께서 내이름으로 보내실 성령 그가 너희에게 모든 것을 가르치고 내가 너희에게 말한 모든 것을 생각나게 하리라"(요 14:16, 26).

제자들은 예수님께서 죽으시기 전에 유언으로써 소개하신 성령, 또한 승천하시기 전에 마지막으로 남기신 유언인 '성령세례'에 집중할 수밖에 없었다. 제자들은 예수님을 쫓아다녔던 3년 반 동안 하나님의 일을 찾아다닌 것 같았으나 사람의 일을 구하였다. 예수님께서 죽으심과 부활을 비로소 처음 말씀하셨을 때 베드로는 예수님을 붙들고 간구하였고 그때 예수님은 하나님의 일을 생각하지 않고 사람의 일을 생각한다고 하셨다(막 8:31-33). 결국 인류 구원의 핵심인 십자가 앞에서 예수님을 버리고 도망함으로써 제자들이 예수님을 따라다닌 것은 하나님의 일을 생각한 것이 아니라 사람의 일을 생각했다는 것이 드러났다.

사실 제자들은 모든 것을 버리고 주를 좇았던 자들이었다(막 10:28). 그러나 아무리 모든 것을 버리고 주를 좇는다 하더라도 자신의 목적을 이루기 위해 따르는 것은 소용이 없다. 그것은 예수님의 제자훈련이 실패를 의미하는 것이 아니라 예수님의 제자훈련의 클라

이맥스인 성령세례로 가는 길이었다. 오직 성령을 통해서만 하나님 나라의 시민으로서의 삶과 제자의 삶이 가능하다.

예수님의 길을 예비하러 온 세례 요한은 "나는 너희에게 물로 세례를 베풀었거니와 그는 너희에게 성령으로 세례를 베푸시리라"(막 1:8)라고 하며 예수님이 이 땅에 오신 궁극적인 목적은 성령세례를 베푸시기 위함이었다고 표현했다.

"요한이 또 증언하여 이르되 내가 보매 성령이 비둘기같이 하늘로부터 내려와서 그의 위에 머물렀더라 나도 그를 알지 못하였으나 나를 보내어 물로 세례를 베풀라 하신 그이가 나에게 말씀하시되 성령이 내려서 누구 위에든지 머무는 것을 보거든 그가 곧 성령으로 세례를 베푸는 이인 줄 알라 하셨기에"(요 1:32,33).

그래서 예수님께서는 제자들에게 3년 반의 제자훈련을 하셨고 결국 그 제자 된 삶은 오직 성령의 세례를 통해서만 가능하다는 것을 말씀하시고 하늘로 올라가신 것이다. 그리고 제자들은 부활 승천하시는 것을 보고 나서 3년 반을 예수님을 따른 것이 진정으로 하나님나라를 위한 것이 아니었음을 깨닫고, 예수님이 떠나시기 전에 약속하신 성령을 부어주실 것만을 기대했다.

우리의 주일예배는 오직 성령의 세례를 대망하는 예배여야 한다. 어느덧 돌아온 정기 예배에 출석함으로써 하나님과의 관계를 적당히 유지하고자 하는 차원의 예배가 아니다(이사야서 1장). 내가 계산할 수 있는 더러운 죄만 씻고자 하는 차원의 율법적인 예배의 차원이 아니다. 노래를 부르며 내 감정만을 쏟아놓기 위한 예배가 아니다. 설교를 통해 감동을 받는 것이나 지식을 채우는 것도 목적이 아니다. 예배의 처음부터 끝까지 성령세례를 갈망하는 찬양과 기도와 말씀이어야 한다.

예배를 통해 얻어지는 더 많은 결과들이 있는데 어찌 오직 성령세례만이 목적이 되어야 하는가 반문할 사람도 있을지 모른다. 그렇다면 성령세례가 무엇인지 잘 모르고 있을 확률이 높다. 성령세례를 통하여 우리는 성령의 생수에 완전히 잠기게 되어 우리의 자아는 완전히 십자가에 죽고 부활하여 보좌에 앉혀지고 우리 안에 온전히 그리스도만이 사는 자신의 정체성을 깨닫는다. 또한 만물 안으로 파송받은 정체성을 깨달아 하나님나라의 대사로서 우리 안에 임하신 그리스도를 좇아 살아가게 된다. 아버지의 뜻이 이루어지는 삶은 오직 성령세례를 통해서만 가능하다. 그래서 우리의 예배의 목적은 오직 성령세례여야 한다.

둘째, 성령세례를 받기 위해 제자들은 예수님 승천 직후부터 오순절까지 말씀으로 기도하며 말씀으로 찬양하는 것에 전념했다. 사도행전 1장 8-14절 말씀을 살펴보면 제자들과 여자들 그리고 예수님의 어머니와 아우들은 예수님께서 승천하신 직후에 곧바로 기도에 전념하기 시작한 것을 알 수 있다. 기도에 전념한 것은 승천 직후로부터 10일 동안 주일까지 마가의 다락방에서 계속되었다.

당시 제자들의 기도는 전통에 따라 모든 회중들이 다 함께 말씀을 소리 내어 암송으로 낭독하는 기도였다. 유대인들은 여호와 하나님을 예배할 때 모세오경과 시문학서(시편, 잠언, 전도서 등)와 선지서들을 낭독한다. 말씀 자체를 선포하는 것이 진정한 기도이고 찬양이며 예배 자체이다. 우리는 주일예배를 기다리는 주중에 매일 말씀으로 기도하며 말씀으로 찬양하는 것에 전념해야 한다. 그리고 주일예배에서도 말씀 자체를 선포하는 기도와 찬양이 더욱 풍성해야 한다. 우리 생각으로 하는 기도와 대표기도에 의존하지 않고 모든 회중이 주님의 뜻이 담긴 말씀을 다 같이 선포하는 기도와 찬양으로 풍성히 나아가야 한다. 그것이 성령의 세례를 받을 수 있는 가장 안전하고 확실한 지름길이다.

셋째, 그 말씀 기도와 찬양의 본질은 회개의 기도였다. 예수님의 제자들과 가족들과 여인들이 10일 동안 드렸던 말씀기도는 계속적으로 자신들의 옛 부대를 버리는 회개기도였다. 그들은 모세오경을 선포하며 기도하는 가운데 그리스도의 십자가를 떠올리며 자신들이 주인이 되어 하나님의 일을 생각하지 않고 사람의 일을 추구했던 마음을 돌이키는 회개로 나아갔다. 그리스도의 십자가 앞에서 자신들이 바라보고 기대했던 하나님나라의 고정관념을 내려놓는 말씀기도였다. 모세오경의 말씀을 선포하며 기도하는 가운데 그들은 그리스도의 죽음, 부활, 승천에 집중했다. 그리고 선포되는 말씀들 속에 있는 자신들의 고정관념 차원의 하나님나라가 잘못된 개념이었다는 것을 계속 확인할 수 있었다. 그래서 옛 부대 차원의 하나님나라에 대한 개념을 계속 내려놓는 회개의 마음으로 나아갔다. 성령은 새 포도주이신데 새 포도주를 받기 위해서는 옛 부대를 찢어버려야 했다.

베드로는 자신이 알고 생각하고 있는 차원에서 볼 때 메시아는 죽으면 안 된다고 생각하여 인류 구원의 핵심인 예수님의 죽음을 막아섰다. 그는 모든 것을 버리며 주를 따랐고 주와 함께 죽겠다고 여러 번 결심했지만 결국 고난당하시고 죽으시는 예수님을 철저히 외면했고 저주까지 한 후 다시 어부로 돌아갔었다. 야고보와 요한도 예수님을 정치적인 메시아로 보며 따랐기에 권력을 잡게 되면 우편과 왼편에 앉게 해달라고 했었다.

결국 십자가와 부활 그리고 승천하신 예수님을 목격하고 나서 베드로, 야고보, 요한 그리고 모든 제자들은 자신들이 생각했던 하나님나라가 실패한 개념이라는 것을 철저히 알았다. 그리고 승천 직후 선포하는 말씀 속에서 발견되는 자신들의 하나님나라에 대한 잘못된 개념을 계속해서 부인하는 회개의 기도에 전념했던 것이다.

현대 교회들도 오순절적인 주일예배를 체험하기 위해 말씀을 선포하는 기도로 나아가며 하나님나라에 대한 잘못된 개념을 철저히 내려놓는 방향으로 나아가야 한다. 자신의 혼적 감정만을 쏟아내는 기도나 찬양의 차원에서 머물지 말고 말씀 자체를 선포하며 자신 속에 있는 하나님나라에 대한 불완전한 지식과 경험의 옛 부대를 계속해서 찢는 회개 차원의 말씀기도로 나아가야 하는 것이다. 그것이 바로 오순절적인 예배이다. 성령세례는 말씀 자체 안에 잠기는 것이다. 주일예배뿐 아니라 매일매일의 개인 예배든지 어떠한 회중 예배든지 말씀이 풍성하게 선포되는 예배야말로 성령세례를 받을 수 있는 정확한 통로이다.

그리고 매주 예배를 드릴 때마다 오순절적인 예배를 사모하며 성령께서 나타내시는 은사적인 결과들에 대해서도 마음을 크게 열고 있어야 한다. 사도행전 2장에도 오순절 성령께서 역사하시자마자 각 나라 방언으로 말하게 되는 등 예상할 수 없었던 은사들이 나타났다.

로버트 하이들러가 지은 《메시아닉 교회》라는 책에 의하면 사도행전 2장의 마가의 다락방으로부터 시작된 초대교회의 예배는 성령의 은사들이 놀랍게 나타나는 역동적인 예배였다고 한다. 그러나 불과 4세기도 채 지나지 않아서 그것이 변질되기 시작했다. 태양신 숭배자였던 콘스탄틴 황제가 진정으로 그리스도인으로 거듭나지 않은 채 기독교를 공인하면서 초대교회의 본질을 많이 왜곡시켰다. 복음적인 유대적 전통들을 배제시키면서 태양신 미트라 숭배사상과 헬라주의를 혼합시키게 된 것이다.

그는 예배를 주도하는 사제계급을 만들어 회중들 위에 군림하도록 계급화하고 미트라 종교의식을 예배에 가미시켜 복잡한 순서가 진행되는 차원으로 초대교회 예배를 변질시켰다. 그리고 일반 회중들은 예배 때 소리를 내지 못하게 했다. 결국 모든 회중들이 성경을 함께 선포하고 주님께 기도하며 찬양하고 성령의 은사들이 자연스럽게 역동적으로 나타나는 오순절 예배의 모습을 삭제해버린 것이다.

마르틴 루터나 칼빈 같은 개혁자들이 상당히 많은 부분에서 초대교회의 모습을 회복시킨 공헌이 분명히 있다. 그러나 그것은 완전한 것이 아니었다. 초대교회의 귀중한 예배의 모습을 회복시키지 못한 채 헬라적인 요소와 미트라 종교 숭배 의식의 잔재들 위에 개혁주의 예배의 형식을 고착시킨 것이다.

이러한 것들을 인식하게 된 깨어 있는 주의 종들을 통해 20세기 후반부터 예배 회복의 물결이 전 세계로 퍼져갔다. 그러나 그 예배 회복운동의 모습은 음악을 사용한 경배찬양의 발전 차원으로만 치우친 경향이 있다. 이제 하나님께서 약속하신 진정한 성령세례를 위한 초대교회 예배의 회복이 있어야 한다. 그러기 위해서는 말씀을 읽고 선포하는 예배 가운데 하나님의 초자연적인 카이로스에 임하는 레마와 함께 성령께서 다양한 은사로 역사하는 오순절 예배를 회복해야 한다.

성령으로 난 사람은 이와 같으니라

"내가 네게 거듭나야 하겠다 하는 말을 놀랍게 여기지 말라 바람이 임의로 불매 네가 그 소리는 들어도 어디서 와서 어디로 가는지 알지 못하나니 성령으로 난 사람도 다 그러하니라"(요 3:7,8).

오순절 날 성령님께서 임하실 때 홀연히 급하고 강한 바람 같은 소리가 있었다. 성령의 세례를 받은 베드로를 비롯한 초대교회 성도들은 세상이 감당할 수 없는 사람들로 변화되었다. 예수님은 성령의 사람이 바람처럼 어디로 흘러갈지 모르는 사람들이라고 말씀하셨다. 성령으로 거듭난 사람은 성령님께서 이끄시는 대로 움직이는 사람이다. 성령님은 대표적으로 불, 바람 그리고 물의 성질을 가지고 계신다. 불, 바람, 물의 중요한 공통점은 일정한 형태 없이 계속 움직이는 것이다. 불은 한 번도 똑같은 모습으로 타오르지 않는다. 물도 바람도 흘러가지만 완전히 똑같은 모양으로 흘러가지 않고 항상 새로운 모양으로 흘러간다.

그러나 불, 물 그리고 바람은 분명한 방향성이 있다. 불은 위를 향해 타오르며 물은 하나님의 사랑이 이 세상을 향하듯 위에서 아래로 흘러가고 바람도 기압의 차이에 따라 움직인다. 성령의 사람은 항상 하늘 본향이라는 위를 향해 타오르는 불꽃처럼 자신을 불사르는 삶을 살아간다. 성령의 사람은 항상 높은 하나님의 사랑을 전하기 위하여 낮은 곳 어디로든 달려간다. 성령의 사람은 바람이 부는 대로 날아가고 물이 흐르는 대로 흘러간다.

성령께서 타오르고 흐르시고 불어오시는 대로 움직일 수 있는 상태가 되기 위해서 우리는 어린아이와 같이 순전한 마음이어야 한다. 그러기 위해서 성령께서 역사하시는 가장 완전한 재료인 성경말씀으로 내 생각을 태우며 계속 자아를 부인해야 한다. 우리가 소경 거지 바디매오처럼 "나를 불쌍히 여기사 보게 하소서"라는 겸손한 태도로 늘 하나님 앞에 서 있어야 한다. 우리는 무엇을 보고 있으나 정말 그것을 제대로 보지 못하는 소경과 같다는 것을 인식하고 바디매오의 고백을 겸손히 드려야 한다.

마가복음 10장에서는 구원받기 위한 백성의 태도는 어린아이와 소경 같아야 된다고 말하기 위해서 몇 가지 상황을 연결시켜 설명하고 있다. 마가는 10장에서 우선 이혼에 대하여 예수님과 바리새인들이 논쟁하는 것을 다루는데 거기서 예수님께서는 "너희 마음의 완악함을 위하여 모세가 이 명령을 기록하였다"고 말씀하신다. 즉, 사람의 마음이 완악하다는 것은 자신의 삶의 태도를 쉽게 버리지 못해서 성령께서 바람으로 역사하실 때 함께 움직일 수 없는 상태인 것이다. 이혼 논쟁 직후에 예수님께서 바로 하신 말씀이 어린아이와 같이 하나님나라를 받아들여야 하나님나라에 들어갈 수 있다고 하셨다. 어린아이와 같이 마음이 완악하지 않고 부드러우며 순수한 백지 상태가 되어 있어야 성령께서 타오르시는 곳, 흐르시는 곳, 바람 부시는 곳으로 흘러갈 수 있는 것이다.

어린아이에 대한 믿음을 강조하시자마자 또 다른 마음의 완악한 사람이 등장한다. 부자 청년이다. 그는 어려서부터 하나님의 계명을 다 지켰다고 자부하기는 했지만 결국 그가 가진 재산 때문에 마음이 완악하여 가진 것을 버리지 못하여 영생에 대한 문제를 해결하지 못하고 근심하며 예수님을 버리고 떠나가게 된다. 그러자 바로 직후 제자들도 예수님께서 "부자가 천국에 들어가는 것이 심히 어렵다"고 하셨을 때 "그렇다면 누가 구원을 얻을 수 있겠는가?"라고 수군댄다. 즉 "그 청년같이 어려서부터 하나님의 계명을 다 지켰다고 하는 자도 영생을 얻지 못한다면 과연 누가 구원을 얻을 수 있는가?"라며 자신들의 마음의 완악한 상태를 드러낸 것이다.

이때 주님은 "사람은 할 수 없고 하나님은 다 하실 수 있다"고 하셨는데 그것은 앞의 상황을 연결시켜서 생각해볼 수 있다. 즉, 어린아이와 같이 마음이 완악하지 않은 자는 무엇이든지 다 하실 수 있는 하나님께서 베푸시는 영생을 누릴 수 있다는 의미이다. 이어서 주님께서는 주님과 복음을 위하여 모든 것을 버릴 수 있는 자가 바로 영생을 얻게 된다고 하시면서 주님을 위하여 자신의 생각을 태우고 늘 모든 것을 버리는 자들이야말로 어린아이처럼 비워진 자들이기에 하나님의 영생을 맛보아 성령께서 역사하시는 대로 살아가게 된다는 것을 강조하셨다.

바로 이어서 예수님은 먼저 된 자가 나중 되고, 나중 된 자가 먼저 된다고 하시면서 겸손한 마음으로 버릴 준비를 하여 어린아이와 같이 비워진 마음 자세를 가져야 한다고 강조하셨다. 그리고 야고보와 요한이 "주님께서 왕의 자리에 앉으실 때에 우리를 우편과 좌편에 앉게 하소서"라고 하면서 바로 자신들의 마음의 완악함으로 예수님을 따랐다는 것을 스스로 나타낸다. 거기에다가 예수님은 자신이 앉게 될 영광의 보좌에 앉혀지기로 예비된 자들은 바로 예수님의 죽음의 잔과 세례에 연합되어 과거의 옛 생명의 모든 것들을 버릴 자들이라고 말씀하신다.

그리고 나서 등장하는 것이 바로 거지 바디매오 사건이다. 그는 "나를 불쌍히 여기소서 보기를 원하나이다"라는 고백을 함으로써 예수님께로부터 "네 믿음이 너를 구원하였도다"라는 말씀을 듣고 즉시로 거지와 소경의 삶을 버리고 예수님을 길에서부터 따르게 된다. 실로 성령으로 난 자는 소경과 같이 즉시 과거의 삶을 청산하고 예수님을 따르는 자다. 우리는 늘 소경처럼 "나는 아무것도 보지 못하는 영적인 소경입니다. 나는 아무것도 모릅니다. 나를 불쌍히 여기소서!"라고 주님 앞에 늘 겸손히 서 있어야 한다. 그렇게 자신의 생각을 태우는 마음 자세가 바로 어린아이와 같은 상태이며, 그 같은 상태에 있는 자들이야말로 성령께서 바람으로 역사하시는 대로 움직일 수 있다. 이미 예수님께서는 하늘에 계신 아버지를 향하여

'나는 아무것도 스스로 할 수 없다'라는 고백으로 정확한 모델이 되어주셨다(요 5:19,30).

하나님나라는 어린아이처럼 즉시 순수하게 받아들이는 자의 것이다. 어떤 돌발적인 상황이 벌어져도 즉시 어린아이처럼 '나는 하나님과 함께 하늘에 앉아 있어! 주님은 내 안에 계셔!'라고 반응한다면 어떤 상황에서도 즉시 생각을 태우며 마음을 지킬 수 있다.

베드로는 하나님 아버지께서 큰 긍휼로 예수 그리스도를 죽은 자 가운데서 부활시키셔서 우리를 거듭나게 하셨고, 그 거듭남은 썩지 않고 쇠하지 않는 유업으로서 하늘에 간직하신 생명이라고 했다. 그래서 우리는 여러 가지 시험을 당하게 되어 잠깐 근심하고 걱정하며 염려하게 되지만 즉시 오히려 기뻐할 수 있다고 강조했다. 왜냐하면 우리의 거듭남은 썩어질 씨로 된 것이 아니라 썩지 아니할 씨로 된 것인데 그것이 바로 항상 살아 있는 하나님의 말씀으로 된 것이기 때문이며 모든 육체는 풀과 같이 마르고 시드나 주의 말씀은 세세토록 있기 때문이다.

이제 비방하는 말을 버리고 갓난아이처럼 순전하고 신령한 젖을 사모함으로써 온전한 구원에 이르는 영적 성장을 이루어나가자. 갓난아이가 어머니 젖을 분석하지 않고 빨아서 성장하듯이 하나님의 말씀을 먼저 분석하지 말고, 무조건 마음에 새겨 넣자(벧전 1:1-2:2).

성령님은 우리가 예수님과 함께 죽었기에 이미 죄와 자아가 처리

되었고, 여전히 지속적으로 나타나는 옛 자아의 생각과 행동 습관도 예수님과 함께 이미 죽은 것이라고 선포하신다. 우리는 예수님과 함께 부활한 생명으로서 공중 권세를 잡은 사탄과 만물보다 위인 보좌에 앉혀져 있으므로 하늘 보좌에서 파송된 확실한 정체성으로 살아갈 수 있다(엡 1:22,23, 요 20:21). 그리고 그 삶으로 이끄시는 성령께서 내 안에 계시기 때문에 성령님만 사랑하면 그 십자가의 도를 더욱 확실히 누릴 수 있다. 거듭 강조하지만, 예수님의 죽음, 부활, 보좌에 연합되었다는 진리는 이 땅에서 우리가 누릴 수 있는 하나님나라의 가장 핵심 사건이다. 이 진리를 믿도록 하시고 알게 하시는 성령님을 더욱 사랑하며 높여드리는 삶을 살자.

나는 27년 동안 교회를 거의 결석 없이 다녔으나 예수 생명 없이 다니다가 1992년도 서른 살에 죄 사함의 은총을 체험했다. 그로부터 5년 뒤에 십자가의 도, 즉 그리스도와 함께 죽음, 부활, 보좌에 연합된 정체성을 알게 되었고 그것을 깨닫게 하시기 위해 내 안에 오신 분이 성령님이심을 알게 되었다. 그때 나는 예수님께서 '오직 성령'이라고 표현하신 의미가 무엇인지 깨달았다. 그래서 나는 성령님과 친밀한 만큼 삶 속에서 하나님의 뜻을 이루며 살 수 있다는 확신 속에서 오직 성령님만을 갈망하기 시작했다.

그러던 중 1998년 3월에 삶을 완전히 주께 바치는 헌신과 함께 주의 종으로 부르심을 받았다. 이후 신학대학원을 졸업한 뒤 세계 선교의 꿈을 가지고 미국으로 건너가 2003년도부터 뉴욕에서 청년부 사역을 하던 중 2004년, 교단 총회에 참석하기 위해 로스앤젤레스에 갔다. 거기서 옛 친구를 만나게 된 것이 성령님을 더 갈망하게 되는 계기가 되었다. 그 친구는 서울음대 동문으로서 학창 시절에 가장 친했던 친구 중 한 사람이었는데 그는 졸업 후 유럽으로 유학을 갔다가 한국으로 귀국한 뒤 활동을 하다가 로스앤젤레스로 이민을 온 상태였고 미국 서부 지역에서 음악가로서 활동을 하면서 세계 정상의 자리에 오르고자 하는 소원을 가지고 다시 한 번 유럽 쪽으로 진출해보려는 꿈을 가진 상태였다.

나는 그와 지난 추억을 나누다가 헤어지면서 그에게 "기도할 때 성령님께 기도하니?"라는 한 마디를 툭 던지고 뉴욕으로 돌아왔다. 로스앤젤레스에서의 일정을 마치고 뉴욕으로 돌아온 뒤 며칠 후에 나는 그 친구로부터 걸려온 전화를 받고 놀라움을 금할 수 없었다.

"형이 '성령님께 기도하니?'라고 물었을 때 나는 큰 충격을 받았어. 나는 목사의 아들로 성장하면서 삼위일체 하나님을 분명히 알고 있었는데 성령님께 기도한다는 말은 처음 들었거든. 형과 헤어지고 난 그날 밤에 '성령님!' 하고 불러보았는데 그때 갑자기 성령님께서 강하게 임하시게 되었고 그날부터 매일 몇 시간씩 때로는 12시간 동안 기도로 성령님과 깊은 교제를 하게 되었어."

나는 그 전화를 받고 너무 기뻤고 또 한편으로는 무척 부러웠다. 먼저 된 자가 나중 되고 나중 된 자가 먼저 된다는 예수님의 말씀이 실감났던 것이다. 성령님께 기도하는 것을 알려준 것은 나였으나 오히려 나보다 더 성령님과 깊은 교제를 하는 것 같아서 그 친구가 부러웠다. 그는 일주일에도 몇 번씩 전화를 해서 오랜 시간 동안 성령님과 깊은 교제를 한 내용을 말해주었다. 나는 성령님에 대한 갈망과 어느 정도의 체험과 지식이 있었으나 깊은 기도로 성령님을 더욱 친밀하게 만나고 있는 모습으로서는 그 친구보다 훨씬 부족하다는 것을 알게 되었다. 성령님을 향한 그의 열정과 기도는 자연스레 내게 영향을 주어, 어느 날 아주 야무진 기도를 하게 되었다.

'성령님, 이 세상에서 성령님을 제일 사랑하는 자가 되고 싶어요.'

그 기도는 친구를 이겨보겠다는 차원의 경쟁적 모습이 아닌 순수한 어린아이의 마음과 같은 기도였다. 성령님을 더 갈망하다보니 그러한 기도가 흘러나오게 된 것이다. 그 기도는 성령님께서 보시기에 기특한 기도였다고 본다.

하나님의 일을 할 목적으로 그렇게 기도한 것도 아니다. 나는 당시 하나님의 일은 하나님께서 보내신 자를 믿는 것이라는 말씀을 믿고 단지 아버지와 아들께서 보내신 성령님을 더 믿고 사랑하기 위한 목적 하나만으로 성령님을 이 세상에서 제일 사랑하는 자가 되고 싶다고 말한 것이다(요 6:29). 내가 그렇게 기도할 수 있었던 것은 오직 십자가의 도에 대한 깨달음 때문이었다. 예수님과 함께 죽음, 부활 그리고 보좌에 연합된 것을 알고 누리게 하시는 분이 성령이시기에 성령님만 사랑하고 믿으면 온전한 복음으로부터 온전한 자유를 누릴 수 있겠다는 확신이 생긴 것이다.

성령님을 이 세상에서 제일 사랑하는 사람이 되고 싶다는 기도를 한 지 2년 정도가 지난 후 성령님께서는 내게 부드럽고 강하게 찾아오셨다. 성령께서 새롭게 찾아오시기 전까지 나는 1997년부터 약 9년 동안 십자가의 도에 대한 말씀이 너무 좋아서 암송을 하고 있었고, 암송과는 별도로 성령님을 갈망하는 기도를 해오고 있었는데 성령님께서 드디어 9년 만에 성령님을 사랑하는 방법으로서 '말씀암송으로 나를 바라보라!'는 음성을 주셨던 것이다.

그래서 나는 2006년도부터 말씀암송으로 성령님을 사랑하는 기도를 하면서 새로운 생수의 강에 잠기기 시작했고 그 생수의 강에 대한 체험이 너무도 강력하여 그 후로부터 계속 말씀암송기도로 성령님을 바라보는 데 전념하고 있다. 그러다가 2014년 11월 12월 두 달 동안에는 뉴욕의 집 근처 자연 속에서 적게는 4시간, 많게는 6-7시간, 평균 5시간 동안 마가복음, 갈라디아서, 에베소서, 빌립보서, 골로새서, 야고보서, 베드로전서, 요한복음 17장 및 십자가의 도에 관한 구절 160구절 등 약 2,500구절 전체를 암송하며 성령님을 경배했다.

이것은 암송하는 구절들을 깨닫고자 함도 아니었고 어떤 계시를 받고자 함도 아니었다. 단지 하나님나라를 어린아이처럼 받아들이지 않는 자는 결단코 들어갈 수 없다는 예수님의 말씀을 믿는 행동이었다. 그래서 암송으로 저장된 말씀을 다시 떠올려 단순하게 반복하였고 또한 새로운 구절들도 천천히 추가시키면서 하얀 종이와 같은 갓난아이의 상태처럼 내 생각을 비우며 성령님을 사랑하는 기도를 드렸다.

특히 나는 "하나님의 나라를 어린아이와 같이 받들지 않는 자는 결단코 그곳에 들어가지 못하리라"(막 10:15)는 예수님의 말씀과 "갓난아기들같이 순전하고 신령한 젖을 사모하라 이는 그로 말미암아 너희로 구원에 이르도록 자라게 하려 함이라"(벧전 2:2)라는 베드로의 표현을 무척 좋아한다. 깊은 영성으로 나아가는 길이 어린아이와 같아지는 것이라는 주님의 말씀은 나에게 완전한 자유를 가져다주었다. 그래서 나는 주와 함께 죽었고 살아서 하늘 보좌 앞에서 말씀기도를 통하여 나의 생각을 태워드리며 어린아이의 맑은 심성으로 더욱 변화되기를 늘 간절히 사모하며 기도한다. 하나님께서 창세전에 미리 정하시고 이루신 것을 아들을 통하여 성취하셨고 이미 정하시고 성취하신 것을 누리게 하시기 위하여 내 안에 성령으로 들어오셨으므로, 나는 성령님만 바라보고 높여드리면 되기 때문이다.

성경의 여러 권의 책을 연속으로 암송하는 말씀기도를 통하여 내 자아의 생각을 계속해서 태워드리는 동안 주께서 내 생각 속의 어제의 필터를 버리게 하시고 날마다 새로운 필터를 주시는 것을 체험할 수 있었다.

주님은 지극히 작고 작은 나를 주야로 말씀을 암송하며 순종하는 삶을 살게 하며, 영광스러운 복음에 합당한 보좌의 예배를 드리는 자로 부르셨다. 나를 그렇게 예정하셨고 부르셨으며 씻으시고 거룩하게 하셨으며 의롭게 하셨고 영화롭게 하셨다(롬 8:30). 내가 말씀암송 선포로 늘 성령님을 예배할 때 성령님께서는 나를 하늘 기뻠의 동산인 보좌에 올려주신다. 성령께서는 거기서 늘 믿음으로 주의 영광을 보게 하시며 주님의 미소를 닮게 하신다. 그리고 이 땅의 험악한 광야 뉴욕 월스트리트, 브루클린, 타주, 한국, 중국, 일본, 호주, 뉴질랜드, 유럽 등 어떤 광야든지 가게 하신다. 또한 그곳이 광야이든 푸른 초장이든 주께서 거기 계심으로 그곳에서 말씀을 암송으로 선포하며 예배하게 하신다. 그리고 입술의 열매를 통하여 아버지의 나라가 임하게 하시고 그 나라를 위해 계속 꿈꾸게 하신다.

우리는 그리스도와 함께 죽고 부활하여 보좌에 앉혀지고 성령과 동행하는 자가 되어 성령을 통해 넘치는 생수의 강에 잠겨 그리스도의 십자가를 지고 성문 밖인 광야로 나아가야 한다. 이 땅은 영원한 곳이 아니기 때문이다.

"예수도 자기 피로써 백성을 거룩하게 하려고 성문 밖에서 고난을 받으셨느니라 그런즉 우리도 그의 치욕을 짊어지고 영문 밖으로 그에게 나아가자 우리가 여기에는 영구한 도성이 없으므로 장차 올 것을 찾나니 그러므로 우리는 예수로 말미암아 항상 찬송의 제사를 하나님께 드리자 이는 그 이름을 증언하는 입술의 열매니라"(히 13:12-15).

우리는 장차 올 영원한 천국을 기다리는 자이므로 어떠한 형편에 든지 우리 안에 계신 예수님으로 말미암아 항상 찬송의 제사를 드려야 한다. 그것이 우리 입술의 열매이다.

이 책에서 나눈 대로 더 많은 사람들이 매일 매 순간 입술의 말씀 선포로 생각을 태워 주님 앞에 나아가면서 하나님께서 준비하신 비전의 땅에 이르기를 바란다. 끊임없이 하늘 보좌의 위치에서 성경암송으로 생각을 태워 예배하는 삶을 살길 바란다.

말씀으로 생각을 태우라

초판 1쇄 발행   2015년 10월 30일
초판 4쇄 발행   2016년 11월 14일

지은이   지용훈

펴낸이   여진구
책임편집   2팀 | 최지설
편집   1팀 | 이영주 3팀 | 안수경, 유혜림 4팀 | 김아진
책임디자인   이혜영 | 마영애, 노지현
기획·홍보   김영하   해외저작권   김진경
마케팅   김상순, 강성민, 허병용   마케팅지원   최영배
제작   조영석, 정도봉   경영지원   김혜경, 김경희

이슬비전도학교   최경식, 전우순   303비전성경암송학교   박정숙, 정나영
303비전장학회 & 303비전꿈나무장학회   여운학

펴낸곳   규장

주소 06770 서울시 서초구 매헌로 16길 20(양재2동) 규장선교센터
전화 02)578-0003   팩스 02)578-7332
이메일 kyujang@kyujang.com   홈페이지 www.kyujang.com
트위터 twitter.com/_kyujang   페이스북 facebook.com/kyujangbook
등록일 1978.8.14. 제1-22

ⓒ 저자와의 협약 아래 인지는 생략되었습니다.
이 출판물은 저작권법에 의해 보호를 받는 저작물이므로 무단 전재와 무단 복제를 할 수 없습니다.

책값 뒤표지에 있습니다.
ISBN 978-89-6097-427-2 03230

규 | 장 | 수 | 칙

1. 기도로 기획하고 기도로 제작한다.
2. 오직 그리스도의 성품을 사모하는 독자가 원하고 필요로 하는 책만을 출판한다.
3. 한 활자 한 문장에 온 정성을 쏟는다.
4. 성실과 정확을 생명으로 삼고 일한다.
5. 긍정적이며 적극적인 신앙과 신행일치에의 안내자의 사명을 다한다.
6. 충고와 조언을 항상 감사로 경청한다.
7. 지상목표는 문서선교에 있다.

하나님을 사랑하는 자 곧 그의 뜻대로 부르심을 입은 자들에게는 모든 것이 合力하여 善을 이루느니라(롬 8:28)

Member of the Evangelical Christian Publishers Association

규장은 문서를 통해 복음전파와 신앙교육에 주력하는 국제적 출판사들의 협의체인 복음주의출판협회(E.C.P.A:Evangelical Christian Publishers Association)의 출판정신에 동참하는 회원(Associate Member)입니다.